马 嘉 著

Xueshu Yu Zhiye
Riben Gaodeng Xinwen
Jiaoyu Yanjiu

学术与职业

日本高等新闻教育研究

人民出版社

序

如果从 1918 年北京大学创办新闻学研究会算起,中国新闻教育已走过九十余年的历程;如果从 1921 年厦门大学创办报学科算起,中国正规高等新闻教育也有近九十年的历史;1929 年开办新闻系,一直延续至今的复旦大学新闻学院,今年也即将迎来创建 80 周年的纪念。中华人民共和国成立后新办的新闻教育机构,如中国人民大学新闻系,到目前也有五十多年的历史;即使是改革开放期间创办的新闻教育,也有近三十年的历史。这就是说,新闻教育在我国的发展是有年头的,除了"文化大革命"那种特殊年代外,一直都是受到重视的。近年来,中国新闻教育整体规模的增速惊人。截至 2008 年 9 月,全国已共有 878 个新闻传播学类本科专业点,是 30 年前的八十多倍。① 其中,2000—2004 年,共增加 335 个专业点,平均每年新增 67 个。而 2007 年、2008 年两年间,更是新增 216 个专业点,每年增加的超过了 100 个。现在,全国几乎所有综合性大学都设立了新闻系,民办高校也都争设新闻系,师范院校、理工院校,甚至体育、农业院校基本都有新闻传播专业。

新闻院、系、专业多了,怎么办好就成了火烧眉毛的急问题、大问题。我通过自己的亲身实践深深体会到,一个称职的新闻院系的院长和系主任,除了是新闻学者、是本学术领域的带头人外,还必须懂一点

---

① 参见何梓华:《新闻教育改革 30 年》,《新闻与信息传播研究》2008 年第 4 期。

新闻教育学，最好成为新闻教育方面的行家。新闻教育规模扩大了，竞争在所难免，各新闻院系就得想办法进行差异化竞争，就得有自己独到的办学理念，塑造自己的品牌。各个新闻院长、系主任必须要形成既结合本校实际、又有一定发展空间的教育理念。中国新闻教育史上，不少优秀院长、系主任都有自己的新闻教育理念，如顾执中认为新闻教育是综合性教育，成舍我要求每一个学生"入太庙，每事问"，陈望道主张新闻学子要"好学力行"、"要做猴子，不要做绵羊"等等。现在我们的新闻院系的院长、系主任们也要力争做到这一点。

要做到这一点，就必须学习，向现实中的同行学，向历史中的先辈学。记得我当初设立新闻教育方向招收博士研究生时，除了教育学专业的要求外，一个重要原因是我自己学习新闻教育学的需要，我希望与我们学校教育科学研究院的教授们一道，在培养博士生的过程中，学习新闻教育学。因此，我效仿田长霖先生的做法，对我的博士生们说，如果不能让我从你们的论文中学到知识，你们就别想拿到学位。同时，我还认为，我们要把中国的新闻教育抓出成效，必须学习外国，尤其是学习发达国家新闻教育的做法，因此，在新闻教育研究方面，特别提倡做比较研究，将中国新闻教育与国外新闻教育进行比较研究，这有助于进一步明确中国新闻教育的独特性究竟何在，理解中外新闻教育的一些差异到底因何而来，发现中国新闻教育有哪些不足之处，国外新闻教育有哪些值得我们加以借鉴的地方。十多年来，在新闻教育方向，我先后招收了李建新来研究中国新闻教育，黄鹂来研究美国新闻教育，马嘉来研究日本新闻教育，陈俊峰来研究英国新闻教育，等等。他们都很努力，写出了较高质量的学位论文，我也的确从他们的论文学到了不少知识，慢慢地，在新闻教育方面有了一点点的发言权。

李建新、黄鹂的学位论文已经修订出版了，现在马嘉的学位论文也要出版，这本《学术与职业：日本高等新闻教育研究》就是在她的博士学位论文的基础上修改而成的。马嘉攻博选择日本新闻教育研究，是我的计划和她的条件相结合的产物。我国的新闻学研究和新闻教育的发展,和日本关系密切,19 世纪末期,国人更多是通过日本了解新闻学,积累新闻教育经验的,如我国引进的第一部新闻学专著就是日本新闻学者松本君平依据美国新闻学理论创作的《新闻学》,我国著名的新闻工作者林白水、邵飘萍、张季鸾、胡政之等都曾经东渡日本学习先进的办报经验。20 世纪 90 年代,总听从日本回来的人说,当今日本新闻教育很有特点,与北美的差别较大。那么日本新闻教育具体有何特点? 为何出现这些特点? 这成为我关注的热点之一。正好马嘉学过教育学,又有一定的日文基础,比较适合做日本新闻教育研究。我把马嘉的情况告诉我交往多年的老朋友、中国新闻史学会的名誉顾问、日本龙谷大学国际文化学院教授卓南生先生,他觉得不错,并且表示愿意为马嘉的研究提供帮助。于是,我提议,聘请卓先生担任马嘉攻博的第二指导教师。实际上,马嘉的学习,在很多方面得到了卓南生教授的悉心指导、热心支持,尤其是创造条件,让她在日本龙谷大学进行了有关的调研工作,查文献、做访谈、听讲座,获得了大量的一手资料,为论文写打下了坚实的基础。我和马嘉都衷心地感谢卓南生老师。

或许大家都这么说,日本新闻教育的特点是"重学轻术",但为什么会有这样的特点? 大家知之不多,似是而非,知其然不知其所以然。马嘉的研究主旨正好揭示了这个"所以然"。

马嘉的研究至少明确这样三个问题。其一是廓清了中日不同语境下的"新闻教育"和"高等新闻教育"概念。在日本,"新闻教育"包括两种类型的教育:一类是大学里设立的新闻教育,一类是媒体创办的新闻教育,就是日本实行的是双轨并行的新闻教育制度。大家所说的"重学轻术"只是指大学里设立的新闻教育,即高等新闻教育。其二是确立了剖析日本高等新闻教育的独特视角。任何一个民族国家的教育无不打上本民族的烙印,日本高等新闻教育的典型特征与其独特

3

的民族文化性格密切相关。故而马嘉的研究选择以日本内外双重文化形成的张力为分析元素来解读日本高等新闻教育理念的形成原因，很有独创性。其三是明确日本高等新闻教育是一个涵盖诸多的领域。马嘉的研究依据社会学中的理想类型理论揭示出日本高等新闻教育"重学轻术"理念是日本新闻学的学科体系、新闻专业的教学体系以及新闻教育的历史多方面发展的必然结果，有一定的理论深度。

"学"与"术"的关系问题历来是高等教育争论不休的问题。在日本的高等新闻教育领域，我们似乎很难看到"术"的身影。作为应用性学科的新闻教育，其"术"跑到哪里去了？原来跑到媒体创办的新闻教育那里去了。经了解，我们看到，在处理"学"与"术"的关系方面，日本新闻教育选择了属于自己的独特的二元并行的制度形式。这种双轨互补、双轨并行的新闻教育制度，对于我们是很有启发和借鉴意义的。

美国新闻教育的职业化取向，日本新闻教育的二元并行制度和高等新闻教育"重学轻术"做法，既是他们各自民族文化的产物，也为世界新闻教育的发展提供了不同的借鉴模式。作为后发展国家，我们还是多多地"东张西望"为好！

马嘉的著作出版，嘱我写序。作为她曾经的老师，我当然很乐意为之，于是就写了以上的话，既完成"写序"的任务，又作为我对研究新闻教育学的倡议。

吴廷俊

2009 年 7 月 20 日

于华工喻园小区

4

目 录

导　论

一、问题的提出

1. 问题提出的现实背景

日本高等新闻教育正处于一个特殊的历史时期。从 1929 年第一个新闻研究室的诞生至今,日本高等新闻教育已经走过了 80 年的历程。其间,伴随美国占领时期现代社会变革的第二次教育改革、20 世纪 70 年代以来的以发展政治大国为目的的第三次教育改革,日本高等新闻教育也发生了两次重大的变革。2001 年以来实施的作为第三次教育改革延续的日本大学法人化改革,使高等新闻教育潜在的问题进一步凸显出来。继续推进的国立大学法人化改革将从管理上改变大学学院教授会体制,加强大学与社会的联系。以创办自主独立的学术组织为目的,政府的管理从直接控制转变为契约管理,政府通过大学评价来调控高等教育经费,增强其市场竞争能力,创建世界一流大学。① 大学法人化改革势必会影响到大学的社会使命和新闻学科的社会责任。日本国内有

---

① 参见黄福涛:《面向 21 世纪中日本科课程改革的比较研究》,《清华大学教育研究》2001 年第 4 期,第 126—133 页。

新闻学者认为,新闻学虽然具有较强的实践性和综合性,但是大学是研究高深学问之所在,高等新闻教育绝不能丢掉新闻理论、新闻伦理和社会责任而一味强调媒体实践技术的培训,成为媒体的经济附庸;另有学者认为,社会需求是学科发展的必备条件,面对高等新闻教育的困境、媒体内部培训制度捉襟见肘的现状、媒体等相关信息产业发展迅速以及年轻人的就业需求等问题,高等新闻教育改革就是要以推动高等新闻教育知识优势与媒体经济优势的强强联合,寻求共同发展之路为目标。

日本高等新闻教育何去何从,成为新闻学界备受关注的论题。任何现象的存在都不是孤立的或静止的。那么,大学新闻教育改革中为什么会出现上述两种相互冲突的理念? 高等新闻教育作为日本社会大系统的子系统是如何运作的? 与其他子系统的关系怎样? 高等新闻教育对于媒体企业意义何在? 在信息化、全球化的世界浪潮下,我们怎样更准确地认识与我们具有文化相似性的日本高等新闻教育? 欲回答这些问题,我们必须回到问题的起点,认识日本高等新闻教育的独特魅力。

2. 问题的起点

起步于20世纪20年代的日本高等新闻教育,走过模仿、创新、延伸、变革等发展历程,如今以其独特的姿态伫立于世界新闻教育之列,呈现出如下特点:

（1）重学轻术理念根深蒂固。日本高等新闻教育重视新闻理论教育,以新闻史学、新闻伦理、新闻学原理等课程为主干课程。新闻业务类课程所占比例较少,甚至没有。高等新闻教育以研究高深学问为宗旨,视实用技术为低级的学问。

（2）新闻学研究外延逐渐扩大,渐趋于学科基础化地位。随着信息社会的来临,传播学、社会信息学逐渐成为大学里的基本教养课程,而新闻学理论成为传播学、信息学课程的基础。东京大学新闻研究所最后一任所长高木孝典教授曾针对大众传播学的发展现状指出:有关新闻作用的研究反而变得重要了,在多套节目和多种媒介并存的状况下,多样化信息源、千姿百态的信息获得手段将不断涌现出来,这使得所谓社会意识当中的共性越来越少,这样一来,新闻的目的和作用再一次成为人们关注的问题。①

(3)高等新闻教育专业组织机构弱化。日本的高等教育机构中至今没有冠以"新闻学院"的学科建制。目前仅有的两个学院级组织,一个称为"信息学院",另一个称为"传播学院"。在日本的 500 多所大学中,设立新闻学系的也仅有上智大学和日本大学。我们所熟悉的东京大学社会信息研究所于 2004 年并入研究生院信息学环。

(4)高等新闻教育与媒体的内部培训形成独特的二元并行教育制度。业界与大学新闻专业教育之间存在巨大的鸿沟,媒体从业人员毕业于大学新闻专业的比例很小,岗位培训是培养新闻从业人员的主要形式。② 媒体培养能够"为我所用"的实用型人才,大学新闻专业的培养目标以开展新闻理论教育和通识教育为主。

由此可见,日本高等新闻教育和其他媒体大国相比具有独特的性格特征。然而,在现实的新闻教育研究中,我们对于日本新闻教育的认识是多元的,比如有学者认为日本的新闻教育并没有人们想象的那样发达,也有学者认为日本拥有发达的新闻教育体制。我们如果要全面把握日本高等新闻教育的历史、现状和未来发展趋势,厘清日本高等新闻教育的本质,就必须以它的上述这些特点为出发点,建构起一

——————————

① 参见刘林利、沈莉:《日本大众传播研究现状考察》,《新闻大学》2000 年夏季号,第 22—26 页。

② 参见[日]花田达朗撰,祁景滢编译:《新的世纪 新的课题——日本高等新闻教育的过去、现在和未来》,《国际新闻界》2000 年第 5 期,第 19—23、58 页。

个新的研究视角。

3. 提出问题

日本高等新闻教育和新闻行业之间、日本新闻学研究和新闻教育之间一直维持着一种特殊的关联，从而使日本高等新闻教育走过了一条特殊的发展道路。正如日本龙谷大学国际文化学院教授卓南生先生在我国第八次传播学研讨会上所言："大家都认为日本的新闻事业非常发达，从而推想其新闻传播教育也一定十分发达，但实际情况并非如此"。① 日本新闻教育制度化的程度与其信息大国的地位并不相称。日本东京大学社会信息研究所花田达朗教授甚至认为，尽管日本很早就有新闻教育制度化的萌芽，但目前日本不存在已经被制度化的新闻教育。那么，如何解释其信息大国的地位呢？是什么支撑着它的运作呢？对此，笔者的观点是：日本的新闻教育是发达的，新闻教育制度是存在的，只不过是由大学和媒体企业共同建构的。

首先，上述学者提出的观点仅仅是以日本高等学校中新闻教育发展情况为依据得出来的。由于日本独特的家族式社会结构和重视教育的文化背景，我们不能忽视日本新闻教育的另一端——企业内部培训机制。如果我们把学校的学理教育与业界的技能培训看做日本新闻教育的一个整体，那么，我们就会得出与上述学者相反的结论。对于制度化的不同理解也是我们得出与花田达朗教授完全不同结论的一个原因。新闻教育制度化有标准但是没有形成固定的模式。学界与业界联合协作是现代大学重要特征之一，而日本的新闻学界和业界则在不断的磨合中一直完善着这种二元并行的制度模式。从这个角度来看，认为日本新闻教育没有制度化的结论是不够全面的。

---

① 曲元、卓南生：《日本新闻传播学教育没那么发达》，http://www. people. com. cn，2004 年 10 月 25 日。

其次,二元并行的新闻教育制度形式源于日本大学内部共同的学术理念——重学轻术,即大学新闻教育以学术价值为追求的理念是日本新闻教育实现大学与媒体企业内部培训并行的根本原因。新闻教育的学术追求应该仅局限于高等新闻教育体制之内,学界不能将学术理念与新闻业界的评价标准混为一谈;业界也不能强行用经济原则代替学界的学术准则。在日本,学界与业界的两种标准一直各行其道,并驾齐驱,共同推动日本新闻事业的发展,我们没有必要按照某种现行模式来衡量、评判日本新闻教育制度的优劣。

关于大学法人化改革激起的"学术逻辑"与"社会逻辑"的矛盾纷争问题,笔者认为,这种学术内部的竞争是学科保持活力和创造力的根源。在同一学科领域里不同学科文化的同时存在,会使学科制度化过程经常呈现出两种或多种范式共存且相互竞争的格局。多种学术范式的相互竞争或依存对学科的发展具有积极意义,认清纷争的本质就不必人为地去抑制差异强求同一。从日本近代高等新闻教育发展初期至今,日本高等新闻教育始终在内与外的逻辑冲突中寻求着自己的成长空间。学术逻辑永远都是大学的自觉追求,特别是在日本这个国度就更容易找到学术内部逻辑的契合点。因为它有着浓厚的尊重教育的传统,在社会文化结构中重学轻术理念根深蒂固,德国研究型大学理念被融入其高等教育文化结构的深层,在学院派学者看来,新闻学融入信息学、新闻研究为业界服务是新闻学的耻辱和倒退;而社会逻辑则可以在企业内部培训那里找到归宿,与学术逻辑保持并行的平衡态势。另外,新闻学自身的独特性,如实践性、综合性、公众性等,决定了日本高等新闻教育的学理追求与新闻业界的社会需求构成的二元关系更为深刻,新闻学界的学术价值追求更为执著而鲜明。因此,本书将以"重学轻术"理念为中心线索,探讨日本高等新闻教育的相关问题。

那么,是什么导致了日本高等新闻教育对学术价值的追求如此执著而鲜明呢？社会科学和人文科学研究都适宜在政治、经济、文化等更深层面寻找最接近本质的原因。

4. 问题分析的视角

比较教育学的鼻祖萨勒德（M. E. Sadler）在题为"我们能在多大程度上从外国教育制度研究中学到有实际价值的东西"的著名演讲中，第一次指明了文化研究对比较教育的重要意义。他的一句名言是："在研究外国教育制度时，我们不应忘记校外的事情比校内的事情更重要，并且制约和说明校内的事情。"他所说的"校外的事情"主要是指一个国家的民族精神、民族文化。他说："当我们倡导研究外国教育制度时，我们要努力去发现在任何成功的教育制度背后，维系着实际上的学校制度并对其取得的实际成效予以说明的那种无形的、难以理解的精神力量。"也就是说，只有理解了一个国家的文化传统，才能理解这个国家的教育制度。鉴于此，本书选择文化元素作为分析日本高等新闻教育的工具。

美国人类文化学家鲁思·本尼迪克特（Ruth. Benedict），曾以"菊"与"刀"来象征日本民族文化的矛盾性格。日本文化的矛盾性格在高等新闻教育领域也体现得淋漓尽致。例如，"重学"与"重术"这样两种截然不同的学术传统和价值取向，在日本新闻教育发展过程中形成了学术自由与适应社会需要的矛盾、学界与媒体不同人才标准的矛盾、大学学术研究职能与高等职业人员技能培训职能的矛盾、新闻学与传播学、信息学等不同学科研究范式的矛盾，等等。虽然上述诸多矛盾，在其他国家的新闻教育发展中也有普遍的反映，但是，这些矛盾在日本高等新闻教育发展过程中常常同时存在，新闻教育理念的双重性十分明显。这与它的文化的双重性有着紧密的联系。

本土文化与外域文化的磨合过程是一个充满张力的过程，日本高等新闻教育理念在本土文化与外域文化共同形成的张力环境下逐渐成熟。

　　一般认为,日本新闻教育发轫于1929年东京大学新闻研究室的成立,其实在此前就曾经出现过一个民间开办新闻记者培训机构的热潮。虽然它不能与现代的新闻教育制度同日而语,但是这股热潮奠定了日本新闻教育发展的基础。在日本最早提出创办新闻记者培养机构设想的是黑岩周六先生(1862—1920)。黑岩周六笔名黑岩泪香,1892年创办《万朝报》,该报因揭露社会时弊而大受欢迎。据1893年4月26日《万朝报》记载,黑岩周六当时就有"为了培养新闻记者而开办一个小型学校的打算"。他针对社会现实需求,强调新闻记者工作的专业化性质,指出:"十年前的记者工作无论是谁只要有文才就可以干,而今天的记者只有文才是不能胜任工作的。报纸有专门的工作、专门的事物、专门的需要,没有习得报纸专业需要的眼力和智力就不具备成为新闻记者的能力。"①这正是黑岩周六开办记者学习班的初衷。

　　最早在学校里开设新闻课程的应该以松本君平(1870—1944)为第一人。他是美国布朗大学文学博士,政治经济学家,出版了日本第一本新闻学专著——《新闻学——欧美新闻事业》。②他曾经在《纽约论坛》做过记者,1896年回国。1899年他在东京政治学校设置日本最早的新闻学课程,学校聘请的新闻学讲师大都是有经验的新闻工作者,如黑岩周六、朝比奈知泉(1862—1939,《东京日日新闻》)、福地源一郎(1841—1906,《东京日日新闻》)、德富猪一郎(1863—1957,《国民新闻》)、岛田三郎(1852—1923,《每日新闻》)等。

　　1909年10月早稻田大学"新闻研究科"成立。研究科以当时的

---

　　① [日]河崎吉纪:《近代日本における新聞学の成立》,《メディア史研究》2003年第14期,第58—77页。

　　② 参见[日]河崎吉纪:《近代日本における新聞学の成立》,《メディア史研究》2003年第14期,第58—77页。

主流媒体——报纸为主要研究对象，以记者培养为目的。它每年从政治经济学系和文学系三年级学生中各招收 10 名志愿学习新闻学的学生，学制 1 年。开设的课程有新闻史（每月一次）、消息写作（隔周 1 次）、支那报纸（隔周 1 次）、日本报纸（隔周 1 次）、广告以及推销（隔周 1 次）、市场行情（隔周 1 次）、视察、访问和家庭报道练习（隔周 2 次）、西方的报纸和杂志（隔周 1 次）、对外联系和采访（隔周 1 次）、密码电报（隔周 1 次），随时到报社实习、参观。① 后因为核心人物小山东助氏的调转，研究科不久解散。尽管它组织不完备、制度不健全、时间也不长，但作为日本大学里最早的新闻研究机构，它显示出了日本新闻学研究和教育制度的雏形。

杉村广太郎先生（又名杉村楚人冠，1872—1945）是日本著名的新闻记者和新闻学者。1903 年进入东京《朝日新闻》的外电部工作，开始新闻生涯。根据他的提议，《朝日新闻》率先创办了调查部、报道审查部，发行缩版报纸。1913 年杉村广太郎在庆应义塾大学尝试新闻记者教育，开设新闻专业。招收大学部本科 3 年级学生 10 人，学制 1 年。开设的课程有报社的组织、报社的性质、外电翻译法、英文翻译、短讯写作等。注重新闻记者的技能训练，每年暑假里都组织学生到镰仓等地参加实践练习。②

1920 年日本广电专门学校升格为日本大学，在社会学系中设置选修课新闻学科目。作为新学科的新闻学课程颇受欢迎，几乎所有社会学科的学生都来选修。讲授的内容与实务无关，主要是关于欧洲报纸发展的历史过程等。另外，在政治学系里还开设了"报纸和政治问题"和"时事问题解析"等课程作为政治课程的补充。

---

① 参见［日］早稻田大学：《早稻田大学百年史》第二册，早稻田大学出版部 1982 年版，第 391 页。

② 参见［日］河崎吉纪：《近代日本における新聞学の成立》，《メディア史研究》2003 年第 14 期，第 58—77 页。

1927 年 4 月,新闻记者培养的专业民间机构——日本新闻学院成立,这是一所较大规模的专业记者培养学校。创办人永代静雄先生(1886—1944)曾经在《新闻及新闻记者》杂志社担当主力,后来相继在《东京每日新闻》、《东京每夕新闻》、《中央新闻》等媒体工作。1922年 1 月他创办日本新闻研究所,创刊杂志《新闻研究所报》,给当时新闻学的研究者提供了一个发表学术研究成果的民间场所。同时,由于永代静雄深刻地认识到"一个国家连一所培养新闻记者的学校都没有是一种耻辱"。所以,他在弘扬日本民间办学传统基础上,创办了以教授新闻记者及新闻从业人员必备的理论和实践知识、注重其品性的养成为宗旨的最早的独立的新闻学院。学院开有编辑和经营两个学科,学制 1 年,每日午后 6 点开始授课。专门学校 3 年级以上的学生都具备入学资格,不论性别、年龄和职业情况,只要学院考试合格或者有过一年以上的实际工作经验,就可以录取。

1931 年 6 月,曾经在《时事新报》、《中央新报》、《国民新闻》工作过的山根真治郎(1884—1952)接管永代静雄新闻研究所的日本新闻学院。新闻学院在 1934 年成为日本新闻协会的所属,经过山根真治郎的努力取得了长足的发展。有人评价说,在当时日本关注新闻记者培养的人很多,然而能够像山根真治郎这样积极努力实现这个目标的人几乎没有。当时的新闻学院开设了 33 个讲义课程,理论性的有新闻概论、欧美新闻史、新闻法等;实习课程有消息写作、摄影、打字等;根据报社需要设置的讲义有消息报道学、通讯学、编辑学、销售学、广告学、事业发展学、工务学、工场技术学等,分为必修和选修。新闻学院网罗业界优秀人士,聘请报社各个部门的负责人担当讲师。如 1931年安排讲义的教师就有《每日新闻》社长德富猪一郎、东京《朝日新闻》销售部长刀祢馆正雄、编辑局长绪方竹虎、监察杉村广太郎,《中外商业新报》社长籔田久次郎,《东京日日新闻》编辑局长千叶龟雄等61 位。

这一时期的新闻教育在形式上呈现出业余性、随意性的特点，没有专职教师，多聘请业界人士授课；从课程内容上看，没有固定科目，主要以提高现职记者水准、培养基本职业技能为主，缺少理论研究色彩。虽然如此，但是日后日本新闻教育能够从无到有，步入大学讲堂，与这一时期奠定的基础密不可分。1919 年前后，日本经济滑坡，一度非常受欢迎的大学毕业生此时也很难找到工作，失业成为社会的一个主要问题。因此，曾经备受冷落的报社工作一时成为热门，记者地位得到提升，也为新闻教育的发展提供了契机。但是，伴随新闻工作者强烈的社会使命感产生的教育需求与已经走入企业化发展道路的报界对记者的需求之间仍然存在的巨大鸿沟，日本的企业文化和重学轻术的学术传统成为新闻教育步入大学殿堂的最大阻碍。新闻教育一直徘徊在正式的学校教育制度之外，直到欧美发达国家新闻记者大学培养模式的渗入，正式的大学新闻教育才得到一线生机。

1914 年，创办不久的密苏里大学新闻学系主任沃特·威廉姆斯（Walter. Williams）先生来到日本介绍正在形成中的美国新闻教育制度。在美国新闻教育理念的影响下，1915 年杉村广太郎先生结合参加第一次世界新闻大会的收获，将其在中央大学和庆应义塾大学的讲稿编辑成书——《最近的报纸学》。第一次世界新闻大会之后，在中央大学执教的小野濑不二人先生结合美国威斯康星大学新闻学系主任维拉德·布莱叶教授的著作《报纸阅读和编辑》，出版了《最新实际报纸学》。1918 年 11 月和 1921 年 11 月密苏里大学的沃特·威廉姆斯教授又两次来日本庆应义塾大学讲演，在当时的日本新闻学界引起很大反响。期间，《三田新闻》连续刊载了探讨新闻教育模式的文章，如《关于新闻学校》（1918 年 8 月 21 日）、《美国新闻大学的最近动向》（1921 年 3 月 22 日）、《关于哥伦比亚大学的新闻学系》（1922 年 9 月 29 日）等，在日本学界和业界掀起了一个学习美国新闻教育经验的高潮。但是，美国新闻教育对日本新闻教育制度的创立并没有产生决定性的作用。

1923 年,日本新闻教育的鼻祖小野秀雄先生(1885—1977)游历欧美。新闻学科组织制度完备的德国莱比锡大学,以及德国明斯特大学著名新闻史学者卡尔·毕希纳教授都给小野秀雄先生留下深深的印象,并左右了日本新闻教育的最终走向。卡尔·毕希纳教授曾经作为经济学家和经济史学家而闻名于全世界,他的著名论文《新闻事业的起源》早在 1917 年就已经传入日本。这次欧洲之行为形成小野秀雄注重新闻理论、新闻史研究的新闻教育理念奠定了基础。

小野秀雄先生的新闻教育理念是建立在日本的文化传统基础上的。明治以后的日本并不期待教育对日常生活起直接作用,而是希望以提高一般知识的形式来提高总的能力……就是在现在的日本的大学教育中,虽然学的是法律、经济等学问,但是除少数想当专家的学生外,本人和社会都希望通过对这些学问的学习来提高一般的能力。①从文化学的角度来看,这种重视通识教育,培养通识人才的理念,也与德国古典大学的学术理念、洪堡的新人文主义思想、日本传统文化中重视人才内心修养的通识教育观完全一致,成为日本高等学校的基本办学理念,并对新闻学及新闻教育的发展产生了深远的影响。

1945 年之后,在美国密苏里大学的影响和帮助下,日本高等新闻教育转入实用教育阶段。1946 年,受制于美国占领军司令部(General Headquarters,GHQ)的日本新闻协会,为促进新闻教育发展,为东京大学、庆应义塾大学、早稻田大学、神户经济大学、东北学院专门学校、同志社大学和日本大学共提供 140 万日元的补助金。在此基础上,1946年早稻田大学、日本大学开设了新闻学课程;1947 年上智大学专业部新闻专业升格为大学里的新闻系;1948 年同志社大学设置文学院社会

① 参见[日]依田憙家著,卞立强、严立贤等译:《日中两国近代比较研究》,上海远东出版社 2004 年版,第 195 页。

学系新闻学专业。这些新闻学专业机构都是在美国职业化新闻教育模式下，以培养新闻工作者为目的创办的。

美国的实用主义教育虽然在第二次世界大战后的日本盛极一时，但是在强大的民族文化传统的作用下，曾经被压制的德国古典大学学术自由、教授自治等尊重大学内在逻辑的理念回归了主导地位。例如，同志社大学文学院社会学科新闻学专业虽然也是成立于战后，但是它的教学重点和教师的学术研究方向仍然体现了以新闻史学、媒介批判理论为主导的德国新闻教育理念。而上述美国背景的新闻学专业组织，因为其教育理念与日本的传统文化难以融合，不能沉入文化深层结构部分，而相继于20世纪六七十年代陆续停办。但是，实用主义新闻教育理念并没有从日本传统教育文化体系中退出，仍然与重视学术价值追求的新闻教育理念构成一种平衡的张力状态而存在着。

20世纪70年代以后，随着传播学、信息学的发展，为了满足社会的现实需求，东京大学新闻研究所扩大了研究领域，开始转向更多有关灾害信息报道的研究。这种实用主义新闻教育理念对日本传统学术理念的濡染再次引起了新闻学界的担忧。1992年东京大学新闻研究所更名为社会信息研究所。到2003年，在日本只有3所学校办有单纯从事新闻理论研究和教育的新闻学系或专业，它们分别是上智大学文学院新闻学系、同志社大学文学院社会学系新闻学专业和日本大学法学院新闻学系。2005年4月同志社大学文学院社会学系新闻学专业更名为社会学院"媒体学系"（メディア学科，Department of Media，Journalism and Communication）。它的这次更名标志着该学系将加强媒体实践技术指导和媒体研究的力度，也必将对新闻学理论研究有所削弱，但是从学理层面出发的媒体批判精神依然是它们的主导方针。历史悠久的上智大学新闻学系不知道还会坚持多久，在今后的发展中，是否能够坚持重学轻术的教育理念、坚持学术自由的价值诉求，还有待进一步研究。关于高等新闻教育这种转变的歧义和纷争，通过

2003年东京大学原社会信息研究所花田达朗教授等人编著的《论争·现在新闻记者教育》一书可以窥见一斑。仅从当下高等新闻教育的实用主义转向在学界引起的纷争来看,学与术的矛盾冲突将在日本高等新闻教育中继续存在下去。

5. 研究归宿

中国高等新闻教育在改革开放以来,特别是在信息化浪潮席卷中国以后,发展态势强劲,但在貌似繁荣的背后,同样隐藏着深刻的危机。和日本高等新闻教育一样,中国新闻教育同样处在一个没有清晰标志的十字路口上。新闻教育改革发展的现实需要,对长期处在学科边缘地带的新闻教育研究无疑是个福音。卓南生教授曾经在中国第八次传播学研讨会上指出:现在中国的学界关注"新闻传播教育研究"话题,本身就是一个很好的事情。①

出于学习借鉴的需要,国内学术刊物近年来发表了若干篇介绍日本新闻教育现状的文章,内容涉及日本新闻记者培养的特点、日本新闻教育综合化和普及化的特征、日本高等新闻教育的现实问题等等。但是,从文献的数量和研究问题的范围看,上述的研究成果还没有很好地梳理出日本新闻教育真实全面的性格特征。中日两国具有文化上的相似性,从地缘关系上两国更存在极强的互补性,对日本高等新闻教育发展特点、现实问题进行全面研究,将更有助于我们重新审视和规划中国新闻教育的现实问题和发展方向。随着亚洲经济的腾飞,亚洲的科技教育必然会从以移植西方为主转到以自主创新为主,高等新闻教育的理念和制度建设也理应如此。正如日本新闻学者花田达朗教授在1998年中日学者新闻教育座谈会上所说:"我有一个很强烈

---

① 参见曲元、卓南生:《日本新闻传播学教育没那么发达》,http://www.people.com.cn,2004年10月25日。

的心愿,就是希望能够开创属于亚洲的和更适于亚洲人的新闻教育,这需要两国学者的共同努力"。①

综上所述,本书将以日本的内外部文化关系所构成的张力机制为视角,从日本文化的兼容性、矛盾性以及传统教育观出发,动态地把握高等新闻教育的发展,分析高等新闻教育制度以及新闻学的学科特征,展望日本高等新闻教育的发展趋势,为我国乃至世界各国的新闻教育提供借鉴。

二、相关概念界定

1. 高等新闻教育

在中国,新闻教育是指为了传授新闻学知识和技能,培养新闻传播专业人才进行的专业教育。新闻教育的主要形式是正规的、系统的学院教育。新闻教育的另一种重要形式是对在职新闻从业人员进行终身的继续教育。② 显然,在我国的语境中,新闻教育包括职前教育和职后教育两种情况。新闻教育是高等教育的下位概念,指在高等教育机构中进行的有关新闻学理论、新闻史学和新闻业务等新闻专业知识的教学与研究,培养新闻界专业人才的活动。而对日本新闻教育的理解通常有三个层面,即:(1)专门教育;(2)普及教育;(3)职业训练。③

日本最早的新闻记者教育机构可以追溯到1893年黑岩周六创办

---

① 祁景莹:《探索新形势下新闻教育的新思路——中日学者新闻教育座谈会侧记》,《国际新闻界》1999年第1期,第57—60页。

② 参见李建新:《中国新闻教育史论》,新华出版社2003年版,第11页。

③ 参见张国良:《再谈日本的新闻教育》,《新闻大学》1997年冬季号,第77—80页。

的第一个民间的新闻记者培养塾。至1929年日本曾经出现过许多的新闻记者教育机构,它们在形式上呈现出业余性、随意性的特点,没有专职教师,多聘请业界人士授课;从课程内容上看,没有固定科目,主要以提高现职记者水准、培养基本技能为主,缺少理论研究色彩。这一时期的记者教育和新闻研究徘徊在正式的大学教育制度之外。直到1929年东京大学新闻研究室诞生,新闻研究走进象牙塔,成为日本新闻学独立学科地位确立的标志。

因此,本书将研究对象——日本高等新闻教育——锁定为1929年之后在日本高等教育机构中展开的新闻专业教育。

2. 文化

"文化"一词来源于拉丁文 Culture,意为耕作、培养、教育、发展和尊重。据不完全统计,目前关于文化的定义有300余种。美国人类学协会的前主席、哈佛大学文化人类学和社会学教授克莱德·克鲁克洪(Clyd·Kluckhoho)认为,文化是历史上所创造的生存式样的系统,既包括显形式样又包含隐形式样;它具有为整个群体共享的倾向,或是在一定时期中为群体的特定部分所共享。[①] 显形文化这里是指可以通过查阅文献、观察、倾听等方式直接总结出来的文化式样;隐形文化是指隐含在人们的思想意识当中的,需要通过抽象和推理的方式才能概括出来的某个群体所共有的心理倾向,如喜好自由、追求忠诚、孤芳自赏等。人们总是根据各自的研究需要选择使用或者界定概念。本书借用克莱德·克鲁克洪的文化概念作为分析依据,因为此概念首先突出了文化的系统性,系统性是本书从内外文化张力视角分析日本高等新闻教育理念的逻辑前提;其次,此概念显形和隐形的两分方式及

---

① 参见[美]克莱德·克鲁克洪等著,高佳等译:《文化与个人》,浙江人民出版社1986年版,第6页。

其界定，与本书为获取信息、得出结论而采用的访谈法、观察法、文献分析法以及逻辑推理的方法相一致。

三、研究意义与创新之处

1. 理论意义

21世纪新闻教育面临着严峻的挑战，新闻传播专业人才的培养质量问题受到前所未有的关注。在这种背景下，一直默默无闻的新闻教育研究赢得了充分发展的空间。我国新闻教育家何梓华曾经就新闻教育的研究方法提出"瞻前顾后"、"东张西望"①八字箴言。华中科技大学新闻与信息传播学院吴廷俊教授为新闻教育研究倾注了满腔热情，在他的指导下，已经有两位博士先后完成了研究中国和美国新闻教育的博士论文，填补了我国甚至是世界新闻教育研究的空白。通过文献检索，笔者发现关于日本新闻教育的研究，不仅在我国就是在日本也还没有相关的专著出版。本书首次展开关于日本高等新闻教育的专题研究，希望能在新闻教育研究领域有所突破。

从研究视角来看，本书将以日本内外双重文化形成的张力为分析元素剖析日本高等新闻教育理念的形成原因。日本高等新闻教育的典型特征与其独特的民族文化性格密切相关。文化是科学发展的基础，我们分析社会科学问题也应该将其作为研究的起点和归宿。

高等新闻教育是高等教育系统的组成部分，日本高等新闻教育的研究既可以丰富高等教育研究的内涵，推动高等教育理论的进一步完善，又可以促进比较教育研究向纵深发展。

---

① 中国新闻教育学会主编：《中国新闻教育论文集》，高等教育出版社2001年版，"前言"。

2. 实践意义

日本高等新闻教育在发展过程中广泛地吸收、借鉴了欧美的成功经验。我们研究日本高等新闻教育可以使我们间接了解、借鉴欧美新闻教育,并将与我国具有共同儒家文化背景的日本的新闻教育经验介绍到中国新闻学界,减少我国高等新闻教育发展中的试误成本。19世纪末期我们就是通过日本了解了世界,通过日本新闻学者了解了新闻学,如我国引进的第一部新闻学专著就是日本新闻学者松本君平依据美国新闻学理论创作的《新闻学》,我国著名的新闻学者林白水、徐宝璜、邵飘萍等都曾经东渡日本学习先进的报业经验,为促进我国新闻事业及新闻教育事业的发展作出了贡献。

近年来日本社会的变革和大学改革,重新激发了学界和业界对日本新闻教育研究的兴趣,各种观点百花齐放,各界人士百家争鸣。作为中国学者以局外人的视角对日本的新闻教育展开研究,希望会对转型时期的日本高等新闻教育的改革发展有所帮助。

日本新闻教育模式作为一种独特的教育制度具有一定的研究价值。特别是对于我国新闻教育研究而言,日本和我国共同的儒家文化背景,增加了彼此经验的可借鉴性和可比性。这种文化的相近性决定了我们必须高度关注日本高等新闻教育的改革与发展动向。

3. 本书特点

(1)本书依据社会学中的理想类型理论提炼出日本高等新闻教育理念——重学轻术,日本新闻学的学科制度、教学体系以及新闻教育的发展历史都围于这一理念的存在;

(2)本书在关于日本新闻教育的"专业教育"、"普及教育"、"企业培训"三个概念的基础上,提出"高等新闻教育"概念,界定1929年之后在日本高等教育体制内实施的新闻专业教育;

（3）本书以日本文化的兼容性、双重性特征作为高等新闻教育理念形成的基本分析元素；

（4）本书认为，日本高等新闻教育与企业内部培训制度双轨并行的新闻教育制度形式是日本新闻教育独特的制度形式，它为日本学术文化中重学轻术理念的生长提供了保障；

（5）本书为国内的日本新闻教育研究提供大量的第一手资料。

四、文献综述

1. 日文文献

（1）文献来源

从目前掌握的资料来看，有关日本高等新闻教育特征、日本高等新闻教育发展史的一些中日文资料，多是论文形式的文献，尚未发现这方面的著作出版，2003年花田达朗、广井修主编了唯一一部相关的论文集《争论·现在的新闻记者教育》。本书所选取的个案东京大学新闻研究所、上智大学新闻学系、同志社大学文学院社会学科新闻学专业的资料在各自大学编撰的校史里面可以找到一些记录，如上智大学汇编的一部《上智大学新闻学科五十年的记录》、同志社大学编撰的《同志社大学90年小史》等。其他文献的主要来源有：《新闻及新闻记者》（1920—1935，新闻及新闻记者社）、《东京大学新闻研究室活动记录》（1926，东京大学新闻研究室）、《新闻研究》（1947，日本新闻协会）、《人文学》（1948—1970，同志社大学人文学会）、《日本新闻年鉴》（1950，日本新闻协会）、《新闻学评论》（1951—1992，日本新闻学会）、《东京大学新闻研究所年次要览》（1952—1969，1—9，东京大学新闻研究所）、《东京大学新闻研究所纪要》（1952—1992，1—45，东京大学新闻研究所）、《同志社时报》（1962，同志社时报编辑部）、《新闻经营》（1962—2002，日本新闻协会）、

《综合新闻事业研究》(1965,综合新闻事业研究所)、《新闻学》(1967,同志社大学大学院新闻学研究会)、《传播学研究》(1967,上智大学传播学学会)、《评论·社会科学》(1971,同志社大学人文学会)、《东京大学新闻研究所要览》(1972—1990,10—18,东京大学新闻研究所)、《别册新闻研究》(1975,《新闻研究》增刊)、《日本新闻协会研究所年报》(1976,日本新闻协会·研究所)、《传播学纪要》(1983,成城大学大学院文学研究科)、《东京大学新闻研究所的活动:要览》(1991,19,东京大学新闻研究所)、《媒体史研究》(1992,媒体史研究会)、《东京大学新闻研究所的活动》(1992,20,东京大学新闻研究所)、《东京大学社会信息研究所调查研究纪要》(1992—2003,东京大学社会信息研究所)、《大众传播学研究》(1993,日本大众传播学研究会)、《东京大学社会信息研究所年报》(1993,21,东京大学社会信息研究所)、《东京大学社会信息研究所纪要》(1993—2004,46—67,东京大学新闻研究所)、《东京大学社会信息研究所的活动》(1994—1995,22、23,东京大学社会信息研究所)、《东京大学社会信息研究所年报》(1996—2004,24—32,东京大学社会信息研究所)、《媒体·传播学(研究所纪要)》(1996,庆应义塾大学媒体传播学研究所)、《同志社媒体·传播学研究》(2004,同志社大学社会学部新闻学科)、《大众传播就业读本》(1987,1—4、2004,1—4,东京:创出版)等等。

(2)日本高等新闻教育研究成果综述

上智大学春原昭彦教授在解释日本大学里的新闻教育时指出:"正如众所周知的那样,大学的新闻教育包含两个方面,一个是关于新闻理论的研究和教育,另一个方面是针对新闻记者培养进行的实务教育"。① 这里综述的新闻教育研究成果也主要体现在新闻记者教育研究和新闻学理论研究两个方面。

---

① [日]春原昭彦:《日本のジャーナリズム教育》,《コミュニケーション研究》1989年第19期,第57—63页。

①新闻记者教育研究

在新闻学独立为大学的新闻学科之前，关于新闻记者教育的研究在民间就已经开始了。如创办《万朝报》的黑岩周六先生早在1892年就提出，新闻工作涉及领域日渐广泛，记者需要有专业化的眼力和智力，新闻记者专业化成为发展趋势；提高报纸的社会地位、重新塑造记者形象应该从记者基本的修养和伦理道德入手。

1922年1月，新闻学者永代静雄先生创办了日本第一个新闻研究所，同时创刊杂志《新闻研究所报》，为当时新闻学的研究者提供了一个交流和探讨学术研究成果的民间科研场所。他认为"一个国家连一所培养新闻记者的学校都没有是一种耻辱"①，因此在1927年4月积极创办了培养新闻记者的民间专业机构——日本新闻学院。

日本第一本新闻学著作是于1899年12月出版的《新闻学——欧美新闻事业》。作者是留美的文学博士、曾经在《纽约论坛》做过新闻记者的松本君平先生。这本书经过我国留日学者的介绍、翻译，成为我国早期新闻学研究的范本。松本先生坚持"新闻学是延伸的政治学，是实用的学科"的观点，该书通过介绍欧美各国新闻事业的状况，力图向报纸经营者和记者传授有关报纸的职责、本质、组织机构等相关知识。在该书的序言中，他反复强调了记者教育的重要性："新闻学现今已经发展成为一门独立的学科"，"经济学对经济学家来说、医学对于医生来说是必需的修养，对记者而言，新闻学的知识更是至关重要"。

新闻学研究起源于德国，17世纪末在德国的大学里就有人以报业为研究对象撰写学位论文，1845年德国学者普尔兹出版了世界上第一本新闻史专著——《德国新闻事业史》。该书不仅奠定了德国新闻学研究的世界地位，而且成为之后不少国家新闻学研究的导向。随着新

---

① ［日］山本武利：《日本新聞年鑑》，日本图书中心1985年版，"序言"。

闻事业的蓬勃发展,世界最早的新闻教育组织机构在美国诞生——密苏里大学和哥伦比亚大学的新闻学系分别在 1908 年和 1912 年相继成立。20 世纪初,日本新闻教育对欧美先进新闻学理论及新闻教育模式的引进主要有两种途径,即"请进来"和"走出去",通过这两条途径掀起了一个探讨新闻记者教育问题的高潮。密苏里大学新闻学系成立的第二年,也就是 1913 年,日本《万朝报》(7 月 14 日)就刊登了题为"美国大学新闻学系"的介绍性文章。1914 年密苏里大学新闻学系主任沃特·威廉姆斯先生来到日本,介绍正在形成中的美国新闻教育制度形式。1915 年杉村广太郎先生结合参加第一次世界新闻大会的收获,将其在中央大学和庆应义塾大学的讲稿编辑成书——《最近的报纸学》,这是一本以培养新闻记者为目的的著作。此后,以密苏里大学为首的美国新闻教育的研究者多次向日本新闻教育界传授教育经验。1918 年 11 月和 1921 年 11 月美国密苏里大学新闻学系主任沃特·威廉姆斯先生率先来日本庆应义塾大学讲演,在当时的日本新闻界引起很大反响。《三田新闻》连续刊载了探讨新闻教育模式的文章,如《关于新闻学校》(1918 年 8 月 21 日)、《美国新闻大学的最近的倾向》(1921 年 3 月 22 日)、《关于哥伦比亚大学的新闻学科》(1922 年 9 月 29 日)等,掀起了一个探讨研究新闻教育问题的高潮。后来,威廉姆斯先生又和威斯康星大学的新闻学系主任维拉德·布莱叶教授先后在 1926 年 4 月、1927 年 8 月、1928 年 2 月、1928 年 7 月多次来日交流新闻教育经验。

同时,为了发展本国新闻教育事业,以小野秀雄先生为首的新闻学者开始了与外界的广泛接触。1923 年小野秀雄先生出访欧美各国,将德国先进的新闻教育观念嫁接在了日本本土文化传统之上,成为日本新闻教育发展的航标,推动日本新闻教育研究向全面、深入、多元的方向发展。

大阪每日新闻社社长本山彦一(1853—1932)在小野秀雄先生的

著作《日本新闻发展史》(1922年)序言中，率先从业界的视角提出设立新闻学校的构想。他认为新闻学校应该分为普通学科和专业学科两部分，普通学科应设在商学院里，教授新闻实务。序言中，他还分析了媒体企业内部培训的各种方式及其意义。1922年结城礼一郎在《新闻及新闻记者》第三卷第六号上发表文章《日本应该设立新闻学校》，立场鲜明地提出他的新闻学校构想，分析了新闻学校应有的结构、运营方式、学科构成以及对新闻学教师的要求等。1938年进入战争之初，小野秀雄先生向政府当局提出《关于实施记者教育给予诸位的建议》，从报纸和记者的社会职责出发，强调发展新闻记者教育的社会现实意义及其必要性。以上学者都有过媒体工作经验，他们的观点多从媒体的实践需要出发，侧重新闻教育的实用性、职业性。

第二次世界大战后，在美国新闻教育理念的影响下，许多大学开办了以培养新闻记者的业务能力为主要目的的新闻学专业。新闻学界再次展开学习美国实用主义新闻教育理念、探讨美国新闻教育理念与本国新闻教育嫁接问题的高潮。原东京大学新闻研究所所长千叶雄次郎教授，1951年在《新闻研究》第14号上发表以美国新闻教育特点为依据的分析性文章《关于新闻教育》指出，在进行新闻职业技术教育之前，大学应该重视教授一般的基础课程，以促进新闻专业教育追求更高的发展目标，拥有更广阔的发展空间。他从受众的角度强调了新闻教育的重要性，指出"不接受训练的、没有准备的记者，如果只依靠在经验中学习，必然将以牺牲读者利益为代价"。

1955年联合国经济社会理事会提出了协助发展新闻记者培训的计划，1956年联合国教科文组织召开新闻职业教育专家会议，这个会议的召开标志着新闻记者培训计划实施第一个阶段的开始。联合国教科文组织认为，尽管大众传播在技术上取得了惊人的发展，但是却疏忽了实际工作者的职业训练问题。联合国教科文组织的新闻教育忠告成为日本新闻教育这一时期的指导性文件。出席此次新闻职业教育专家会议的千叶雄次郎先生著文《新闻记者的职业教育》，将大会涉及的、与新闻教育相关的 14 个讨论议题，如广播、电视、报纸、电影等领域的专业化教育问题、课程设置、教育方法、教育者的培养、业界的援助以及新闻教育的基本问题等介绍给了日本新闻学界。

杂志《综合新闻事业研究》是为业界和学界的学者提供的交流学术观点的论坛。1971 年，电通广告问题委员会从实践出发，在该杂志的冬季号上发表文章，分析了当时大学里广告学的课程设置情况；在 1972 年冬季号上，日本大学法学院的新闻学教授阪本泉从当时新闻学科的基本理论问题出发，认为在职业教育必须有二次教育的前提下，提出新闻学科的存在价值是显而易见的，探讨了 20 世纪 70 年代新闻学教育的课题；安藤夏则在 1972 年的春季号上发表文章《广电学教育的一点看法》，探讨了大学里广播电视学科的教育问题。1974 年，桃山学院大学副教授田村纪雄针对记者职业的特殊性以及学校新闻教育课程普遍增加的现实情况，在《综合新闻事业研究》秋季号上发表《大众传播教育的思考》一文，分别提出了大众传播教育培养新闻记者、新闻理论研究者和作为修养教育方式的三种发展思路。

20 世纪 80 年代以来，由于媒体企业的内部培训制度无法跟上时代变化，在新人教育方面出现了许多的漏洞，显得力不从心，媒体企业开始向新闻学界寻求教育支持。探讨新闻记者教育的出路成为当时的热点问题。在《新闻研究》杂志 1994 年 5 月号"思考记者教育"的专题讨论中，共同通讯社福冈支社编辑部的松永光生、朝日新闻社编辑局副局长伏见博武、日本经济新闻社编辑委员藤井良广等分别从媒体的实际需要出发，对大学的新闻记者培养和新闻记者的再教育提出各自的期望。2002 年《新闻经营》第 161 号设专栏讨论新闻记者教育的未来发展趋势，朝日新闻社岩崎直之的《记者教育的摸索》、熊本日日新闻社岩元俊弘的《教育记者的就是记者》、北海道新闻社新田博的《打破常规》等文章，代表了业界不同的新闻教育观念。以上这些论述正是新闻业界试图打破新人培训窘境坚冰，探索记者教育新出路的标志。

从新闻学界的理论研究来看，文教大学岸田功教授在《新闻研究》1988 年第 448 期发表《关于大学的新闻教育》，针对很多学生对理想主义产生误解、嘲讽媒体社会责任论的流弊，提出了大学新闻教育应该教给学生什么的问题。《新闻研究》在 1998 年第 1 期展开关于"新闻和新闻学再生"的讨论中，桂敬一教授、花田达朗教授、武市英雄教授以及业界的代表柴山哲也等人发表文章探讨新闻学的扩散、细化以及新闻学的发展方向等问题。上智大学新闻学系的武市英雄教授在《为什么传播？需要认真回答——新闻学的转向》一文中指出，现代社会新闻学的发展方向有三：首先要积极应对现代社会的需要；其次是增强国际性的协作；再次是发展确立新闻学的哲学基础。同时，新闻学界还组织召开了题为"大学与媒体广泛交流的取向"座谈会，日本大学、早稻田大学和上智大学的新闻学教授们参与座谈，共同寻求媒体与大学的契合点。1990 年日本新闻协会研究所主任研究员畔上和也的文章《记者教育的历史和课题》（《日本新闻协会研究所年报》1990 年第 9 期）一面回顾历史，另一面分析早稻田大学第二次世界大战后美国模式的记者教育及其解体原因，指出记者教育的系统化以及走与业界联合发展的道路是大势所趋。

东京大学社会信息研究所滨田纯一教授的《新闻事业的环境变化与新闻学》（《新闻研究》1998 年）一文，从社会环境以及媒体需求与新闻学关系的角度探讨新闻学的发展出路。东京大学社会信息研究所花田达朗教授的《学习新闻的困难和希望》（《新闻研究》1998 年）一文，从学生学习新闻学理论及新闻技能的角度，提出新闻教育应该具备帮助学生学习知识、掌握技能的职能。桂敬一教授的《改造记者教育谋求出路》一文（《新闻研究》1998 年）也在试图寻找权衡业界与学界关系的契合点。

2000 年大众传播学会的春季研讨会以"21 世纪新闻教育的课题"为主题,引发了新闻学者和新闻工作者的广泛争论。新闻学者有山辉雄(成城大学)、友野庄平(每日放送)、田村纪雄(东京经济大学)、大井真二(日本大学)、前川昌夫(神户新闻社)等相继做报告,围绕是否需要大学新闻教育、大学新闻教育的核心是教养教育还是实务教育、新的大学新闻教育体制(本科生的实习制度和研究生院层次的新闻记者再教育)、大众媒体企业的新闻记者教育及其相关性等 4 个方面展开讨论,引发出一系列关系到日本新闻教育发展出路的具体思考。如,大学中的大众传播教育必须面对的应该问题是什么? 对大众传播业抱有就职愿望的学生们实施新闻教育的可能性是什么? 大学的大众传播研究与业界之间保持一种怎样的相互关系最为恰当? 日本大学大井真二教授的文章《新闻学、大众传播学教育的现状》(《大众传播学研究》2001 年)是一份调查分析的文献,其结论是:学院派固守在坚实盔甲中的传统知识观迫于新的知识体系的诞生而开始动摇,作为注重学术研究的大学也不断感到这种冲击,各种现存制度、社会现实都迫使新闻学教育、大众传播学教育作出改变。2001 年日本新闻学会成立 50 周年的纪念大会提出了调查日本高等新闻教育环境的计划,以便进一步探讨新闻学界和业界之间的合作关系。

东京大学社会信息研究所花田达朗教授在《东京大学社会信息研究所纪要》(1999 年)中发表题为"各国新闻记者教育与日本课题"的论文指出,目前的日本新闻教育具有如下特征:不存在制度化的新闻记者教育;记者教育依靠媒体内部的 OJT(On the Job Training)制度;OJT 教育不存在超越企业自身规范的内容;很多大学都有与大众传播学相关的学系和专业;新闻记者专业主义教育格局在大学和业界之间还没有看到合作的迹象;等等。通过与美国新闻教育制度的比较,花田达朗教授认为日本新闻教育面临的主要问题就是如何改革的问题,为了找回曾经失去的东西(新闻专业精神),必须把过去的经验、未来的构想以及国外的经验连接起来，把大学和社会连接起来，以应对社会环境变化的需求。

2002 年，花田达朗教授为了进一步明确大学新闻教育的意义何在，在社会信息研究所教育部的毕业生中开展了一次大规模的问卷调查。调查结果表明：不论学界还是业界对于在大学本科阶段进行传播素质教育、媒体的内部培训制度需要学界支持等问题上基本没有异议，但是对于在研究生院层次开展新闻记者教育的分歧很大（2002 年《东京大学社会信息研究所调查研究纪要》）。针对新闻教育领域存在的问题，花田达朗教授又进行了一项"大学新闻记者教育实验"，诊断并尝试改革日本新闻教育。在 2002 年的《综合新闻事业研究》中，他发表了实验研究成果《新闻记者教育的实验报告》特辑。该研究表明：因为受到"通过媒体实际工作学习实用技能"观念的影响，大学中创设的新闻专业人才培养机构没有取得长足进展。而在全球化背景下，专业主义的培养、教育制度的创设非常必要，现代日本的大众媒体·新闻事业中必须重建专业主义。上智大学藤田博司教授的《培育能够提升新闻事业的讲座》一文（《新闻经营》2002 年）针对学界与业界之间存在的鸿沟指出，以"产学协同"为目标可以提升日本新闻教育质量，可以为记者培养和新闻研究提供良好的环境。2004 年藤田博司教授又在《东京大学社会信息研究所纪要》67 号发表文章《新闻记者教育的建构指向》，结合美国新闻教育制度，为现实背景下的日本新闻教育提出了改革思路：建立"产学协同"目标，创建有日本特色的新闻教育制度。

2003 年出版的论文集《论争·现在新闻记者教育》（花田达朗、广井修编著）汇总了新闻学界和业界的各种声音，是目前日本唯一一本专门探讨新闻记者教育问题的论著。该书分为两部分：第一部分由历史和课题探讨、提出构想、脱离与企业关系的论证、思想意识改革、专业意识追问、美国经验的借鉴、来自媒体的课题、来自学界的认识等专题组成;第二部分以调查报告及其分析为主。东京大学社会信息研究所花田达朗教授作序《记者教育成为社会的热点论题》,认为因为在日本没有发生过美国"水门事件"那样的事件,所以目前"新闻事业"一词已经被大众传播、大众媒体的势头压过,被信息化的浪潮所吞没,一时成为"死语"。最近"新闻事业"的研究有所抬头,注重对新闻事业是否存在、新闻责任与歪曲事实、新闻事业的可能性与质疑等问题的探讨。正是由于这样的变化,该书将核心议题设定为"新闻事业教育的课题和展望"。花田达朗教授指出,大众媒体已经占据了现代新闻事业的主要舞台,大众媒体的产业结构变动、技术革新、企业组织变化以及受众意识的改变等多方面原因促使媒体环境变化,关于社会主体"人"的问题、"媒体职能"的问题等逐渐凸显出来。这些问题不仅仅是针对媒体不断出现的"不祥事",更深层次的意义在于满足学生和新闻工作者的养成、研修、个人钻研等欲望和需求。该书中以花田达朗、藤田博司教授为代表的一派学者认为大学研究生院可以向在职记者的继续教育开放,与媒体联合培训新闻记者;以春原昭彦、内川芳美教授为代表的学院派学者则认为,大学特别是研究生院,应该是研究高深学问的象牙塔,与媒体结合势必导致大学屈膝于经济利益,失去学术自由,迷失价值方向。

日本新闻教育改革成为大势所趋,不同文化冲突带来的学术纷争依然存在。

②新闻学理论研究

小野秀雄先生认为,日本新闻教育是首先从作为理论的新闻学研究开始的。[①] 日本新闻学研究首先体现为对欧美先进新闻学理论的学习与引进。1915 年第一届世界新闻大会之后,在中央大学执教的小

---

① 参见[日]小野秀雄:《アジアにおける記者教育》,《新聞研究》1958 年第 79 期,第 1—4 页。

野濑不二人先生（曾任东京每夕社社长）结合美国威斯康星大学新闻学科长维拉德·布莱叶教授的著作《报纸阅读和编辑》，出版了《最新实用报纸学》。该书明确指出，模仿欧美的新闻教育体制、开设相关课程是新闻教育发展的必由之路。1922 年小野秀雄先生出版的《日本新闻发展史》（大阪每日新闻社出版）是其作为新闻学者的处女作，它最早建构了日本新闻史的研究体系。新闻学者小山荣三先生在任东京大学新闻研究室研究员期间，整理德国新闻学资料编撰了德国《新闻学》的解读书，1935 年由三省堂出版。这几本专著的基本体例和观点都来自英、美、德等新闻教育比较发达的国家。

1926 年 1 月小野秀雄先生创刊了新闻学研究会的理论刊物《新闻学研究》。在这本杂志的第 1、2、3 期上他连续发表了《关于报纸的二元本质》、《信息的共同趣味性和本能》、《不良信息的心理学研究》三篇探讨新闻学理论的论文。另外，如《关于新闻研究的一言》（《新闻总览》1923 年）、《英美的新闻教育》（《社会学杂志》1924 年）以及《欧美各大学新闻研究设施和关于我国新闻研究机构创设的一己之见》（《新闻总览》1925 年）等等，都成为当时引领日本新闻学理论发展的航标，[1]小野秀雄先生也成为日本新闻学研究的开山鼻祖。

日本新闻教育研究的第二阶段始于 1945 年美国占领军实施的教育改革。"战后民主主义政治浪潮下各个大学广泛设置新闻学教育机构，新闻学研究者剧增。新闻业界对研究的关心程度也是以往任何时期都不能比拟的"。[2] 但是，第二次世界大战后日本高等新闻教育的发展并没有完全按照美国的规定动作进行。

著名新闻学者内川芳美先生在悼念恩师小野秀雄先生时说："先

---

① 参见［日］河崎吉纪：《近代日本における新聞学の成立》，《メディア史研究》2003 年第 14 期，第 58—77 页。

② ［日］小野秀雄：《创刊词》，《新聞学評論》1952 年第 1 期，第 1 页。

生的新闻学正如大家所知道的,是对德国新闻学的继承"。① 和田洋一先生也认为,小野秀雄先生1947年出版的《新闻原理》与德国新闻学以及德国新闻学者有着密切的关系。② 小野先生在《新闻原理》一书中指出,"报纸是以使命立足",使命带来的结局就是"公众的福祉","这种受目的意识、价值意识支配的报纸就是作为新闻学的研究对象的报纸"。从而可以看出,小野秀雄先生的新闻学理论具有很强的规范性、科学性。也是出于这个缘故,他对学习借鉴国外的新闻理论也是十分慎重。小野秀雄先生作为日本新闻学会会长在其机关刊物《新闻学评论》(1952年1号)的发刊词中,针对学习引进美国的新闻学理论指出,学习外国的新闻教育研究不能原封不动地照搬套用,外国的研究毕竟是外国的研究。欧美的社会和日本的社会虽然相同,但是它们又有着各自独特的传统和生活习俗;虽然同样都称做"报纸",但是各国却有着各自媒体的特殊性。将特殊的研究运用于实际领域的时候,必须了解、研究实际领域的具体情况。所以,他认为必须根据日本的实际情况有选择地接受外国的新闻学研究成果。

同志社大学文学院社会学系新闻学专业成立于第二次世界大战之后,但是它的教学重点和学术研究仍然体现了以新闻史学、新闻理论、新闻伦理为主导的德国新闻学研究理念。如中国新闻学者比较熟悉的、该校著名的新闻学者和田洋一教授就十分注重德国新闻学的研究,在20世纪60年代曾发表数篇论文介绍德国新闻学研究的情况,如《东德卡尔·马克思大学的新闻学院》(《新闻研究》1960年)、《日本的新闻学和时事性》(《人文学》1960年)、《关于东德脱离者报纸的报道》(《新闻研究》1962年)、《新闻学的对象和方法》(《新闻学》1967

---

① [日]内川芳美:《先生の研究業績を回顧して》,《新聞学評論》1979年第27期,第112—116页。

② 参见[日]和田洋一:《ジャーナリズムとはなにか》,《新聞学評論》1986年第35期,第87—99页。

年)、《关于德国新闻学的接受》(《新闻研究》1968 年)等等。他与同期的鹤见俊辅先生、城户又一先生一起引领着同志社大学文学院社会学系新闻学专业的学术研究发展方向。

1951 年前后小山荣三先生的《新闻社会学》、《比较新闻学》相继出版。前者主要是从社会学的视角探讨新闻学原理,新闻学界普遍认为该著作"已经达到了世界领先的水平"①。后者作为其姊妹篇,侧重各国新闻媒体的结构、职能、形成等问题展开比较研究,是在新闻社会学理论基础上的延伸。《新闻研究》第 13 号发表的《作为科学的新闻学》(近盛晴嘉,1951 年),通过介绍美国大学新闻教育的特点,从新闻业界的视角分析了报纸的职能、报社的经营、现代报业现象等问题,指出新闻学应该是一门实用性的学科。针对当时的新闻业界与学院派的对立观点,西日本报社的冈本顺一于 1953 年写作《新闻事业与学术性的比较对照论》,认为虽然学界与业界的研究对象不同、认识方法不同、概念对立,但是二者具有一致的目的性。不久,他又在 1954 年 3 号的《新闻学评论》上发表文章探讨新闻的本质问题,重新界定、梳理了新闻的有关概念。

1950 年,日本大学新闻学系的讲师冈野他家夫先生汇总了明治以来的新闻研究著作的单行本,其中仅新闻学原理的著作就有 75 本之多。② 但是在这之后,关于新闻学科建设的研究则主要围绕新闻学与传播学的融合问题、如何理解新闻学学科性质等问题展开。同时另外一种研究势头也在蓬勃兴起,即大众传播学研究逐渐受到关注。这个转向我们可以从 1951 年成立的日本新闻学会会员历年来的研究成果中窥见一斑。③ 如 1960 年《新闻学评论》第 10 号是"日本的电视放送

---

① ［日］中井骏二:《書評》,《新聞学評論》1952 年第 1 期,第 158 页。

② 参见[日]冈野他家夫:《新聞研究文献》,《新聞研究》1950 年第 12 期,第 40—45 页。

③ 参见[新]卓南生:《从新闻学到社会信息学——日本新闻与传播教育演变过程》,《新闻学研究》1997 年第 1 期,第 9—31 页。

（television）特辑"、1967 年第 16 号是"地方政治与大众媒体特辑"、第 17 号是"日本的广告特辑"。在第 18 号"新闻事业特辑"中，同志社大学和田洋一先生发表论文《明治大正期的新闻事业论》、山本明先生发表《日本新闻事业论的历史素描》、春原昭彦先生发表《新闻人的新闻事业论》。《新闻学评论》第 19 号是"信息化社会的大众媒体特辑"、1973 年第 22 号是"电视放送（television）20 年、电视研究 20 年特辑"、1985 年第 34 号是"媒体的变革和新闻事业概念的变化特辑"。1986 年新闻学会春季研究发表会"历史中的新闻事业——状况和主体"的研究主题围绕着记者教育、日本的传播学、大众传播法以及大众媒体受众的变化展开讨论。从此，新闻学会春季研究发表会则以大众传播研究为主体，不断扩大研究范围，实现了新闻学研究的第一次转向。1991 年第 40 号《新闻学评论》以"社会信息化和媒体的历史意识"为主题，围绕信息社会展开相关论述；1992 年《新闻学评论》是"多媒体时代大众传播学的研究——课题和方法的探讨"特辑，访问日本的中国学者陈力丹、孙旭陪等教授发表论文，介绍中国新闻教育和马克思新闻思想的研究成果，与日本学者交流大众传播学研究体会。

另外，《东京大学新闻研究所纪要》是新闻学研究的主要论坛之一，通过它的记录也可以看出 20 世纪 50 年代以后大众传播学的研究是怎样逐步受到关注的。其中的代表性研究，如《作为大众媒体的电视》（高桥彻、稻叶三千男，1957 年）、《关于大众社会的大众传播问题》（日高六郎，1958 年）、《大众传播总过程论》（稻叶三千男、竹内郁郎，1963 年）等。20 世纪 70 年代的相关研究如田中义久介绍的《莫顿的大众传播学》（1969 年）和《洛克的传播论》（1970 年）；何初彦的关于《人文学和新闻事业研究》的探讨（1973 年）；广井修的文章《批判的传播学研究》（1977 年）以美国早期广播作为一个研究的侧面，丰富了大众传播学研究的内涵。

1954 年，川中康弘先生在杂志《新闻研究》第 33 号上发表论文

《大众传播学研究的课题和方法》指出，随着新闻学研究范围的扩大，更应该坚持新闻学历史的研究、新闻哲学的研究。1963 年他又在《新闻学评论》上发表论文《站在歧途上的新闻学》，认为新闻学外延的不断扩大应该引起学界的高度关注。学者高桥彻、冈田直之、竹内郁郎共同探讨了《大众传播科学成立的条件》(《新闻研究》1959 年)，为促使日本大众传播学研究逐渐趋向成熟做了准备。时任东京大学新闻研究所助教的稻叶三千男先生创作的《马克思主义的大众传播论》(《新闻研究》1960 年)，成为这一研究领域的权威之作。内川芳美先生在《新闻研究》1960 年第 105 号上发表《大众传播学史论记录》，记录了大众传播学的发展历史，强调历史对于新闻学科的重要意义。1971 年日本新闻学会秋季研讨会的主题是"日本大众传播学研究——回顾与展望"，发表的论文涉及内容广泛，如行为科学、政治学、社会心理学、社会学、意识形态论、新闻学、产业论、广告论等等，肯定了大众传播学在社会生活各个领域的重要意义。此后，学者北川隆吉、高木教典、田口富久治、中野收编著的《讲座·现代日本的大众传播》(青木书店 1972 年版，全三卷)，江藤文夫、鹤见俊辅、山本明编著的《讲座·传播学》(研究社 1972 年版，全六卷)，城户又一编著的《讲座·现代新闻事业》(时事通信社 1973 年版，全六卷)和内川芳美、冈部庆三、竹内郁郎、迁村明等人编著的《讲座·现代社会和传播学》(东京大学出版会 1973 年版，全五卷)相继出版，标志着日本的传播学、大众传播学理论研究体系已趋于成熟。

圃于信息技术的价值取向和社会需求，与传播学相关的研究开始增多。东京大学新闻研究所从 20 世纪 80 年代开始展开有关社会信息与大众传播的相关性研究，特别是从 1984 年发端的关于地震等自然灾害信息传播的研究，如《地震警戒通告和电视解密效果的实验》(铃木裕久等，1984—1988 年)、《东京市民对于地震预告信息的反应》(广井修等，1985 年)等课题研究具有很强的实证性，引起社会广泛关注。仅从 1984 年至 1990 年就有 10 余项相关课题发表研究成果,这标志着东京大学新闻研究所以及日本新闻学研究的一个重大转向。对于东京大学新闻研究所的研究转向一直存在分歧,即新闻研究所应该以什么为研究核心?是否应该将研究范围无限扩大?

1986 年 2 月和 5 月日本新闻学会两次召开"大众传播教育恳谈会",内川芳美、新井直之、鹤木真、山本明、岸田功、高桥直之等教授针对大学里的大众传播学教育的理论性和技术性问题各抒己见,探讨大学新闻教育的内容和责任。1987 年新井直之教授在《综合新闻事业研究》秋季号上发表文章《新闻事业论是重要的——对东京大学新闻研究所"逐渐消失"的看法》,强调新闻理论研究的重要性,呼唤新闻学研究的回归,坚持非技术性的指导思想,认为新闻学应该强调"为什么"和"为了谁"的价值导向。[①] 他进一步提出了在大学注重与社会实践相结合、新闻理论研究逐渐走向衰弱的时期,东京大学新闻研究所将何去何从的问题。

20 世纪 90 年代之后,信息科学研究成为主流。1991 年滨田纯一教授针对新闻学研究扩大为社会信息研究的问题,在《东京大学社会信息研究所纪要》中发表论文《共同研究:社会信息研究的方向探索》,与此呼应,桂敬一教授则发表了《新社会信息学的发展探索》(《新闻学评论》1992 年)一文。1992 年到 1995 年,东京大学社会信息研究所以"信息化社会与人类"的研究为龙头,展开了信息化社会学际间的组合研究。如《东京大学新闻研究所纪要》上发表的《社会信息研究的课题和展望》(小林宏一、鹤木真、花田达朗、滨田纯一,1993年)、《社会信息化和新闻事业的作用》(花田达朗等,1994 年)等都是很有代表性的研究。直至 2004 年日本东京大学社会信息研究所并入

---

① 参见[日]新井直之:《ジャーナリズム論は重要である:東大新聞研の"発展的解消"について──》,《総合ジャーナリズム》1987 年秋季号,第 91—92 页。

研究生院的信息学环,他们一直以社会信息与社会实践相互结合的研究为主要的研究方向,这里不再赘述。

③新闻教育研究的特点及评价

从研究内容上看,日本新闻学研究逐渐扩大为传播学、大众传播学、社会信息学的研究。新闻记者教育研究从是否需要记者教育、大学开设新闻记者教育课程的意义等宏观或中观研究逐渐转向应该如何具体实施等微观层面。从研究者来看,从事新闻学理论研究的多是高校学者,研究新闻记者教育问题的多数是业界人士。直至20世纪末期才出现了以花田达朗、藤田博司等教授为首的一些热衷新闻记者教育研究的高校学者。从研究成果的总量上看,新闻学理论研究较多,新闻记者教育研究少,特别是高校学者对这个问题的关注就更少,至今只有一本关于新闻记者培养方面的论文集出版,没有专著。从发展态势看,新闻学理论研究主要是指新闻学、大众传播学、社会信息学的相关研究,其发展态势几乎呈直线状;而新闻记者教育研究则具有阶段性,呈曲线状。如图1：

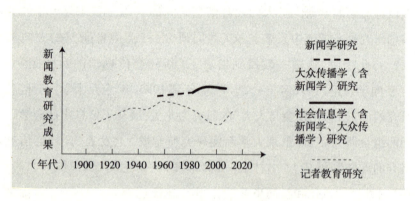

图1　日本新闻教育研究发展态势图

通过上述分析我们可以得出如下结论：

首先,日本高等新闻教育轻视新闻实务教育,重视新闻理论的研究与教学。正如内川芳美教授回忆所说,小野秀雄先生作为日本新闻教育的开山鼻祖,其成就主要集中在新闻理论和新闻史的研究方面,特别是在战后,对于新闻记者培养问题较少涉及。重学轻术的教育理念正是源于日本传统教育理念对高等新闻教育的影响,这一理念与日本传统的企业内部培训制度相辅相成,共同推动着新闻教育的研究进程。

其次,日本高等新闻教育理念受到外来文化的影响。德国传统的学术文化理念占据了日本高等新闻教育的主导地位,使之成为德国新闻教育的延伸。战后的新闻学研究逐渐向大众传播学、社会信息学研究扩展,相关研究增多。新闻记者教育仍旧徘徊在大学教育制度之外。

再次,新闻记者教育出现"产学协同"的趋势,日本新闻教育及其研究转入新的历史时期。由于新闻记者实用技能培训只是在媒体一侧进行,所以大学的新闻教育就仅仅是新闻学教育,其发展一直没有明确方向,也一直存在着关于学术与职业的纷争。从20世纪90年代末期以来,面对各自的困境、社会的需求,学界和业界开始寻找契合点,逐渐走上"产学协同"的道路。当然,学院派学者对此仍旧颇有微词,他们依然认为大学应该远离社会的现实需求,象牙塔就应该坚持学术自由、学术独立的传统。恪守重学轻术理念构成了日本高等新闻教育的典型特征。

2. 中文文献

在中国,对于日本新闻教育的系统研究始于20世纪80年代。刘明华教授从20世纪80年代初期就开始关注日本新闻教育,通过与日本新闻学者访谈,向刚刚步入正轨的中国新闻教育界介绍日本新闻教育的总体情况和可资借鉴的经验,如《日本的新闻教育——访春原昭彦教授》(《国际新闻界》1983年)、《日本五教授座谈新闻教育等问题》(《国际新闻界》1983年)等都是有代表性的文章。

张国良教授比较有影响的两篇分析日本新闻教育的文章是《谈谈日本的新闻教育》(《新闻大学》1985 年)、《再谈日本的新闻教育》(《新闻大学》1997 年)。文章中张国良教授首次明确提出在日本"新闻教育"这一概念应该具有三个层次的内涵，为日后的日本新闻教育研究奠定了一定的理论基础。

河北大学新闻传播学院胡连利教授对日本新闻教育也颇为关注，先后发表文章《美日两国新闻教育共性比较》(《河北大学学报》1997 年)、《简述日本新闻教育特点》(《日本问题研究》1997 年)，比较日本和美国新闻教育的共性特点、分析日本新闻教育的独特之处，并得出了日本新闻教育制度非常发达的结论。

北京大学信息管理系闫学彬依据网络提供的信息，写作文章《从新闻学到社会信息学》(《国际新闻界》1997 年)，论述日本新闻学到传播学再到社会信息学的变迁过程。

1998 年 12 月 10 日，时任日本东京大学社会信息研究所所长的滨田纯一教授一行五位学者(滨田纯一教授、小林宏一教授、花田达朗教授、山口逸子副教授和松本寿雄总务主任)应邀访问了中国人民大学新闻学院。中日两国学者就共同关心的新闻教育问题进行了深入的交流，为此祁景莹撰写了《探索新形势下新闻教育的新思路——中日学者新闻教育座谈会侧记》(《国际新闻界》1999 年)，揭示东京大学社会信息研究所新的发展思路，即开始考虑能否在培养学术研究人员的同时承担起对新闻记者进行教育和再教育的任务。沈莉对滨田纯一教授的访问记《新闻学研究往哪里去？》(《现代传播》1999 年)一文介绍了东京大学社会信息研究所的研究宗旨、研究范围，以及研究所的本质、机制，并对信息研究所的跨学科研究提出了个人看法。

日本龙谷大学的卓南生教授在我国发表了若干分析日本高等新闻教育特征的文章，不仅为我们提供了直接的信息资源，而且作为跨国研究者对日本新闻教育提出了独到的见解。其代表性文章如《从新闻学到社会情报学——日本新闻与传播教育演变过程》(《新闻学研究》1997 年)、陆晔对卓南生教授的访谈《历史与现状：日本新闻学教育与新闻实务的发展轨迹》(《新闻大学》1998 年)、《日本新闻学与新闻事业》(《国际新闻界》2003 年)、第八次中国传播学研讨会上的发言《卓南生：日本新闻传播学教育没有那么发达》(2004 年 10 月 25 日人民网)以及收录在《媒介二十五讲》(清华大学出版社 2004 年版)一书中的论文《学科调整声中日本新闻传播学的定位和走向》等。

　　上述学者研究成果主要集中在以下几个内容：(1)描述了日本新闻学学科发展的历史概貌；(2)介绍了日本新闻教育中专门教育、普及教育和职业训练的基本情况；(3)概述了日本高等新闻教育的基本情况，如培养目标、课程体系、师资队伍；(4)比较研究日本和美国新闻教育的共性；(5)对日本高等新闻教育的未来发展课题进行了探讨。

　　中文文献资料中除去介绍性的概述之外，对日本新闻教育的研究多是按照分析中国或美国新闻教育的思维模式，对于日本特殊的文化背景及其影响考虑不足。虽然张国良教授曾经提出了三个层次的新闻教育概念，但是在其他学者的研究中仍然存在混淆"高等新闻教育"、"传播素养教育"和"记者培训"概念的现象，研究缺少科学性。概念不清，导致每个层次的研究都不够具体，仅仅停留在基础研究水平，很难确立研究体系。通过文献分析可以看到，中国对日本新闻教育的研究多是零打碎敲式的，缺少系统性，与我们对美国新闻教育的研究相比要薄弱得多。

五、研究方法

1. 收集资料的方法

　　为了研究日本高等新闻教育，本书在收集资料方面主要采取了三种方法：即历史文献法、实地观察法和访谈法。

2. 分析资料的方法

文本分析：对日本同志社大学、上智大学新闻专业的招生简章、课程计划、教学用书、研究计划和学术成果等文本进行分析，从中了解日本高等新闻教育的历史和特色。对日本媒体有关从业人员的遴选标准、培训计划等文本进行分析，从中了解日本媒体职业技能培训特色以及新闻从业人员独特的成长道路。

量化分析：为了有力说明日本高等新闻教育的流变特征，本书将通过图表、数字对文本作出量化统计分析，使研究有理有据，增强研究的准确性。在全书的结构安排上也可以做到多而不乱、繁而不杂。

比较分析：本书选择日本高等新闻教育为研究对象本身就具有比较意义。我国与日本具有同宗同源的儒家文化传统，这种文化相似性增强了本书的可比性。若能汲取日本高等新闻教育发展过程中的经验和教训，引起我国新闻教育界的反思，则是笔者的夙愿。另外，比较不同历史时期日本高等新闻教育的课程体系、教育机构等方面的变化特征可以更清晰地看到它的发展轨迹，概括它的特点。

个案分析：个案分析是采用各种方法，收集与研究问题相关的资料，对单一个体或一个单位团体做深入细致研究的过程，具有研究对象有单一性、研究目的有针对性、研究过程有精细性等特点。个案分析有利于由点到面，由个别到一般，由现象到本质，全面而深刻地展示日本高等新闻教育的特点，增强研究的可比性和可操作性，突出了本书的现实意义。

第 一 章
日本文化与高等新闻教育理念

与发达的信息产业相比,日本高校内部的新闻教育制度并不发达。历经 80 余年风风雨雨的日本高等新闻教育,一直陷于学与术、大学与社会、理论与实践、人文与科技等矛盾关系之中。这些学术文化间的相互矛盾由来已久,它们伴随着日本文化对德、美两国文化的兼容而到来。文化善于兼容的特点形成了日本本土文化与外域文化的紧张关系,高等新闻教育则被裹挟于日本传统教育理念与德国理性主义、美国实用主义的文化张力之中,一面遵循文化相近性原理,继承德国的学术传统,形成"重学轻术"的高等新闻教育理念;另一面又依据"为我所用"原则,维系着与美国实用主义文化的动态平衡。这样两种相互冲突的理念导致日本高校内部的新闻教育一直未形成稳固的制度化形式。日本高等新闻教育这种独特性的形成正是源于日本文化的兼容性、双重性以及传统教育理念的影响。

一、独特的日本文化

从地缘文化学的角度来看,地理环境是形成民族性格特征的重要因素之一。日本四面环海，海岸绵延，地形狭长，火山众多，资源匮乏，经常发生海啸、地震等自然灾害。这种自然环境在日本的民族心态中形成了承认自然威力的宿命论，同时也凝集起了战胜灾害、与命运抗争的精神。由此产生的压抑感与危机感，使日本民族孕育了顽强的自我意识和应变能力、无常感与孤独感，培育了他们注重现实和扩展视野的需求与努力。求生存的需要使日本人学会了巧妙地利用一切有利条件，具有变不利为有利的灵巧与适应能力。① 特别在经历了忽必烈率领的蒙古大军、明治维新时期欧美国家的威胁之后，"师夷之技以制夷"的思想就在日本扎下了根。另外，岛国的自然封闭性也使得各种先进的外域文化在这里汇集之后无处可去，只能在这里盘亘并沉积下来，以至我们随处可见日本民族性格中多元文化矛盾性的纠结。独特的岛国地理环境形成了日本独特的岛国文化。

1. 文化兼容性

人类发展的历史，就是文化发展的历史；日本社会发展的历史，也就是日本文化发展的历史；而日本文化发展的历史则是一部对外域文化的摄取史。从地缘文化学的角度来看，地理环境是形成民族性格特征的重要因素之一。身居岛国，日本人总有一种被世界隔离和滞后于世界发展的危机感，对于外域的先进文化，日本民族总是抱着极度的热情态度，积极地学习、效仿。日本文化向来以善于摄取、兼容异质文化的精华而著称于世，因此也被称做杂种文化、杂交文化、苹果梨文化等。所谓日本文化的兼容性就是指在日本本土文化的基础上，能够通过接受、容纳诸多的异质文化实现"为我所用"的目的，从而形成独特的民族文化性格和特征。在日本文化的任何断代，都可以看到本土文化对外域文化兼收并蓄、化异为己的文化发展轨迹。

---

① 参见叶坦、赵光远主编：《文明的运势》，人民出版社 1992 年版，第 16 页。

所有的历史都是当代史,研究的起点不同就会有不同解读历史的方式,得出不同的结论。为说明日本文化对本国教育制度的影响,根据文化具有延续性的特点,从日本早期文化形态的构成出发,探讨日本民族对吸收外域文化的极大热情是十分必要的。

日本西部与中国一水之隔,西北接近西伯利亚,西南则是南亚次大陆的印度,这种地理方位上的优势,使之具有了吸收古代东方文明的可能性。中国、印度、西伯利亚这三个亚洲古代的文化圈,以其强大的文化势能向周围辐射,先后登陆日本列岛,哺育了日本的早期文化与古代文明。日本民族的起源一般认为是在1万年以前。那时,西伯利亚、北中国、南部亚洲的三种不同的原始人先后进入日本,后来陆桥沉降,日本成了列岛,孤悬海中。这三种人就在日本列岛上相互融合,诞生了最早的日本人,并创造了日本最早的文化——绳纹文化。从这个角度来看,日本民族、日本文化的源头可以说是由多种文化复合而成的。绳纹文化是在日本特定的地理环境及物质生产方式中衍生与发展起来的文化,故亦有人将其称为日本本土文化或原生文化。“绳魂”作为日本文化的深层结构,具体包括以原始神道为核心的自然本位与现世本位思想及“敬神尊祖”的“神人和融”状态、生命一体感意识、精农主义及人情伦理等日本本土思想,并且这诸要素同时产生一种综合的作用力,从而推动着日本历史的发展。① 这种“综合作用力”日后是否也成为了日本吸取外域文化的一种动力姑且不论,至少我们可以得出日本民族的深层文化是兼容了中国、印度、西伯利亚等外域先进文化而形成的这一结论。

第二次外域文化的吸收创造了日本的新纪元——弥生时代(前3世纪—前1世纪)。对外域文化的摄取决定了日本文化发展的跃进式

---

① 参见杨薇:《日本文化模式论》,《南开学报》(哲学社会科学版)2002年第4期,第73—78页。

和阶梯式,弥生文化的到来标志着日本文化跃过青铜器时代直接进入了铁器时代。无金属制品、无农耕的日本石器时代的绳纹文化延续了8000—9000年,公元前300年左右中国大陆的移民进入日本,带去了先进的种稻文化和冶铁技术,日本人才开始使用青铜器和铁器,过上了比较稳定的水田农耕生活。弥生文化时期被认为是日本传统文化的形成期,也是日本依据其发展的需要,大规模摄取异质文化的开端。根据民族需求取舍异质文化的"为我所用"原则,是日本民族对不同文化、不同价值取向、不同思想观点进行判断与取舍的标准。

从600年至894年间,日本先后向中国派出遣隋使和遣唐使共18次,出现了学习外域文化的第三次高峰。这期间,以圣德太子为首的日本统治者进行了推古朝改革和大化革新,鼓励汉学,形成日本的"唐风文化"。一时间中国传统的知识观、教育观与日本的本土文化融合,成为主流文化。同时,圣德太子还积极倡导兼容儒学和佛教,使得学习儒学和佛学成为社会时尚。儒学、佛学与日本民族精神实现了最初的交融。为在日本推广佛教,开展佛教教育,圣德太子还大力创建佛教寺院,积极鼓励僧人开办私塾,派遣留学生和学问僧侣到中国学习汉学,并将著名的法隆寺作为学问讲习所。到了奈良时期,为了满足庶民读书的需求,家庭教育和私学得到进一步发展,许多曾经游学中国的学者和僧人纷纷开设私塾,讲授儒家经典和佛教文化。另外,圣德太子提倡普度救世的政治思想,以及在文化上鼓励为国家众生舍己献身的大乘佛教精神,都为日后的各项教育改革奠定了思想基础。从江户锁国时代到19世纪50年代,日本民族一直对中国文化充满崇拜,积极地消化、吸收、融合中国文化,并使之日本化。由于当时的锁国政策,日本社会相对比较平和稳定,学习氛围浓厚,所有学校中都洋溢着兼收并蓄、求知爱智的气氛。

1853年,美国海军准将马修·C.培理率领"黑船"叩关,打开了日本紧闭了两百余年的国门。日本在闭关锁国时期虽然也一直在通过

"洋书调所"了解西方世界,但是直到外族坚船利炮的入侵才重新唤起日本本土文化第四次广泛兼容外域文化的"欧化"浪潮——明治维新运动。明治初期,政府大力提倡学习先进的欧洲文化,在社会上掀起了"欧化热"。但是,日本的传统文化却时隐时显地制约着明治革新的进程及方向。在洋学派势力影响下建立起来的新的教育体制,不久就因其忽视德育指导、偏离传统文化而受到保守派强烈的批判。在经过近二十年的磨合之后,日本文化不得不回归传统。但是日本的本土文化也并没有完全放弃对西方文化的学习,它从"为我所用"原则出发,经过对西方科学技术的考察、引进、模仿、吸收、改造,最终将其"日本化",使之符合本土文化的需要。

第五次大规模地摄取外域文化是在第二次世界大战之后。美国把日本作为自己的东亚军事基地,并希望日本发展成为自由民主的资本主义国家,强制推行各种改革措施,美国文化也随之滔滔涌入。美国占领军在日本强制推行的改革,革除了日本天皇制,实行政治民主化;大量引进以美国方式为核心的西方先进技术与管理模式;效仿美国现代大学的办学理念进行教育改革。一股强大的美国文化冲击波震撼着日本的传统文化,从生活式样、娱乐方式、宗教信仰到经济发展模式、管理模式、教育模式,各种先进的文化思潮席卷东瀛之国。

2. 文化双重性

文化结构作为一种文化架构是民族文化的本质所在,它决定着文化性质、文化功能,独特的文化结构形成独特的文化传统。文化结构有表层文化结构与深层文化结构之分。克莱德·克鲁克洪教授分别用"显形文化"与"隐形文化"两个概念来解释与之相近的表层文化和深层文化。克莱德·克鲁克洪教授所说的显形文化是指可以通过查阅文献、观察、倾听等方式直接总结出来的文化式样;隐形文化是指隐含在人们的思想意识当中的,需要通过抽象和推理的方式才能概括出来的某个群体所共有的心理倾向,如喜好自由、追求忠诚、孤芳自赏等。所谓"深层文化结构",是存在于人们头脑里的观念意识的逻辑结构与积淀于人们心中的无意识的心理结构。所谓"浅层文化结构"是对某些具体文化对象的特殊性架构关系的抽象。隐形文化却是对表层文化结构这种具体文化现象的本质抽象所进行的更深层次抽象,称做二级抽象。①

文化结构的变迁得益于异质文化间的冲突和融合。异质文化中被本土文化消化吸收的部分逐渐沉淀为深层(隐形)文化,蕴涵于理念、精神之中,需要通过抽象、推理的过程才可以认识。如日本文化学者松尾康二就曾指出,有一种国家、民族所固有的思想、精神的倾向,使得人的行动各具特色,笔者把这称为"深层文化"。② 不能够被本土文化消化吸收的部分不会接受二级抽象,仍停留在表层,以感性形式存在,形成表层(显形)文化。人们可以直观感知到的、以感性形式存在的文化现象是文化的表层结构,它包含着各种各样的形式和内容。某种异质文化不能够沉淀为深层文化并不意味着它不能够"为我所用",只要有利于本民族的发展强大,就允许它们存在,哪怕是存在于一种紧张的关系之中。据此,我们就完全可以理解鲁思·本尼迪克特在《菊与刀》中描述日本文化结构时所强调的"爱美而又黩武"、"尚礼而又好斗"、"喜新而又顽固"、"服从又不驯"等等双重的甚至相互矛盾的文化性格。纵观历史,日本不断借鉴、吸收世界上其他民族的先进文化,双重结构的文化并存现象普遍存在,如大化革新时期的汉和文化、锁国时期的荷和文化、明治时期的德日文化、战后的美日文化等等。双重性的文化特征可以说是日本本土文化与外来文化的统一,是

---

① 参见罗超:《文化结构与中国文化本体》,《殷都学刊》2004 年,第 76 页。
② 参见[日]松尾康二:《日本深层文化与中日文化交流在 21 世纪的作用》,《日本研究》1998 年第 2 期,第 73—76 页。

将外来文化"为我所用"的集中表现。

双重性的形成以文化的兼容性特点为前提条件,文化的相对独立性和文化相似性原理则是文化双重结构进化、变迁过程中的两个基本要素。

任何文化都具有相对的独立性和稳定性。异质文化间的交流只能是相互渗透,绝不会完全由一方取另一方而代之。日本文化并没有因为广泛地摄取而被异文化所同化,它仍然顽强地维系着固有的性格特征而备受世人关注。① 这种维系的力量就是本土文化的稳定性。有学者通过日本文化的演变史得出并认证了这样一条规律:当一种文化受到外力作用(主动或者被动地经受异文化的冲击)而不得不有所变化时,它所改变的仅仅是那些不得不改变的方面,这种变化只会达到不改变其基本结构和特征的程度和效果。② 虽然这一结论没有区分文化的深层与表层结构在受到外力时的不同承受能力和表现,但是任何民族的深层的、传统的文化都不会轻易改变却是不争的事实。

从日本民族的自我意识与保持本土文化的传统来看,日本民族始终没有丢弃自我意识,有时表现得异常强烈,甚至发展成为妄自尊大。例如在与中国文化的交融中,日本的"遣隋使"递交的国书中曾经出现"日出处天子致书日没处天子无恙"的字样,表明了与隋朝天子同等,甚至以"日出处天子"自居于隋天子之上的意向,引起了隋日交往中著名的"国书事件"。这说明日本很早就有一种强烈的本国意识。③ 即使在大规模兼容外来文化之后,由民族自我意识形成的强大拉力也会创造出回归本土文化和文化传统的倾向。如平安时代继大规模摄取

---

① 参见于洪波:《日本教育的文化透视》,河北大学出版社2003年版,第4页。

② 参见同上书,"序言"。

③ 参见张德伟:《日本教育特质的文化学研究》,东北师范大学出版社1999年版,第23页。

唐朝文化之后的"国风文化"；明治时期继大规模吸收欧美近代文化之后鼓吹的"国粹主义"；第二次世界大战后，吸收美国文化，走上脱亚入美的路线，成为经济大国之后，"日本文化论"中出现了"回归亚洲"、"日本回归"等论调。这种强烈的民族自我意识造就了日本民族文化的独立性和稳定性。

"和魂汉才"、"和魂洋才"、"和魂美才"的双重人才观中，"和魂"作为深层文化吸收了中国传统文化中孝行、忠节、和顺、友爱、礼让、贞操、刚勇等道德纲目。它时隐时显，却贯穿于日本文化始末，并在质的方面影响着日本文化的演变，维系着日本文化的民族独立性。日本古代汉学家菅原道真（845—903）在《菅家遗训》中最早提出"和魂汉才"的理论，强调以日本本土文化、日本精神为本，将外来文化加以"日本化"，从而使外来文化在适宜日本文化的前提下存在并发展下去。西洋文化与日本本土文化的调和原则集中反映在佐久间象山（1811—1864）的"东洋道德，西洋艺术（技术）"的主张中。佐久间象山在《题一斋先生遗墨》一文中说："汉人所未穷知，则以欧罗巴之说补之"，并进而阐述道："只以汉土之学不免空疏之议，而仅以西洋之学则无道德义理之研究"，提出吸收西方文化为表层文化，内在深层文化则继续坚持以日本传统义理道德为本的主张。①

第二次世界大战以后，美国在日本强行推进民主化改革，日本传统文化再次受到猛烈冲击，在经历短暂的盲目和无序之后，日本原有的文化式样、民族心理、价值理念等重又恢复自我。在人才培养方面，依然以"和魂"为核心，培养内外双重标准的人才，借以保持民族文化的主体性和独立性。如果只有兼容而没有民族文化的独立性，就没有文化的双重性，日本文化也早已不是今天的日本文化，或许被"汉化"，

---

① 参见郑彭年：《日本中国文化摄取史》，杭州大学出版社1996年版，第273页。

或许被"欧化",亦或许被"美化"了。

从历史上看,毋庸置疑的是,唐风、欧风、美风在各个时期并非孤立地存在,它们一直与日本本土文化相伴而行,时刻准备接受日本本土文化的遴选。文化变异的大小、程度和结果,必然同社会原有文化的存在和发展条件紧密相关。有的几乎没有什么影响,有的影响可能很小,有的影响可能很大。这种影响绝不可能是纯粹的、与其社会原有文化相脱离的,相反,必然是经过冲突、调适,与原有文化特质、结构有机结合在一起的。①

有用且相近的文化更容易接受本土文化的改造。日本文化对中国文化的三次兼容,都是从本土文化的实际需求出发实现外来文化"日本化"的。首先,以日本固有的精农主义为文化的深层结构,依据"为我所用"原则,将外来的中国传统文化筑成文化的表层部分,而后遵循文化相近性原理,开始了吸收和消化外来文化的过程。在中国传统文化基础上扩展、延伸了本土的精农文化之后,外来的与之有着相近性的中国文化则被完全"日本化"。比如,在镰仓幕府建立之后发展起来的武士社会,使武士式的等级关系迅速社会化、世俗化,为了与之相适应,中国传统儒学中原本基于血缘关系而充满和融性的内核——"仁",被能够体现武士气概的"忠"所取代。从对佛教的兼容来看,在日本,佛教今天已经不再是外来的异己文化,在完成其本土化过程之后,发展成为了具有深厚日本文化特征的民族佛教。日本闭关锁国的200年看似与外域文化隔绝,其实也是对中国儒教和佛教文化再消化、再吸收、再民族化的200年。美国学者赖肖尔在1977年出版的《日本人》中说,在今天的日本几乎没有一个人自认为是孔教徒,但从某种意义上来说,几乎所有的日本人都是孔教徒。同时也有日本学者透过这一现象看到了中国儒教在日本的异化:"中国的儒教无论怎样说都是

---

① 参见杨镜江:《文化学引论》,北京师范大学出版社1992年版,第181页。

人道主义的,而日本的儒教显然是民族主义的。"①

"为我所用"既是兼容的目的也是标准,能够使兼容来的异质文化沉淀为日本文化深层结构的依据则是文化的相近性原理。

对某种特定的文化系统来讲，在与外来文化整体的、持续的和直接的接触之后，会给本系统带来某些变化的现象，这就是所谓的文化适应。一般来说，两种文化之间的适应性越强（两者的文化价值和规范越相近），在其适应过程中相互的抵制就越小；而适应性越弱，两者的摩擦会越多。② 也就是说,文化结构始终处于这样一个动态变化过程之中,异质文化的相近性促使文化双重性结构得以转化、变迁,异质文化间相近性越多越容易相互融合,外来文化与本土文化越相似越容易沉淀为本土文化的深层部分。这就是文化的相似性原理。

异质文化间的相近因素推动着外来文化与本土文化的融合。兼容初期,处于表层结构的异质文化与本土文化经过一段时间的磨合之后,相似性越大的被本土文化吸收、融合越快,也易于沉淀到本土文化的深层。而停留在表层部分的、与本土文化相似性较小或是完全抵牾的异质文化,不论是来自外力的被动的还是本民族由内而外主动的摄取,若要转化为文化的深层结构,成为本土文化的一部分,根本没有可能,或者是需要以引发一场巨大的社会变革为代价。比如中国的义理道德与日本传统人才观念相似,所谓"和魂"显然包含了中国儒家的传统理念。这些理念早已沉淀为日本民族的深层文化。而强权压力之下的美国实用主义文化却因为与日本传统文化相去甚远,至今仍然以文化表层形态存在。

---

① 参见[日]森岛通夫:《日本人为什么"成功"》,四川人民出版社1986年版,第23页。

② 参见杨善民、韩锋:《文化哲学》,山东大学出版社2002年版,第112页。

日本文化的双重属性并非一成不变,而是处于一种动态之中。外域文化经过民族传统文化的筛选、整合,最终沉入文化深层,然后将以新的结构形式继续兼容外域文化,形成新的双重文化形态。本土文化和外域文化的矛盾、冲突和整合过程使得日本文化总是处于一种双重文化构成的紧张关系之中。

3. 内外文化张力

"张力"(tension)一词最早见于物理学,是指物体受到两个相反方向的拉力作用时,产生于其内部而垂直于两个部分接触面上的互相牵引力。从物理学的意义上看,张力状态是由多种相互矛盾因素的组合与相互作用力所形成的一种动态平衡。文化张力可以理解为在整个文化活动过程中,两种或两种以上的不同文化样态并存,构成新的统一体时,各方并不消除紧张关系,且在紧张状态中互相抗衡、冲击,以形成一种异质文化间动态平衡的作用力。可见,文化张力的构成要素必须是至少两种存在差异、能够产生冲突的文化。文化冲突总的来说,表现在两个方面:纵的方面和横的方面。从纵的方面来看,一个社会群体文化的发展过程中,必然出现文化的分化,因而产生新文化与旧文化之间的矛盾冲突。从横的方面来看,一个社会群体文化在与另一社会群体文化的相互接触和传播中,必然出现内在的传统文化与外来的异质文化之间的矛盾冲突。文化冲突既是文化发展中的重要现象,同时,也是文化发展的动力和原因。①

内外文化张力在本书是指日本本土文化在积极兼容外域文化过程中,坚持"为我所用"原则,与外来文化,特别是德国理性主义文化、美国文化实用主义之间形成的一种在冲突中寻求动态平衡的关系。周谷城先生曾经就中西文化交流问题指出,人类文化在历史上的发展

---

① 参见杨镜江:《文化学引论》,北京师范大学出版社1992年版,第183页。

过程就是生态平衡过程。① 关于日本内外文化张力的形成,我们也可以理解为:本土文化与德国、美国文化碰撞并寻求平衡的过程,也是借以推动文化变迁、社会变革,完善并丰富民族文化的生态发展过程。在这一过程中,日本文化的兼容性、双重性等因素对于本土文化与外域文化之间张力的形成起到了决定性的作用,没有兼容性和双重性,内外文化张力的形成就没有可能。日本的本土文化以能够"为我所用"为原则,以将异质文化的"日本化"为目的,表现出极强的包容性。对外域文化的摄取是日本文化发展变迁的外因,而从文化结构内部来看,文化的发展演进在于系统关系的失调,或某一子系统快速地发展带动了其他,或某一子系统特别地滞后而制造了发展的压力、动力和机会,失调—平衡—进化—失调,是文化系统螺旋式发展进化的一般程式。②

从日本的历史来看,日本社会的几次重大变革,如大化革新、明治维新和第二次世界大战之后现代国家的建设,都经历了从失调到平衡到进化,然后再失调的历史过程。这个过程中形成的内外文化张力正是推动社会进步、文化机制更新的一种动力机制。

内外文化的矛盾冲突大致呈现为非理性与理性两个阶段。其中,初期反应较为盲目,一般而言,一味地模仿、照搬的成分较多,亦即为非理性阶段。如古代的日本曾出现过"唐文化一边倒"及"汉化"风潮,从唐代的政治经济制度到生活方式、物质文化制品,乃至唐诗这种纯粹中国文学的表现形式,日本人都能模仿到"以假乱真"的程度。又如近现代与欧美文化的交汇中,日本也曾出现"西洋文化一边倒"、"美国文化一边倒"的风潮,甚至还出现了完全背离日本传统文化价值

---

① 参见周谷城:《多维视野中的文化理论》,《中西文化的交流》,浙江人民出版社1987年版,第3页。

② 参见杨善民、韩锋:《文化哲学》,山东大学出版社2002年版,第110页。

系统的论调，认为日本人种低质，主张与欧美人通婚，以此改变人种质量，还有以"英文"代之以"日文"的"全盘西化"的主张等等。但往往在全面"倾倒"于外来文化之后，又会出现强调自身文化的"国粹主义"的风潮，并进而转入对自身文化进行重新反思、定位的"理性阶段"。其表现为去除崇外主义与鄙外主义两种极端化的价值取向，以日本文化价值系统统摄一切，将外来文化加以"日本化"，从而形成"绳魂弥才"、"和魂汉才"、"和魂洋才"、"和魂美才"的文化发展模式。①

　　初期的非理性阶段也就是本土文化失调的阶段，平衡、进化则是在理性阶段完成的。也有学者将文化结构比做一部社会整合机器，从而解释内外文化张力的动力作用：日本的地理位置以及文化上的落差，使其自古代以来一直受到外部高度发达的大文明的影响；就是在外部环境没有急剧变化的锁国时代，社会文化的结构也如同一部高度整合的机器，在经过一段时间的运行之后，也会因磨损、老化而变形走样，偏离正常轨道。这必然引起文化结构的变迁。发展的极端，就会出现与原来相反的状况，进入社会历史的非常期。非常期与社会发展的正常期无论在形式还是内容上都是背道而驰的，其虽然不会持续太久的时间，但也是社会历史的一个必然现象。其功能，就是使偏离正常轨道的历史在更高的层次上重新回到正常状态。社会就是这样在正常——非正常——更高层次的正常的周期运动中实现其发展的。②

　　这里所说的"社会历史的非常期"也就是内外文化交锋时形成的"非理性"阶段。上文中提到的文化结构的磨损、老化、变形走样、偏离正常轨道这些引起日本文化结构变迁的要素，虽然有本土文化自身的

---

　　①　参见杨薇：《日本文化模式论》，《南开学报》（哲学社会科学版）2002 年第 4 期，第 73—78 页。
　　②　参见崔世广：《日本文化研究的方法论》，《日本学刊》1998 年第 3 期，第 68—82 页。

原因,更重要的则是源于各种"外部高度发达的大文明"的濡染。

总而言之,日本文化是兼容的,它依据"为我所用"原则选择一切可以兼容的文化。文化的深层和表层结构为本土文化和各种不同的被兼容的外域文化提供了并存的空间。文化结构是动态的不断变化的系统,同时又具有相对独立的稳定性,异质文化间的相近性原理是将外来文化日本化,并使之沉淀为日本文化深层结构的理论基础。日本文化的变迁过程是在内外文化张力作用下实现的本土文化与外来文化的冲突失调、整合平衡、进化发展的过程。日本社会这个大系统中的其他子系统同样在这种内外文化的张力作用下形成、变迁、演进。

二、日本高等教育理念

教育与文化的关系密切而复杂。文化制约着教育活动的过程,不同教育反映出不同的文化背景,展现出迥异的文化传统。从外部关系来看,文化与政治、经济一样,制约着教育的改革与发展。教育属于文化范畴,起源于文化,是文化中的一个重要组成部分,文化的流变制约着教育发展的历程。文化的制约作用是潜在的、直接的,而政治、经济的制约作用往往是间接的,甚至有时需要以文化为中介。从内部关系来看,教育通过选择、整理和传播文化来实现保存文化、维持文化生存的基本职能;教育还具有选择文化、创造文化、批判文化、传播文化,促进文化变迁等功能。文化给教育以社会价值和存在意义,教育给文化以生存依据和生机活力,二者相互依存。教育理念作为一种意识形态,作为文化的重要组成部分,深受传统文化的制约和规范。在兼容外域教育理念的过程中,传统教育观既是主体也是重要的参照系,经过不断的冲突、调和、发展,与其相近的教育理念可以逐渐沉淀为深层文化,与其相去甚远的则停留在文化的表层甚或完全被抛弃。

1. 传统教育观

（1）崇尚科学，重视教育

前面提到了日本文化深层结构中的"精农主义"文化，所谓"精农"就是要以研究的态度从事农业特别是水稻生产，如灌溉、水利等方面都需要复杂的科学技术和高度的科学能力。另外，从镰仓时期到明治维新以前的日本政治，从上到下的基层行政都是由武士来实施的。日本武士可以说是拥有武装的自营农民，他们具有农民式的科学主义。武士们骁勇善斗，争强好胜，而胜利的保障则要依赖武器的性能和战略战术。这样，探究武器制造技术、研究战略战术就成为那个时代的社会时尚，滋生了尊重科学性、合理性的社会风气，形成了深层文化结构的另一个特征——崇尚科学。

从文化史的角度来看，如果说日本的飞鸟和奈良时代以狂热移植中国文化为特征的话，那么平安时代前期则以整理与消化已经吸收的中国文化为特征。[①] 镰仓幕府时代（1192—1333）武士阶层兴起、掌握政权，从中国涌入的佛教一举成为当时在日本思想界影响最大的宗教。在日本传统教育观的形成过程中佛教发挥了不可估量的作用。作为一种信仰，佛教倡导众生平等、因果报应、生死轮回、普度众生、接受教化等思想给日本带来了新的信仰体系，使日本人养成了虔诚的生活态度和渴望知识的禀性。在日本人的价值体系中"义理"是衡量一切的标准，人们要感谢上德、感谢主恩，就要履行自己的义务，这才是符合义理的。[②] "报恩"心理结合佛教思想，加之政府的大力扶持，使人们把读书、追求知识当成应尽的义务和权利，如果不读书就不能尽

---

① 参见王家骅：《儒家思想与日本文化》，浙江人民出版社1990年版，第46页。

② 参见熊庆年：《十七世纪至十九世纪中叶中日教育发展比较》，巴蜀书社1998年版，第204页。

忠，就难以履行自己的社会职责。这种深层的民族心理以及上述崇尚科学技术的文化特征对教育的普及起到了重要作用。

日本教育观在不同文化思潮的影响下表现出不同倾向性。明治初期国学、儒学、洋学三派围绕教育主导权问题展开纷争，最后洋学派取得胜利，但是当时教育的指导思想仍然是复古主义的，对教育的重视程度也有增无减。日本启蒙思想家西周（1829—1897）极力主张追求和尊重知识，他把健康、知识、富有列为"人世三宝"，认为它是天赋的，是出自人的本性要求，是人争取幸福的手段。① 当时为适应"文明开化、殖产兴业、富国强兵"三大政策的需要，政府通过各种形式激起了民众"提高常识"的学习热情，强调"国民皆学"的平等教育原则，提出"邑无不学之户，家无不学之人"的基本教育目标。各地政府还都设置了报纸解说会，人们聚集在学校、村公所等处，听神官、僧侣、官吏等以浅显易懂的语言解读用村费买来的报纸。后来在政府援助下，各地还出现了报纸阅览所，展出东京、大阪和当地的报纸，让人们免费阅读。这一举措迅速扫除了文盲，实现了文化启蒙，受到民众的普遍欢迎。

在日本民族精神的深处一直认为"知识乃立身之本"，即使勒紧裤带也要学习知识。20 世纪 30 年代初，世界经济总危机对日本的城市和农村产生了深刻的影响，在日本出现了十几万"缺食儿童"，有许多学生家庭贫困，食不果腹，常常带不起盒饭，中午只能饿肚子，但是，全日本仍有几十万贫困儿童在坚持上学。日本民族对教育的执著精神从这里窥一斑可见全豹。即使在战争期间，也有很多农民认为教育对于提高常识是必要的。也就是说，民众并没有仅从单纯的日常需要来考虑教育，而是像"提高常识"这句话所表明的那样期待能通过教育提

---

① 参见孔祥宏：《论日本明治维新时期的教育改革》，《江苏教育学院学报》（社会科学版）1996 年第 3 期，第 31—35 页。

高总的能力。① 日本学者依田憙家曾概括指出："在明治以后的日本，并不期待教育对日常生活直接起作用，而是希望以提高一般知识的形式来提高总的能力……就是现在的日本大学教育中，学的是法律、经济等学问，但是除少数想当专家的学生外，本人和社会都希望通过对这些学问的学习来提高一般的能力。"②

鉴于对科学技术的崇尚，对义理的追求，日本民族产生了对知识和教育的强烈渴望。日本的教育基本属于"普及、提高能力型"，这与日本传统教育理念中对于知识的认识是一致的。

（2）修养本位，学术自由

作为教育的内容，知识一般可以分为"显性"和"隐性"两大类。在日本，只是把"显性知识"看做知识的外在表现，比如那些可以用语言和数字表述，通过数据形式、科学公式、产品说明、手册、一般原则等等形式来体现的知识。他们认为，只有"隐性知识"才是真正的知识，即那些模糊、隐性、不易看见和表述的东西。"隐性知识"高度个人化，深深地扎根于个人的行为、经验、情感以及其所信奉的观念、价值之内。简单地讲，"隐性知识"包括两个方面：一个是"技术"方面，其中包括非正式的和难以言传的技巧或工艺，通常可以用"技能"（know-how）来概括，它高度个人化，具有主观、直观、预感和灵感来自于亲身经历等特点。"隐性知识"还包括一个重要的认知范畴，如信念、悟性、理想、价值、情感和心理因素等等。③ 日本民族一贯重视依靠体悟得到的隐性知识，他们认为，不论知识还是技能，只要是高度个人化的、有助于提高个人修养的就值得尊重。

---

① 参见［日］依田憙家著，卞立强译：《日本的近代化》，中国国际广播出版社1991年版，第10页。

② 同上书，第195页。

③ 参见杨文选、张玲：《日本与西方知识观管理观之比较》，《西安电子科技大学学报》（社会科学版）2001年第6期，第29—32页。

追本溯源，对体悟性"隐性知识"的重视可以追溯到日本的武士文化。在传统的武士教育中，知识被要求融入到个人的性格当中，非常强调因人而异的特性，每个武士都要在行动中体悟从武艺技能到为人原则的各种知识。做一个行为人被认为比精通文学和哲学还重要，尽管文学和哲学里也包括武士教育的重要内容，这种强调形体经验的传统源于禅宗佛教的"身体与精神合二为一"的哲学思想。①

奈良时代的佛教以"镇护国家"为使命，是国家佛教。到平安时代，佛教以天台宗和真言宗为最盛，以控制庄园经济的权门贵族为依托，成为贵族佛教。进入镰仓时代以后，与贵族关系密切的法相宗、三论宗、天台宗、真言宗等相继衰落，而净土宗、净土真宗、禅宗和日莲宗等新教派日益兴起与普及。其中，禅宗在武士阶层中影响最大。② 禅宗是中国土生土长的佛教宗派，它是中国南北朝时期玄学与佛学两大思潮交汇的产物。禅宗与其他佛教宗派的不同之处在于，它认为人的本心即佛，佛即本心。禅宗使佛教烦琐的教义和长期的苦修归于简便，允诺"顿悟"而"立地成佛"。这使它在12世纪末和13世纪初顺利传入日本，并深受武士们的欢迎。

到了日本江户时代（1603—1868），国家统一和谐，社会安定繁荣，德川幕府采用中国的宋明理学治理国家，加强士农工商的身份秩序的管理，并使宋明理学成为官方哲学。

在江户之前就已经传入日本的宋明理学，吸收了佛教华严宗、禅宗的思想和道教的宇宙生成论及万物化生论，将儒家思想哲学化。宋明理学与禅宗在许多方面是脉络相通的，明代学者黄绾曾指出"宋儒之学，其入门皆由于禅"。宋学认识论中的"渐修"与"顿悟"观念以及

---

① 参见杨文选、张玲：《日本与西方知识观管理观之比较》，《西安电子科技大学学报》（社会科学版）2001年第6期，第29—32页。

② 参见王家骅：《儒家思想与日本文化》，浙江人民出版社1990年版，第55页。

"主敬"的修养法,都可以溯源于禅宗。① 禅宗重视的"顿悟"和"修养"对于日本民族的传统教育观念产生了深远的影响。

江户时代之前,儒学(汉儒)掌握在朝廷贵族、博士家手中;进入江户时期武家统治者将宋明理学奉为官方哲学,从而使儒教获得独立并得到巨大发展,成为以"忠"为核心的武士阶层的重要伦理规范。中国传统儒学中的学习观以及强调的知识的整体性、人文性等特征都被吸收到日本传统教育理念之中。

在中国儒家文化体系中,"智"和"仁"是并列的,儒家学说的核心"仁、义、礼、智、信"五项中,"智"是独立的一项。日本儒学则以"忠"取代了中国儒学的"仁",却保留了尊重知识、"爱智"的知识传统。具体地说,日本的儒学兼容了中国儒学中有关知识的人文性特征。他们认为知识主要是内修的道德性知识,这与孔子的思想是一致的。孔子知识观的最大特色是对人的关注,特别是对人内在的心性修养和人格境界的关注。孔子曾以自己为例说:"吾十有五而志于学,三十而立,四十而不惑,五十而知天命,六十而耳顺,七十而从心所欲,不逾矩"。(《论语·为政》)这句话中,以"学"统领,一气贯通,"而立"、"不惑"、"知天命"、"耳顺"、"从心所欲"是通过"学"可以达到的五个阶段。孔子"吾日三省吾身",一生孜孜以求,目的就是要通过学习,探索做人的道理,从而完善人生的五个阶段,提高自身的人生境界。正如冯友兰先生所说,按照中国哲学的传统,"学"的功用不在于增加积极的知识(积极的知识是指关于实际的信息),而在于提高心灵的境界——达到超乎现世的境界,获得高于道德价值的价值。②

中国学术传统强调学者为学应"志于道"。对于"道",道家的理

---

① 参见朱日耀:《略论程朱理学之援佛入儒》,《论宋明理学》,浙江人民出版社 1983 年版,第 180—196 页。

② 参见冯友兰著,涂又光译:《中国哲学简史》,北京大学出版社 1996 年版,第 4—5 页。

解是："道法自然"；儒家讲："天命之谓性，率性之为道"。两者的区别是儒家认为"道"体现在人事之中，道家认为"道"是无为而治的产物，所以老子说："为学日益，为道日损。"（《老子》第48章）而两者的共同之处则是都把道归结为一种普遍性的真理，学者修道是教育他人和提升自己的必由之路。冯友兰先生认为："孔子在'吾十有五而志于学'的'学'不是我们现在所说的学。《论语》中孔子说'志于道'（《述而》），又说'朝闻道，夕死可矣'（《里仁》），孔子的志于学就是志于这个道。我们现在所说的学，是指增加知识；但是'道'却是我们用来提高精神境界的真理"。①

在儒家看来，既然学者的使命是探求道的本原，学者就应当心无旁骛，一心向道。在道与现实利益发生矛盾时，学者应自觉抵制物质利益的诱惑；当求道与个人的生命存在发生冲突时，学者应"舍生取义"。为了在学问上达到"至善"的境界，学者就必须做到"贫贱不能移，威武不能屈"，坚持学术研究的自由本性。

同时，按照胡适先生的理解，孔子所说的"六十而耳顺"的"耳顺"指的是容忍的意思，即可以倾听不同的意见。② 在春秋战国时期的稷下学宫，不同学派之间的论辩成为了一种制度，各学派的论辩既在先生之间展开，也在先生与学生之间展开，论辩中无论职务高低、年龄长幼，地位都是平等的。在宋朝书院的学术活动中，这种传统同样得到发扬。书院允许不同学派共同进行讲学。在南宋时期，朱熹和陆九渊是两个不同的学派，但朱熹却特邀陆九渊到白鹿洞书院讲学，树立了不同学派共同讲学的新风。从此以后，各学派之间的论辩不断，参加书院组织论辩的学者绝大多数都能够既"坚守所学"，又能克服门户之

---

① 参见冯友兰著，涂又光译：《中国哲学简史》，北京大学出版社1996年版，第41页。

② 参见同上书，第20—21页。

见,兼取诸家之长。

通过上述关于日本传统文化的追述,我们认为,中国传统儒家对修养的重视、对"道"的追求、对学术自由风尚的推崇等特点,奠定了日本传统教育的学术风气。明治之后,以德国为首的欧洲各国倡导的学术宽容、学术自由之风,能够迅速被日本文化所接受,也是得益于早期日本文化对中国儒家文化的兼收并蓄。兼容外域文化的过程是日本传统教育理念接受冲击的过程,不同教育理念间的摩擦、冲突迭起,其间以传统教育理念与德国古典大学、美国现代大学理念之间的磨合最具代表性。

2. 高等教育理念的形成

"理念"(eidos 或 idea)一词来自古希腊语,其原典含义为"形式"、"通型"。从苏格拉底到柏拉图到亚里士多德,从康德到黑格尔对这一概念都有不同的阐述。今天我们使用的"理念"泛指人们对事物的理性认识所形成的观念或观点,并且是一种追求的目标或者境界,或者是一种理想追求的概念化、系统化表述。它是一个"精神、意识层面的上位性的、综合性结构概念,是人们经过长期的理性思考及实践所形成的思想观念、精神向往、理想追求和哲学信仰的抽象概括"。[1]

教育理念是指人们对于教育现象的理性认识、理想追求及所持的教育思想观念和教育哲学观点,是具有相对稳定性和延续性的教育认识、理想和观念体系。教育理念是文化积淀和文化交流中形成的教育价值取向与教育价值追求。它是关于教育发展的一种理想性、精神性、持续性和相对稳定性的范型,具有导向性、前瞻性、规范性的特征。作为建立在教育规律基础上的科学的教育理念,它反映着教育的本质和时代特征,蕴涵着教育发展的指导思想。

---

[1] 韩延明:《大学理念探析》,厦门大学高教所 2000 年博士论文。

最具有代表性的高等教育理念是德国古典大学理念和美国现代高等教育理念,这两种理念先后伴随日本第四次和第五次对外域文化的兼容过程进入日本,对日本高等教育理念的形成以及高等教育制度都产生了深远的影响。

德国柏林大学作为古典大学的代表,是世界高等教育史上的里程碑,我国学者陈洪捷在《德国古典大学观及其对中国的影响》一书中将其教育理念概括为修养、科学、自由和孤寂四个相互关联的核心概念。1810 年洪堡创立柏林大学,认为大学兼有双重任务,一是对科学的探求,一是个性与道德的修养。这里的科学是指所谓的纯科学,能够统领一切学科,是关于世上万般现象知识的最终归宿。人不应该追求任何自身之外的目标,只进行纯知识、纯学理的探求。纯科学就是哲学,这与中国传统文化中对"道"的认识是一致的,"哲学属于道的范畴"。① 洪堡认为,修养或者说通识性的修养是个性全面发展的结果,是人作为人应该具有的素质,它与专门的能力和技艺无关。洪堡还进一步指出,纯科学是用于"精神和道德修养……天然合适的材料。"而修养必须以自由为条件,"人的真正目的……在于最圆满、最协调地陶冶各种潜能使之融为一个整体。而自由是这一修养的首要、必备条件"。②

修养观念主要来源于新人文主义,是关于人的发展的一种理想。新人文主义是构成古典大学教育理念的基础和根本目标,它规定了大学教育的基本价值取向和人才培养目标。科学作为新人文主义和理想主义哲学的概念,构成了大学的中心活动内容。科学活动一方面具有独立的价值,旨在探索未知;另一方面,它作为一种能动的、思辨的

---

① 冯友兰著,涂又光译:《中国哲学简史》,北京大学出版社 1996 年版,第41 页。

② 陈洪捷:《德国古典大学观及其对中国大学的影响》,北京大学出版社2002 年版,第74 页。

活动,也是通向修养的途径。洪堡说,如果在真正意义上从事科学,科学便是用于"精神和道德修养"、"非有意的、但却天然适合"的材料。所以,修养与科学是不可分割的,失去修养便没有真正的科学,舍去科学修养便无从进行。① 修养观念论者都相信,个人的全面发展对于社会、国家和人类都有很大的益处。人的全面、自由的发展也就是人的道德化,修养所提供的是一种"生活规范";有修养的国民是国家和民族兴旺发达的前提,就是说,修养虽然建立在个人主义原则之上,但从根本上是符合国家和民族利益的。②

柏林大学正是应战后德国发展应运而生,是满足国家"以精神的力量弥补物质损失"需要的产物,只是它并不直接服务于国家的需要、听命于国家。洪堡说"大学倘若实现其目标,同时也就实现了,而且是在更高的层次上实现了国家的目标,由此而来的收效之大和影响之广,远非国家之力所及"。③ 德国古典大学教育理念中关于个人修养教育与国家关系的理论,在日本明治时期的启蒙思想家那里取得了共识。

日本明治时期的启蒙思想家和政治家们看到了日本和西方的差距,认为长期的落后必然会使人们的思维方式、行为准则、价值观念跟不上时代的节拍,进而阻碍社会的进步。所以要改变这种落后的现状首先要"开发民智",进行全民普及教育,提高全社会人口的基本素质和修养。日本著名哲学家福泽谕吉在《劝学篇》中提出人人平等,普遍受教育的主张。他认为,"贫富强弱并非天定,而决定于人的努力与否,今天的愚人可以在明天变成智者,以前富强之国可以现在沦为贫弱,古今这种例子是不少的。我们日本人应以此立志求学,充实力量,

---

① 参见陈洪捷:《德国古典大学观及其对中国大学的影响》,北京大学出版社 2002 年版,第 83 页。

② 参见同上书,第 68 页。

③ 转引自同上书,第 44 页。

先谋个人的独立，再谋一国的独立。比起社会的文明来，更应专注于个人的文明，除此之外，实际也无暇再去顾及别的什么。洋学校建成后，与其培养治人的君子，还不如开导治于人的小人，当今社会并不缺少治国的君子，所缺的只是在良好政府之下蒙受良好政府恩德的民众。假如下面没有要求，上面也就不会施予。灾难起于下面，幸福也产生于下面，所以应当专注于对小民的教育"。① 他把国家的独立富强视为文明开化的目标，而文明开化则必须仰仗"小民的教育"，这与德国创办柏林大学的初衷如出一辙。

第二次世界大战前的日本教育制度受欧洲尤其是德国的影响很大，依据 1886 年制定的《帝国大学令》创办的"帝国大学是世界上最早把工学、农学等技术类学科引进综合大学里的大学，而且在重点研究和致力于高水平的教育方面被认为是近代德国式的大学"。② 总之，不论维新前期还是后期，不论是从积极还是消极的意义来看，关于个人修养的理解和教育目标的确立，都受到了日本传统教育理念、德国古典大学修养主义以及国家主义的影响。

现代高等教育理念是从美国发端而扩及到世界各国的，高等教育现代化的新阶段是在美国首先孕育的。19 世纪中叶之后，美国高等教育成为世界高等教育的典范，世界各国的高等教育直接或者间接地、自觉不自觉地受到美国高等教育模式的影响。

以美国高等教育为首的现代大学理念可以概括为下面两个主要方面：（1）培养实用人才，发展实用知识。高等教育发展总是处于大学传统与社会环境形成的"张力"之中，现代大学就是以适应工业化社会的要求为基础，确定了一种培养实用人才，发展实用知识的高等教育

---

① 转引自孔祥宏：《论日本明治维新时期的教育改革》，《江苏教育学院学报》（社会科学版）1996 年第 3 期，第 31—35 页。

② 关正夫：《日本高等教育改革动向》，厦门大学出版社 1991 年版，第 52 页。

理念。(2)适应社会发展需要,广泛服务于社会。传统大学以象牙塔自居,与社会生活保持着一定的距离。自从柏林大学把现代科学纳入大学教育领域,美国的大学在此基础上使大学由社会边缘走向了社会生活的轴心,成为人类社会发展的"动力站"。适应社会发展需要、广泛服务于社会,就是这种新的高等教育观的核心。① 美国高等教育以多样性著称于世,整个高等教育系统承担着各种不同的职能,能对不断变化的社会迅速作出反应。之所以如此,原因在于美国社会的实用主义文化传统。许多与美国有着不同文化传统的国家都试图模仿之,但不是因旷日持久的争论而徒劳而无功,就是因民众瞧不起那些实用性技艺教育而使政府的计划搁浅。只有在美国这个以实用主义作为一种"大众哲学"的国度,高等教育的多样性才能真正形成。②

第二次世界大战之后,美国的高等教育理念和制度强行输入日本。此前,日本曾在 19 世纪末模仿德国模式建立起了近代大学制度。经过半个多世纪的发展,到第二次世界大战结束时,以德国模式为蓝本建立起来的近代大学制度已经在理念与制度层面上扎根于日本社会,成为日本高等教育的传统。③ 如果说战前的日本大学是以造就英才为目标的欧洲大学模式,战后的新制大学则是以世界最早实行高等教育机会扩大化和均等化原则的美国现代大学为改革范本。

日本学者永井道雄曾经指出:"战后日本教育的蓝图是根据 1946 年《美国教育使节团报告书》绘制的"。④ 该报告书最早提倡在日本大

---

① 参见张应强:《高等教育现代化的反思与建构》,黑龙江教育出版社 2000 年版,第 122—125 页。

② 参见张应强:《文化视野中的高等教育》,南京师范大学出版社 1999 年版,第 127—131 页。

③ 参见胡建华:《战后日本大学史》,南京大学出版社 2001 年版,第 308 页。

④ 张德伟:《日本教育特质的文化学研究》,东北师范大学出版社 1999 年版,第 64 页。

学中设置普通教育科目，这改变了日本大学的发展方向。报告书中的普通教育强调养成人文主义态度，培养自由思考的习惯，并给予职业训练提供更好的准备。日本依据《学校教育法》的规定提出："大学作为学术的中心，在广泛传授知识的同时，以深入教授和研究专门的学艺，发展智慧，培养道德和应用方面的能力为目的。"从这个规定中，可以清楚地看到，大学被定义为具有教育职能同时又具有学术研究职能的机构，即新制大学是普通教育和专业教育的统一。①

由于日美两国的传统教育理念缺乏共同的文化基础，美国的实用主义教育理念在日本并没有获得与德国古典大学理念同样的命运，以致今天实用主义高等教育理念仍没有得到日本本土文化的充分认可和接受。战后的教育改革并没有（或者说没能够）彻底否定日本近代高等教育的传统，近代大学产生之后形成的一些反映日本大学制度性质的基本内容延续下来。多数情况下，在涉及制度的根本性质方面，日本的高等教育界更倾向于恪守传统，特别是当触及"教授治校"、"学部自治"这样一些基本理念时。②

三、内外文化张力下的高等新闻教育理念

秉承高等教育理念，辅之以新闻学科的个性，在日本传统教育观与德国、美国等外域文化共同形成的张力环境中，日本高等新闻教育理念呼之欲出。

---

① 参见史朝：《现代日本高等教育发展机制研究》，华中理工大学出版社1997年版，第34页。

② 参见胡建华：《战后日本大学史》，南京大学出版社2001年版，第308—309页。

1. 高等新闻教育理念

从种属关系来看,理念是教育理念的属,教育理念是理念的一个种;教育理念又是高等新闻教育理念的属,高等新闻教育理念是教育理念的一个种。所以,新闻教育理念是教育理念的一个下位概念,前面论及的教育理念的普遍性结论适用于新闻教育理念。笔者认为,高等新闻教育理念是在对新闻教育的基本认识和对新闻教育规律的正确把握的基础上,形成的对未来新闻教育发展的一种观念形态的知识和认识。高等新闻教育理念作为教育哲学的一个基本范畴,它具有提出和解释高等新闻教育一些基本问题的功能。它要回答什么是高等新闻教育,即高等新闻教育应该是怎样的;高等新闻教育是为了什么,即高等新闻教育的价值取向;高等新闻教育有什么用,即高等新闻教育的功能问题。对这些问题的认识构成了高等新闻教育理念的基础。

高等新闻教育理念是一个复合的多层次概念。

首先,高等新闻教育理念是一个整体的概念。教育是社会的一个子系统,新闻学又是一个突出实践性、综合性的学科,与政治、经济、文化等子系统的关系尤为密切。理念是主客观的统一,它的形成受到一定条件的制约,发展中会随着外部条件的变化而变化,表现出整体的系统性和概括性。它具有传统的力量,特有的延续性和继承性使之成为文化传统中不可分割的组成部分。若割裂了高等新闻教育理念与社会大系统的联系,它必然变成空中楼阁而走向消亡。理念受到时代的浸润,反映时代需要,并且与时俱进。

日本最早的新闻记者学校和第一本新闻学著作都是针对当时报纸媒体和报社记者缺失社会责任感的现实问题而诞生的。19 世纪末期,日本社会动荡,经济滑坡,言论自由被遏制,根据不同政见而区分的政论报纸消失了,媒体的企业性质初见端倪,竞争日益激烈。当时的报纸不仅经常攻讦政府,并且随意挖掘、登载个人的隐私,以此哗众取宠,增加卖点。报纸"减少社会丑恶"的使命被经济因素所消解,提高记者修养成为当务之急。于是,从黑岩周六到松本君平、小野濑不二人、永代静雄等新闻教育先驱积极倡导民间记者教育,开设新闻学校之风盛行。另外,在日本新闻学独立地位确立之前以及第二次世界大战之后,美国都曾经为日本新闻教育提供过职业化的教育模式,但是文化的稳定性保存了日本传统教育理念,并使之与外域文化之间一直保持着一种张力,高等新闻教育并没有完全走向稳定的职业化道路。而今,日本经济滑坡,出现了"亚洲重新评价论"、"回归亚洲论"、"亚洲共同体论"等论调,国立大学也开始实施法人化改革,在这样的社会环境下,高等新闻教育理念势必要作出新的调整。

其次,高等新闻教育理念是一个发展的概念。一方面,理念必须要经过长期的理性思考及实践才能够形成,它必将经历从波谷到波峰再到波谷的变化过程,即从萌芽到成熟再到变革的过程。当教育理念不能够与时俱进,就会被另一种新的理念所替代,从而推动教育改革和社会进步。另一方面,作为一种思想观念,一种理想追求,高等新闻教育理念又具有相对的稳定性。在实践中,由于各种关系的相互作用,会形成在一定条件下可以相互转化的主流理念和非主流理念,而与传统文化越相近就越可能发展成为主流理念。

日本高等新闻教育理念的形成过程是一个经受了不同文化理念挑战的过程,是一个不断完善自我的过程。日本的传统理念中,一直认为"新闻无学"。1929 年新闻学科走进大学殿堂,依照德国古典大学模式创办新闻研究室,确立了新闻学独立的学科地位,"新闻不再无学"。从"无"到"有"是一次质的飞跃,但这一变化却是建立在大学内部从事的新闻理论、新闻史学、新闻伦理等理论的教研与企业内部的新闻实务技能培训分而治之的基础上。大学并没有接受新闻记者技能培训的任务,也就不会改变日本传统的教育理念。不久之后,美国为日本输入了实用主义的新闻教育理念,诞生了一批以建设民主国家、服务媒体为目的的新闻系。20世纪70年代以后,在强大的传统教育观影响下,实用主义新闻教育理念宣告失败。与此同时,传播学、信息学介入新闻学,新闻教育受到挑战,新闻学外延扩大,内核缩小,以新闻学理论为核心教育内容的媒介素养(Media literacy)教育成为大学本科教育的基础课程,媒介素养教育理念成为这一时期的主导。国立大学法人化改革以来,学界与业界开始寻求共同的契合点,传统的教育理念进入新的发展阶段,在原有重学轻术理念的基础上形成了一种以提高全民媒介素养为宗旨的新的调和式理念。总之,由于传统文化根深蒂固,大学教育的重学轻术理念难以被彻底颠覆,但是发展变化却时刻进行着。

再次,高等新闻教育理念是一个实践的概念。理念具有前瞻性、指导性,只有接受实践的检验才能实现自身价值;理念的形成也来源于对现有制度的反思,实践推动了理念的形成和发展。高等新闻教育理念是形而上的哲学概念,它对实践性、综合性很强的新闻学具有统摄意义和指导意义,从而投射在新闻教育制度层面;新闻教育实践也是检验新闻教育理念的标准。

日本东京大学新闻研究室是在欧洲重视新闻理论、新闻史研究的新闻教育理念指导下成立的一个以研究为主的新闻教育研究机构。从此,重学轻术的理念成为了日本高等新闻教育的统摄力量。小野秀雄先生认为,新闻教育最重要的是在教育中给学生提供能够履行记者职责的前期准备,而实际的技能训练则是次要的。实际上,新闻研究室也是以收集研究资料、调查研究、发表研究成果、研究生的指导、举办公开讲座等为主要工作内容,并不重视新闻记者的技能培训。第二次世界大战之后,美国新闻教育职业化理念推动了日本高等新闻教育制度的转型,许多高校先后办起了注重技能训练的新闻学系。但是,通过一段时间的实践检验之后,1969年早稻田大学新闻学系的关闭标志着实用主义的职业化新闻教育理念在与传统重学轻术理念的抗衡中败下阵来。重视学术研究的教育理念经受了实践的检验，稳稳地确立了自己的地位。如今，这一传统理念再次受到挑战。2000年以来，强势的"服务社会"思想已经影响到高等新闻教育目标和教育行为，在院系调整、课程设置、师资队伍、教学方法等方面都已有所反映。以东京大学社会信息研究所的花田达朗教授为首的改革派学者结合新闻教育的实际情况展开了深刻的反思与大胆的尝试。

纵观日本高等新闻教育的发展历史，可以看出高等新闻教育理念的形成过程是与异质文化保持张力的过程，是一个充满矛盾、冲突，又不断均衡矛盾和冲突的过程。概括地说，日本高等新闻教育理念的形成包含着这样几组背景关系：在日本社会文化活动早期，强大的中国传统文化被其本土文化依据"为我所用"原则吸收消化，沉潜于日本文化结构的深层，以至我们今天仍然可以在日本文化中看到中国儒家传统文化的存在，教育理念亦是如此；德国古典大学理念的濡染也是源于日本对先进的欧洲文化兼容，特别是明治维新时期，因为德国的古典大学理念、价值取向与日本本土文化中的教育观念比较相近，二者有较强的适应性，经过一段磨合很快被吸收，并且发挥了"为我所用"的功效，直至第二次世界大战爆发；对美国文化的兼容是被动的，战后掀起的美国文化热，使我们随处感受得到实用主义高等教育理念的影响。但是美国实用主义文化并没有沉淀为日本文化结构的深层部分，它停留在日本文化表层，与日本传统文化、德国理性主义理念之间形成了一种张力关系。这种内外文化形成的张力始终存在，各种异质文化并不以此消彼长的方式存在，而是彼此交错着、紧张着，试图达到一种新的平衡。在复杂的环境中，我们要清楚地认识日本高等新闻教育理念，必须找到一个科学的方法。

2. 高等新闻教育理念的核心概念：重学轻术

高等新闻教育理念具有上述诸多特点，特别是在内外文化形成的张力之中就更难一言以蔽之，即使对新闻教育的历史进行简单的梳理也是难以穷尽的，所以我们要在日本高等新闻教育形成发展的历程中选择一个概念来概括高等新闻教育理念的主要特征。用什么样的方法来概括更合适呢？历史是客观的，但是对于历史的描述与研究却是主观的，任何社会科学研究也都带有主观色彩。一切关于文化现实的知识总是源于特定的观点……如果没有研究者的价值观，则会没有了选择课题的原则，也不会有关于具体现实的有意义的知识。① 本书在分析日本高等新闻教育理念时尝试使用马克斯·韦伯(Max Weber)的"理想类型"方法，首先提取高等新闻教育理念的核心概念。

在纷繁复杂的大千世界，人类不甘于受客观事物的支配，从未停止对客观规律进行探索，这种探索活动就是最早的科学研究。而对客观事物的相互关联的体系化解释的叙述方式构成了自然和社会现象的方法论问题。科学哲学将此称为理论模式(或理论模型)的建构过程。著名社会学家马克斯·韦伯正是通过"理想类型"的建构切入了社会科学的研究领域，提供了一种举世公认的社会科学研究方法。所谓理想类型(ideal type)，是研究者选择和强调对象某些重要的典型性，舍弃或忽略另一些次要的非典型特征而组合、构建的概念形式，它的建立必须有逻辑的一致性，不能违背经验的因果关系。需要强调的是：(1)理想类型是在现实的基础上所作的理论抽象，是研究者的一种主观建构，它既源于现实社会，又不等同于现实社会，是一种理想化的典型。(2)理想类型尽管是一种主观建构，但并不是凭空虚构的，它是以理论结构的形式表示的一种"时代兴趣"，体现着某个时代社会文化现象的内在逻辑和规则。(3)理想类型在一定程度上是抽象的，但它并没有概括也不欲图概括现实事物的所有特征，它只是为了研究的目

① 参见[德]马克斯·韦伯著，朱红文译：《社会科学方法论》，中国人民大学出版社1992年版，第77页。

的侧重概括事物的一组或某种特征。用韦伯的话来说，"一种理想类型是通过单向（one-sided）突出事物的一点或几点，通过对大量弥散的、孤立的、时隐时现的具体的个别现象的综合形成的……"。理想类型的提出使社会学研究可以超越个别、特殊的现象，上升到一般和普遍的高度，并使相关现象之间的比较有了参照标准进而使比较分析成为可能。这种研究方法大大缓和了实证主义提倡的普遍化思维方式和历史主义信奉的特殊化思维方式之间的冲突和矛盾，为实证主义社会学和人文主义社会学的共存提供了某种可能。①

理想类型的作用不仅在于简化和纯化研究对象，更在于展示对象的内在逻辑。韦伯认为，理想类型的概念是生成性概念（genetischer Begriff），所选取的特征是与研究对象的文化意义相联系的，有助于推究特定文化意义的成因。……理想类型的概念有助于考察具有文化现象的联系、前因后果及其意义。②

通过对日本高等新闻教育历史以及相关文献的综述，我们发现，日本高等新闻教育理念虽然在形成初期效仿了德国的新闻教育理念，但由于一直处在内外文化的张力关系之中，德国理性主义文化下"重学"的理念与美国实用主义文化下"重术"的理念之间纷争不断，其论争的核心问题就是如何处理高等新闻教育中"学"与"术"的关系问题。对于这个问题的理解在不同的历史时期、不同大学、不同学者之间都不尽相同。为了突出日本新闻教育理念的精髓，清晰展现新闻教育理念与社会文化意义的关联性，我们抛开一些差异，把人们关于"学"与"术"关系的认识集中提取出来，构成一个理想类型的核心概念：重学轻术。

---

① 参见周晓虹：《理想类型与经典社会学的分析范式》，《江海学刊》2002年第2期，第94—99页。
② 参见陈洪捷：《德国古典大学观及其对中国大学的影响》，北京大学出版社2002年版，第64页。

（1）"学"与"术"

梁漱溟先生在《东西文化及其哲学》一书中指出，带有应用意味的道理只是术，算不得是学。在人类文明史中首先产生的是"术"（巫术、艺术、生存技术），有了文字以后才产生"学"这种文化现象，"学"是比"术"更高层次的人类文明。从哲学上看，"学"是指学问、科学，是认识世界的范畴，它解决的是"是什么和为什么"的问题；而"术"则指技术、手段、方法，属于改造世界的范畴，它解决的是"如何去做"的问题。价值理性的哲学观强调研究的学术价值导向，认为大学应以基础研究或纯学术研究为主；工具理性的哲学观则主张以社会价值导向为主，认为应更重视应用性和开发性研究，至少是"术"与"学"并重。从具体的教育活动来观察，社会价值导向与学术价值导向的问题，则表现为基础与应用之间的关系。所谓基础，主要是指以学科知识为主体的知识储备量以及与此相适应的一般智能。所谓应用，则是在上述的基础上将知识、智能运用到解决社会实际问题中去。"基础"与"学"更有利于长远利益的获得，"应用"与"术"更有利于实现眼前利益。

"学"与"术"的论争在高等教育界已持续百年之久，是高等教育的一对主要矛盾。古典大学教育只有教学和研究两种职能，古典大学观认为大学是研究高深学问的殿堂，以纯粹的学术追求为己任。现代大学走上十字街头，成为科学技术的孵化器，在原有基础上延伸出直接为社会服务的职能，"带应用意味的道理"走进象牙塔，"学"与"术"共同出现在大学的讲堂。

"重学轻术"这一组概念的建立是从日本文化特征推演出来的，与日本文化传统有着逻辑的一致性。日本的高等新闻教育受德国古典大学理念影响深远，侧重大学的学术价值追求，注重基础理论研究，而"应用意味的道理"，特别是一度被认为既不是正业也无学理而言的新闻记者的技能教育，难以在大学里面获得稳固的制度性地位。

第一，高等新闻教育的"重学"传统。

在经历了明治政府的言论镇压、小报兴起、告别主笔万能时代之后，日本的新闻界十分混乱。虽然人们认为报纸是日常生活不可缺少的东西，但是新闻记者却不太受欢迎。特别是那些报道市井信息的探访者常被蔑称为"新聞屋"（新闻人）、"種取り"（探听者）、"羽織ごろ"（恐吓者）等。他们的工作就是到处打听街头巷尾的传闻，然后把它们改写成有趣滑稽的能够吸引读者的东西。从总体素质上看，这些探访者中不识字的、没有受过教育的人居多。① 在社会上，新闻记者的工作一直被看做一项没有学术含量、不必学习即可胜任的职业。

"新闻无学"的传统在日本根深蒂固，新闻记者的专业教育和研究更无学术地位可言。前面我们分析了日本传统文化中十分重视教育，特别是看重在教育理念中对学习隐性知识、提高个人修养的教育的特点。同时，结合其兼容性的文化特点形成了宽容、自由的学术理念，使德国古典大学理念在日本高等教育发展史中占据了相当重要的地位。高等新闻教育吸收德国理性主义思想，"重学轻术"理念成为整个社会的学术风尚，即使新闻业界也认为大学是高深学问的殿堂，不赞同新闻记者教育进大学。报纸的制作方法和报社的经营方法，日本人是从英国和美国，特别是从美国那里学到的，但日本的新闻学界从来都没有认真地运用过美国的实用主义新闻学。因为当时日本人一直都认为，美国的学问水平同欧洲相比，肯定是低的，美国的实用新闻学只能告诉我们如何撰写新闻稿件、如何采访、如何为稿件加标题等等，而这些是不能称之为"学问"的。当报社的记者受私立大学的委托，作为讲师登上讲台教授美国实用新闻学的时候，学生们表现出极大的不满，

---

① 参见［日］河崎吉纪：《新聞記者の制度化》，《評論・社会科学》2001 年第 7 期（66），第 141—158 页。

他们说:"这里是大学,不是新闻记者培训班"。① 故此,日本的新闻记者教育一直徘徊在大学制度之外。

1926 年小野秀雄先生率先在东京大学文学院开设"比较报业史",成为不拿薪水的志愿讲师,直至 1938 年他才转为正式的讲师。当时,小野秀雄先生就已经有了在东京大学文学院开设"新闻讲座"的打算,②而这一想法尽管得到了当时的校长涩泽荣一先生以及财界和业界的支持,却遭到文学院教授委员会的强烈反对,教授们认为"报纸不应该作为学术研究的对象",③不能进入大学讲堂,甚至有人还提出"只有圣德太子以前的研究才算是学术",④以此来排斥"新闻讲座"。还有人断言,新闻研究根本就算不得什么学问,以新闻为研究对象的学问是不可能成立的。因为,报刊及其言论报道活动以快速和粗糙为原则,象牙塔——研究院则以慢速和精益求精为原则,两者是恰恰相反的两个概念。⑤ 这股强大的抵制力量使得小野秀雄先生不得不暂时放弃这一计划。以涩泽荣一先生为代表的大学方面也只好退而求其次,鉴于新闻的特殊性,设立了一个在形式上隶属于文学院,而实际上是由法学、文学、经济学三个学院共同参与构成的特殊的新闻研究室。1929 年 10 月 1 日,日本第一个新闻研究室在东京帝国大学诞生。创建之初的新闻研究室是一个由帝国大学法学院南原繁、文学院卢田

---

① ［日］和田洋一编著,吴文莉译:《新闻学概论》,中国新闻出版社 1985 年版,第 228 页。

② 原文注:讲座是当时帝国大学的学部的组织单位,相当于现在所说的新闻学科。

③ ［日］内川芳美:《日本の大学における新聞教育回顧雑録》,花田达朗、広井修编:《論争·いまジャーナリスト教育》,東京大学出版会 2003 年版,第 11 页。

④ ［日］小野秀雄:《新聞研究五十年》,每日新闻社 1971 年版,第 250 页。

⑤ 参见［日］和田洋一编著,吴文莉译:《新闻学概论》,中国新闻出版社 1985 年版,第 233 页。

贞三、经济学院河合荣治 3 名指导教授、1 名副指导（小野秀雄先生）以及 3 名研究员和 1 名事务共同构成的横向联合组织。① 新闻研究室依据小野先生从德国引进的新闻教育理念，以新闻历史和新闻理论研究为主，培养人才为辅。新闻研究室的正式成立使新闻学科在帝国大学获得一席之地，这也标志着在日本"新闻不再无学"，新闻学独立的学科地位获得学界的认同。

对于新闻学艰难地在日本学界立足，是否可以理解为日本传统学术理念的一次彻底转变呢？新闻学独立地位的取得是在兼容德国大学理性主义学术文化之后，日本传统学术理念的一次飞跃，以价值理性为主导的哲学思想提升了日本传统的学术理念，以纯粹学术研究为主的新闻教育理念脱颖而出。对德国文化的兼容打破了原有内外文化间的平衡关系，促成日本本土文化结构的一次变迁，也推动着大学理念必然发生变化。我们说，新闻学研究走进大学并没有改变日本传统的学术理念。因为，德国大学理性主义的学术文化与日本传统文化中重视教育、重视感悟知识、重视修养养成等特点具有一定的相近性，易于被接受。德国高等教育曾经是世界的典范，具有先进性，对它的消化吸收符合日本文化"为我所用"原则，对日本传统文化具有积极的促进作用，是对传统教育理念的深化。而且，当时的东京大学新闻研究室是模仿德国大学新闻教育模式建构的以新闻学研究为目的的机构。"日本的新闻教育首先从作为理论的新闻学研究开始"，②新闻教育理念就是建立在新闻理论研究而不是新闻记者培养的基础之上。另外，当时报纸提升质量、新闻记者提升自身地位的社会需求，以及新闻研究自身发展的不断完善等内外因素的变化都推动着新闻学的独

---

① 参见［日］小野秀雄：《新聞研究五十年》，每日新聞社 1971 年版，第 245 页。

② ［日］小野秀雄：《アジアにおける記者教育》，《新聞研究》1958 年第 2 期 (79)，第 1—4 页。

立以及新闻教育理念的提升。新闻学独立学科地位的确立是日本传统学术理念在原有基础上的一次必然飞跃。

客观地说，新闻学以研究的方式进入帝国大学这件事本身昭示的正是重学轻术理念在日本的根深蒂固。也是从这一事件开始，重学轻术这一理念被日本高等新闻教育界正式接受并牢牢地确立起来。

小野秀雄先生是日本高等新闻教育的创始人，重学轻术理念的积极倡导者。"就像中国的戈公振一样，日本的小野秀雄就是最早的新闻史学家和新闻教育家"。① 小野秀雄 1885 年 8 月 14 日出生于日本滋贺县，1903 年 9 月进入县立第三高等学校大学预科读书，1906 年进入东京帝国大学文学系德国文学专业学习，1910 年 7 月毕业后，分别在《万朝报》和《东京日日新闻》等报社担任记者工作，1919 年 34 岁时进入东京大学研究生院学习，1924 年 9 月课程修完退学。此后，他曾经担任东京大学文学院无薪讲师、讲师，东京大学新闻研究所所长、日本新闻学会会长、上智大学新闻学系主任、文学院教授，明治大学高等新闻研究科科长等职，1945 年以讲师身份从帝国大学退休。主要的著作有《日本新闻发展史》(1922 年)、《大阪每日新闻社史》(1925 年)、《新闻学》(1927 年)、《新闻发生史论》(1932 年)、《现代新闻论》(1934 年)、《新闻原理》(1947 年)、《日本新闻史》(1949 年)、《报纸史》(1955 年)、《瓦版物语》(1960 年)、《内外新闻史》(1961 年)、《新闻研究五十年》(1971 年)等。

小野秀雄先生初中毕业后，带着呼吸自由空气的理想来到东京，就读在以自由著称的"三高"，并选择了能够进行自由研究的德文专业。小野先生回忆说："我这样的自由思想在三高是没有问题的"。②

---

① 陆晔记录：《历史与现状：日本新闻学教育与新闻实务的发展轨迹——卓南生教授访谈录》，《新闻大学》1998 年秋季刊，第 93—94 页。
② ［日］小野秀雄：《新聞研究五十年》，每日新聞社 1971 年版，第 9—10 页。

对自由思想的追求应该是小野秀雄先生得以传承德国新闻教育理念的滥觞。媒体工作的经验以及通过阅读德文获得的关于德国新闻记者的初步认识，使得小野先生对新闻研究产生了浓厚的兴趣。他的新闻学研究体系以报纸的本质为逻辑起点，认为："报纸是以使命立足，以现实的事实为基础，快速、持续、有规律进行报道和批判的，进行广泛传播的经济机构。"这个观点的核心就是"以使命为立足点"，这个使命带来的结果就是"公众的福祉"。① 他认为新闻记者要有社会责任感，媒体作为公众的舆论机关应坚守言论自由原则，以报道事实、批判社会为基本职能，因而新闻记者就应该是醒世的"木铎"，他们的职业精神比其他任何职业都重要。在小野秀雄先生看来，新闻伦理、修养教育、分辨是非的能力、批判的精神应该是新闻记者必备的品质。小野先生对报纸本质的认识影响到他的新闻教育理念，他认为新闻记者教育最重要的是实施深刻理解报纸本质的教育、教导学生如何履行记者天职的教育，而实际工作技能训练则在其次。②

　　关于开办新闻教育机构的必要性，1923 年小野秀雄在《对新闻研究的一点看法》一文中，引用德国新闻学者奥斯卡·维特修坦的话解释说：一定没有人否认画家是需要天赋的，但是开设美术学校进行准备阶段的教育却被社会认可。新闻记者需要的才能与画家必备的天赋是不能比的，所以，记者才能的养成必须通过学习获得。③ 他进一步强调，随着政治、外交、社会、经济等方面的问题日益复杂，记者必须学习专业知识，那么记者教育的特殊机构就是必须的。随之，与新闻教育机构建设相关的问题浮出水面。

----

① ［日］内川芳美：《先生の研究業績を回顧して》，《新聞学評論》1978 年第 27 期，第 112—116 页。

② 参见［日］河崎吉纪：《近代日本における新聞学の成立》，《メディア史研究》2003 年第 14 期，第 58—77 页。

③ 参见同上。

为了了解世界各国新闻学研究和教育情况,小野秀雄先生曾于1923 年 7 月亲赴欧洲考察。德国莱比锡大学是当时新闻教育机构最完备的大学,不仅有专业讲座、兼修讲座,聘请实业界人士和教授一起指导学生实践,而且它最大的特点在于设置了独立的新闻学研究机构——新闻研究所,这对小野先生影响很大。因为在日本新闻记者教育很难走进大学讲堂,但创立以学理研究为基础的研究室却是可行的。深受德国新闻教育体制和新闻史学者卡尔·毕希纳教授教育思想的影响,这次欧洲之行促成了小野秀雄先生注重新闻理论、新闻史研究的新闻教育理念。可以说这一理念决定了日本高等新闻教育的最终走向。

当然,小野秀雄先生新闻教育理念的形成也与当时日本社会对德国文化的认可度密切相关。日本的大学,特别是帝国大学在经过明治、大正、昭和之后,尊重德国新闻学的空气浓厚,教授们的海外留学也多是选择去德国。……英国热心于历史研究,可是对理论研究缺少兴趣,法国也一样,只有德国专心于新闻理论研究,大西洋彼岸,美国的实用新闻学盛行。……可是日本的学者、学生,并不把实际应用的新闻理论当做学问,而是继承了抽象性强的德国新闻学,感觉这才是学问。① 新闻史学专家卓南生教授也曾明确表示,在传统上,战前日本接受的是德国新闻学的影响。②

即使第二次世界大战后,面对美国 GHQ 指导下实施的实用主义新闻教育改革,小野秀雄先生依然坚持认为:"我们对于这些研究不能原封不动地接受过来。外国的研究毕竟是外国的研究。欧美的社会形态和日本社会形态虽然相同,但是其有着各自独特的文化传统和生

---

① 参见[日]和田洋一:《明治大正時期の新聞学》,《日本社会と近代化——米山桂三博士還暦記念論文集》,慶光通信社 1967 年版,第 125—145 页。
② 参见陆晔:《历史与现状:日本新闻学教育与新闻实务的发展轨迹——卓南生教授访谈录》,《新闻大学》1998 年秋季号,第 93—94 页。

活方式。同样是被称做'报纸'，但在各个国家却有着自己的特殊性。我通过战前对美国的了解，发现了彼此的差异，仅从读者与报纸关系这一点来看，日本就与美国的情况不同。将特殊的研究运用于实际方面的时候，必须根据实际情况进行分析研究。所以我们必须完全依据日本的实际情况接受外国的研究成果"。①

显然，小野先生对德国新闻教育理念的选择是建立在他对日本传统学术理念的理解和日本社会现实情况的基础上的。

第二，企业内部技能培训与高等新闻教育的"轻术"传统。

与日本的文化传统和高等新闻教育理念相关，日本的新闻学界和业界都普遍认为新闻学研究和新闻记者培养应该隶属于两个不同的领域，新闻记者的养成只能通过媒体企业内部的培训制度完成。日本所有的大企业包括报馆都认为大学应该是学识教育，而不是技能教育，它们都是通过在职训练，按照本企业的文化特色以及自己的需求对大学毕业生重新进行培训，对学生的专业出身要求甚少。也就是说，任何专业的学生同样可以进入报馆，有没有新闻系对报馆来说并不重要。② 所以，如果我们在中国语境下来理解"新闻教育"这一概念，那么日本的高等新闻教育制度必然是不发达的，直至今天日本的新闻记者教育仍没有在高等教育体系中寻求到发展空间。

然而，日本是一个信息大国，如果没有发达的人才培养制度，那么它是靠什么支撑着信息产业运转的呢？ 原来，在固守重学轻术理念的大学之外，日本社会建立起了一套直接服务于媒体企业的职业技能内部培训制度，通过一种调和的方式达到了"学"与"术"之间的平衡，这种调和后的平衡长久以来一直维系并推动着日本高度发达的新闻事

---

① ［日］小野秀雄：《新聞学評論》，1952 年第 1 期，"发刊词"。

② 参见［新］卓南生：《日本新闻学与新闻事业》，《国际新闻界》2003 年第 6 期，第 16—18、23 页。

业和信息产业。

在日本的高等新闻教育观念中,热爱新闻事业的学生们能否成为新闻工作者与高等学校的新闻教育无直接关系。媒体工作者可以来自各个专业,只要能够通过媒体的招聘考试即可录用。比如,到《朝日新闻》参加考试的职业面很宽,除了新闻单位的记者外,还有来自银行、商社、电信、法院、运输等各行各业的人员。近年来招聘考试的规模越来越大,由原来每年一次改为每年春秋两次面向应届毕业生,两次面向社会人员。对社会人员的考试条件是一般不超过 35 岁,不论是否做过新闻工作,只要有 3 年以上工作经验即可报考。考试一般分为笔试和面试。笔试考外语、论文和一般修养,面试,一般有 3 次。比如 NHK2004 年的招聘考试,第一次面试考官 1—2 人,问题主要围绕应聘申请的内容展开;第二次面试考官也是 1—2 人,问题以了解考生的职业理想和对新闻工作的认识为主;第 3 次面试的考官增加到 5—6 人,问题如"你在团队中的长处和短处是什么?""你认为 NHK 有什么魅力?"等等,很灵活。在大学的新闻学专业中就读过的学生并不具备被录用的优势,而对报考学生的毕业学校则有一定限制,著名学府、名牌大学的毕业生特别受欢迎。

没有知识储备也没有工作经验的新人,通过招聘考试进入媒体之后必须参加企业内部的新人培训,参与培训率高达 93%。日本的媒体企业内部培训制度实力很强,媒体企业往往拥有藏书丰富的图书馆、研究力量雄厚的研究所、面向社会开放的新闻博物馆,经常举办各种形式的讲座、培训班,培训手段极为丰富,体制十分健全。以《朝日新闻》为例,它的培训形式包括全公司性质的研修、部门性质的研修、个人研修以及根据工作需要安排的项目研修。新人初到公司首先要接受"全员集体研修"、"外出集训研修"。全员集体研修是由董事会成员讲解报社的编辑纲领、企业历史、文化传统;外出集训研修主要是与有经验的优秀员工一起生活交流,学习作为记者的一些必备知识和必要的思想准备。可见，媒体新人培训重点内容不是采、写、编、评等新闻业务技能，而是本企业的文化传统教育、热爱企业教育、新闻伦理教育等。在《每日新闻》的一份材料上记载："家有家风，《每日新闻》在长期的历史中形成自己的社格和社风。代表这种社风、在一切活动中体现这种社风的是每日新闻社的七千名职员。因此必须有造就本社人才的目标，本社全体人员必须具备每日新闻精神，成为优秀的《每日新闻》人"。①

根据各个媒体企业的不同情况，新人培训时间从一周到一个月不等。试用期一般为6个月，这6个月里新人还必须按照师徒制一边工作一边继续学习积累一线工作经验。一般公司还会在入社6个月后，或者第4年、第8年、第12年、第15年对职员进行阶段性培训，补充相应的专业知识，不断更新知识储备。工作后的在职培训内容包括从报纸结构到文章用语的基础知识学习、摄影学习；中坚记者的研修以专业教育为中心，通过与外请教师交流讨论的方式进行学习；管理者则集中学习如何雇佣部下、灵活运用工作技巧的训练、学习与人交流以及性格培养等内容。② 1992年《朝日新闻》公布的在职教育制度，包括新入社的职员研修、不同级别的研修、不同工种的专业研修、海外留学等。2004年的教育形式则改为入社时的研修、分配之后的在职研修、其他管理者的研修等。《读卖新闻》在入社后会安排两周的研修，还会经常性地安排5—7名职员到海外研修。《产经新闻》的新人研修分集体研修、不同工种的研修和FCG合同研修，中坚职员的研修，管理阶层的研修，海外留学（6个月—1年）等等。③《日本经济新闻》除了集

---

① 刘明华：《日本的新闻教育——访春原昭彦教授》，《国际新闻界》1983年第1期，第51—55页。

② 参见［日］春原昭彦：《日本のジャーナリズム教育》，《コミュニケーション研究》1989年第19期，第57—63页。

③ 参见《大众传媒就职读本》，创出版2004年版，第104页。

体研修、中坚职员研修和干部研修等分层研修之外还增加了外语水平培训。而新闻记者基本的采、写、编、评等具体业务技能则是通过师徒制在实践中掌握的。这种企业内部培训在日本独立运行已久，是与高等新闻教育并行不悖的制度形式。媒体通过这种方式培养能够为我所用的企业员工，目的只有一个，即加强企业等级制，便于管理，提高工作效率，获取更大的经济利益，而并不是以发挥媒体的社会作用和履行媒体的社会责任为目的，也不是要培养出敢于秉笔直书的、有社会责任感的新闻工作者。

大学的新闻记者教育发展迟缓的一个根本原因也就在于日本媒体长期坚持的这种媒体企业内部教育体制。对于媒体企业内部教育体制与大学新闻教育制度并行的这种双轨形式，笔者认为是学与术分别在完全不同的两个机构中得以实施的具体表现，二者互为补充。高等新闻教育的"重学轻术"理念也正是通过这种独立的内部培训制度得到了保障，两种教育体系对于学与术的不同态度，说明学与术的分而治之在日本已经形成共识，成为了社会文化的一部分。

美国实用主义新闻教育理念在日本新闻教育领域的命运也从另一个角度反映了日本大学对新闻记者技能训练的轻视态度。新闻学者内川芳美教授在分析日本战前大学新闻教育没有选择美国职业化新闻教育理念作为范本的原因时指出：首先，两国对报纸的社会认识、意识以及政治传统等存在不同的理解。在美国，报纸作为舆论机关成为美国民主主义的主干，这一基本理念得到社会的广泛认可，而在日本，对大学新闻教育正当性给予支持的仅仅是存在于部分知识分子所属的学术世界。其次，日本与美国的大学教育观不同。在战前的帝国大学，各学科领域都以具有一定高度的理论分析为基础，教给学生们的就是建立在这个基础上的相关理论、方法、体系的知识。如果说新闻学要在具有这样学术传统的大学里教授有实际价值的学问的话，那么新闻教育也就包含着关于新闻制作方法等的新闻记者的技能教育，一般认为这种技能教育不是大学应该进行的教育。而美国大学的新闻教育观用一句话来说，就是实用主义，他们认为新闻教育应该具有很强的职业倾向性，如果毕业后到媒体就职的话，从工作那天开始就要能够胜任一个人应该完成的工作，相应地认为在大学里展开实用技术教育就是理所当然了。再次，媒体对大学新闻教育的期待感不同。日本社会对于大学新闻教育的高度关注时期在 20 世纪初的 30 年，当时报纸发行量大增，社会影响力也有所提升。因为写新闻报道的记者工作是需要具备一定知识能力的职业，所以媒体向大学毕业生中招募记者的浪潮高涨。可是他们却不希望招收受过与新闻相关专业教育的毕业生。业界认为不论专业、学系，掌握了新闻记者必要的基本学习能力和判断能力就是好的，而工作中需要的知识、技能则是进入媒体企业之后学会的。美国新闻学界也认为媒体记者要具备较高的水准，于是在 20 世纪初的 30 年里，大学相继开办了专业的新闻教育机构，学生毕业后到媒体工作的就业率很高。新闻记者的职业被看做是公共性很高的职业，美国的雇佣制度需要已经培养成型的劳动者，所以大学的新闻记者教育肯定会得到社会的普遍认可。[①]

从这三方面来看，日美两国不同的文化传统在新闻教育理念层面都得到了反映。日美文化差异形成的张力很难达臻平衡，正如内川芳美教授理解的那样，日本本土文化传统对美国文化的排斥一直延续到战后。日本大学新闻教育的"重学"理念与美国新闻教育"重术"理念的冲突在战后又重燃战火。按照战后日本在政治、经济等领域选择的发展路径，高等新闻教育也应该走美国实用主义新闻教育之路，但是

---

① 参见［日］内川芳美：《日本の大学における新聞教育回顧・雑録》，《論争・いまジャーナリスト教育》，花田达朗、広井修编，東京大学出版会 2003 年版，第 14—15 页。

从现状以及文献分析来看，以 20 世纪 60 年代末期早稻田大学新闻学系解体为标志，美国职业化模式的高等新闻教育在日本步入低谷，德国理性主义的"重学"传统依然支配着日本高等新闻教育的理论与实践。

战后，日本全面接受美国文化的洗礼。1946 年 4 月发表的《美国教育使节团报告书》明确指出了战后日本教育改革的基本方向，1947 年 3 月公布并实施的《学校教育法》中有关大学的规定成为战后日本大学改革的基本法律依据。据此对旧制的帝国大学、单科大学、高等学校、专业学校以及师范学校实行合并、改组，这其中如何组建新制国立大学对战后高等教育的发展具有更为重要的意义。① 日本新制大学成立后，开设的普通教育科目以掌握专业知识、培养应用能力为主，这与我们前面提到的民众关于大学教育注重个人修养、提高基本素质的认识相抵牾，与日本传统教育理念对高等教育"研究高深学问"的教育目的相悖。由于这次改革并没有真正动摇日本传统的教育理念，所以，战后改革并没有（或者说没能够）彻底否定日本近代高等教育的传统，近代大学产生之后形成的一些反映日本大学制度性质的基本内容被延续下来。②

战后日本的改革以建设民主、自由的新型社会制度而获得社会各界的支持。日本文化的兼容性特征再次凸显，美国的实用主义思想一度成为新闻教育主流理念。美国密苏里大学的新闻学系是世界范围内创建比较早、规模比较健全、影响比较广泛的新闻教育机构之一，20 世纪初期就曾经作为可以借鉴的模式进入日本。战后，它的教育理念再次濡染日本新闻教育。由于现代媒体在社会转型期的特殊地位，作为推动媒体改革的一个策略，在美国占领军司令部的督导下，以培养

① 参见胡建华：《战后日本大学史》，南京大学出版社 2001 年版，第 54 页。
② 参见同上书，第 308 页。

自由媒体所需要的新闻记者为目的、向职业化新闻教育模式转型的改革,在各个大学轰轰烈烈地展开了。

美国占领军司令部为了加强与媒体的联系,于1946年7月23日成立了以促进报纸等媒体提高职业伦理水准为目的的社团法人——日本新闻协会。同年,该协会为敦促各个大学创办新闻教育机构,分别为东京大学、庆应大学、早稻田大学、神户经济大学、东北学院专门学校、同志社大学和日本大学提供12万日元的补助金。1946年10月早稻田大学在政治学系开设新闻学课程,他们没有正式的专职教师,而是从《朝日新闻》、《每日新闻》等媒体聘请讲师授课;日本大学也开设了新闻学课程,并且一直发展到今天。1947年上智大学专业部的新闻科升格为大学里的新闻学系。在1948年新制大学发展的同时,同志社大学以"反对军国主义、反思战争压制下贫乏的言论自由和堕落的新闻事业、积极倡导民主主义的研究"为出发点,在文学院社会学系设置了新闻学专业。

可以说,占领期间,美国职业化的高等新闻教育改革给日本并不发达的高等新闻教育提供了一次发展的契机。但是,日本文化结构的这次变迁仅仅停留在文化表层,并没有改变文化的深层结构。美国实用主义新闻教育理念与日本传统的学术思想大相径庭,它能在日本落地却无法生根发芽,日本高等新闻教育不久又回归到日本传统教育理念的道路上。在日本的学术理念中,大学教育特别是以批判精神为灵魂的新闻事业教育,不应该和业界保持过于亲密的关系;而以盈利为目的的媒介也难以接受来自大学对媒体应然状态的追求和对媒体现状的批判,所以新闻学界必须独善其身。2000年大众传播学会春季研究发表会上,东京经济大学教授有山辉雄先生在分析大学新闻教育现状时说,战后初期,大学里的新闻教育与媒体有关联是因为日本的民主化改革、报纸的民主化改革以及政治问题的存在。也就是说,由于与日本民主主义的实现问题相关系,所以这种关联也就成立了,而今天这种关联则变得很淡薄。① 另外,面对1969年早稻田大学新闻学系停办的现实,也曾有学者指出,战后在GHQ指导下的新闻教育,创办初期与业界之间保持着密切联系,之后这种关系逐渐变得疏远,在这种情况下,值得夸耀的早稻田大学新闻教育决定从明年(1969年)开始实施新闻学系全部废止的方针。②

因此,试图改写日本高等新闻教育运行轨迹的美国新闻教育理念在与日本传统文化形成的张力关系中,最终沦为弱势而败下阵来。学界与业界的关系疏密程度反映了大学是以学术价值为导向还是以社会需求为导向的问题。在日本高等新闻教育领域这种关系的疏远是其理念指导的必然结果,也是在日本本土文化与德国文化、美国文化共同形成的张力关系作用下展开的"重学"与"重术"的抗争。由于日美文化之间的差异太大,缺少适应性,美国文化不能被日本本土文化内化而沉淀为文化结构的深层部分,在内外文化的相互抗衡中,战后高压下形成的暂时的平衡关系很容易就被打破了——美国的职业化新闻教育制度在日本遭遇失败,日本高等新闻教育开始向本土文化回归。这种回归是依据"为我所用"原则进行兼容之后而产生的一种对异质文化的拒绝,一种对实用主义新闻教育理念的排斥,对"术"的轻视。

(2)重学轻术理念的哲学基础

日本高等新闻教育"重学轻术"理念的提出是基于日本文化的特点,运用马克斯·韦伯的理想类型理论推导出来的。高等新闻教育理念是高等新闻教育在文化积淀和文化交流中形成的价值取向、价值追求,它是一个处于精神和意识层面上的综合性概念,是人们经过长期

---

① 参见2000年春季研究发表会:《マス·コミュニケーション研究と大学教育》,《マス·コミュニケーション研究》2001年第58期,第185—187页。

② 参见[日]江尻进:《大学の新聞教育と記者の養成》,《新聞研究》1968年第199期,第42—45页。

的理性思考及实践所形成的思想观念、精神向往、理想追求和哲学信仰的抽象概括。

马克斯·韦伯最早明确地运用工具理性和价值理性二元范畴分析社会科学问题，并以此深刻影响着现代社会科学的研究。他根据手段与目的之间的关系将理性分为两类，即工具理性和价值理性。韦伯认为，工具理性就是"通过对外界事物的情况和其他人的举止的期待，并利用这种期待作为'条件'或者作为'手段'，以期实现自己合乎理性所争取和考虑的作为成果的目的"；价值理性则是"通过有意识地对一个特定的行为——伦理的、美学的、宗教的或者任何其他阐释的——无条件的固有价值的纯粹信仰，不管是否取得成就"。① 工具理性强调效率、效益，只看重目的本身而不管目的是否正当，是否合乎理性。持工具理性的人并不在意所选择的行为本身的价值，而是看重所选择的行为能否作为达到目的的有效手段。价值理性又叫伦理理性或规范理性，它以某种特定的终极立场为目的，建立于某些价值信条之上。奉行价值理性的人赋予选定的行为以"绝对价值"，而不管它们是为了什么目的。也就是说，工具理性选择最有效的手段行动，会考虑各种可能的手段及其后果，价值理性仅看重行为本身的价值，不计较手段和后果。

价值理性是人类在理性认知基础上对价值及价值追求的自觉理解和把握。在价值理性指导下的人类认识与实践活动是以世界应然状态为其基本价值取向的，它避免了人们价值追求的盲目性和非理性。法兰克福学派认为，科学技术革命从根本上改变了人类思维模式的角度、深度与广度，从而产生的知识广泛扩散在社会的各个角落，这样科学知识就逐渐获得社会的权威性，慢慢地产生了以工具取向为主

---

① ［德］马克斯·韦伯著，林荣远译：《经济与社会》（上卷），商务印书馆1997年版，第56页。

导的理性崇拜,正如法兰克福学派主将马尔库塞理解的那样:技术进步＝社会财富的增长＝奴役的加重。科学作为手段虽然扩大了我们的视野,增加了我们的满足感并且解决了我们的现实问题,但同时也带来了自身所特有的种种危险。知识的进步和控制力的增强会冲昏我们的头脑,使我们失去眼力,失去历史感,失去哲学观,失去对各种有关的文化价值的洞察力。许多或者说大多数热心的、清醒的、向前看的(也许只顾向前看的)以及高度专门化的年轻的科学信徒,已经遇到过类似的情况。从文化角度说,他们过于浅薄生硬,他们受到的训练侧重于技术性方面而不具备广博深奥的科学性,而作为真正的科学是不应该关心功用和效果的。①

美国高等教育哲学家约翰·布鲁贝克是通过政治论和认识论两种哲学视角对高等教育中的这两种价值取向进行解释的。布鲁贝克认为,存在着两种主要的高等教育哲学,一种哲学主要是以认识论为基础,另一种哲学则以政治论为基础。这两种哲学都是建立在对高深学问的追求之上,但在具体取向上则泾渭分明,前者所强调的是“价值自由”,以价值理性为取向;而后者则主张人们在追求高深学问时的“价值判断”,以工具理性为取向。当高等教育从社会边缘转向社会中心,英才主义的高等教育传统、以学术研究自身为终极价值的高等教育开始动摇,政治论哲学占据上风,高等教育转向于直接为社会服务的功利目的。

对于高等教育的价值取向,美国学者亚伯拉罕·弗莱克斯纳(Abraham. Flexenr)在其代表作《现代大学论——英美德大学研究》一书中提出,“我一向主张大学与现实世界保持接触,同时继续不需承担责任”。② 也就是说,既要强调大学是“时代的表征”,又认为大学不应

---

① 参见[美]弗莱克斯纳著,徐辉、陈晓菲译:《现代大学论:英美德大学研究》,浙江教育出版社 2001 年版,第 16 页。

② [美]弗莱克斯纳著,徐辉、陈晓菲译:《现代大学论:英美德大学研究》,浙江教育出版社 2001 年版,第 11 页。

该随着社会的风尚、喜恶而乱转；他认为大学虽然不应该是完全封闭的象牙塔，但也应该严肃地批判地坚持一些长久的价值观。大学与社会保持一定距离是必需的，这一距离是维持大学进行自省的客观条件。大学是社会的一个组成，如果大学的特殊知识可以对社会有所贡献，并不影响其独立的性格，那么提供"服务"也是应当的。如果只是为政治或经济的需要而放弃其独立自主性，那么大学则成为政治或经济等团体的附庸品。这当然与大学的精神相违背。

1987年，针对日本东京大学新闻研究所的主要研究不断转向为大众传播学、社会信息学以及更名为社会信息研究所的意向，学院派的新闻学者新井直之教授在《综合新闻事业研究》秋季号上发表文章《新闻事业论是重要的——对东京大学新闻研究所"逐渐消失"的看法》，坚持新闻研究非技术性的指导思想，强调新闻理论研究，呼唤新闻学研究的回归，认为新闻学应该强调"为什么"和"为了谁"的价值导向。他说："东大新闻研究所不管怎样改变名称，都不应漠视新闻学的重要性。有关新闻事业（指对时事性的问题和事实进行报道和评论的社会传播活动）的研究应该持续"。① 日本龙谷大学国际文化学院教授卓南生先生是在国际新闻学界享有盛誉的学者，曾经就职于日本东京大学新闻研究所，他极力推崇新井直之教授关于新闻学价值的哲学追问，并进一步解释说，如果新闻学研究离开了"为什么"和"为谁"这两个基本点，新媒体出现就去"搞"新媒体，网络出现就去"搞"网络，盲目跟风，疲于奔命，那就不是人掌握科技，而变成科技操纵人，你就会沦为时代的奴隶、变成新科技的奴隶。② 也就是说，在学院派学

---

① ［日］新井直之：《ジャーナリズム論は重要である》，《東大新聞研の"発展的解消"について——》，《総合ジャーナリズム研究》1987年秋季号，第91—92页。

② 参见［新］卓南生：《日本新闻学与新闻事业》，《国际新闻界》2003年第6期，第16—18、23页。

者看来,东京大学新闻研究所从事的研究受制于现代科技,特别是对各种新媒体研究的追逐导致新闻研究的盲从,新闻学不断融入社会信息学等与新媒体相关的学科,失去了应有的精髓。

在日本的新闻传播学界,不断有学者借用新井直之教授提出的这两个最基本的也是最关键的问题——为什么要搞新闻传播研究? 为谁而搞新闻传播研究? ——对新闻研究的价值进行追问。这是日本新闻学研究者、教育工作者们对新闻专业的价值理性的执著,对工具理性倾向的反思。新闻专业是学术性的,因为它深深扎根于文化和理想主义的土壤。新闻专业研究如果偏离学术性,与现代科技、社会现实交往甚密,就会失去自由和理想的土壤;新闻专业教育转而为社会的现实需求甚至是某些利益集团服务,失去了自由,失去了作为专业的存在价值。日本学院派的新闻学者们普遍认为导致日本新闻研究的龙头——东京大学社会信息研究所——解体的根本原因就是新闻学科专业精神的丧失。

东京大学社会信息研究所的前身新闻研究所,是战后在原来新闻研究室的基础上发展起来的日本新闻传播学研究的大本营,是一个有传统的、影响力巨大的研究机构。随着社会和科技的进步,其研究领域逐渐宽泛,在更名为东京大学社会信息研究所后,研究领域更是从文化研究到灾情信息分析,几乎无所不包,广泛得到了无以复加的程度,也就失去了新闻研究的主旨和特色。[①] 因此"时过 10 年,1992 年易名的东京大学社会情报研究所不久前被教育部的一个委员会点名为'无大作为',及怀疑其生存能力(《朝日新闻》夕刊 2003 年 4 月 24 日头版头条新闻)"。[②] 在日本学院派的新闻学者看来,高等新闻教育

---

① 　同志社大学媒体学系教师河崎吉纪博士访谈,2004 年 12 月 26 日,同志社大学溪水馆 316 室,河崎吉纪教师办公室。

② 　转引自[新]卓南生:《日本新闻学与新闻事业》,《国际新闻界》2003 年第 6 期,第 16—18、23 页。

应该追求学术研究的价值理性而不是工具理性，新闻教育要严肃地批判地坚持一些长久的价值观，特别是要坚持"重学轻术"这一教育理念，推崇新闻教育对新闻事业应然状态的追求。所以，他们甚至认为东京大学新闻研究所广泛涉足服务社会现实的灾情分析等研究领域是自取灭亡的行径。

（3）重学轻术理念观照下的人才取向

从普遍意义上看，高等教育的基本职能之一就是满足社会对人才的需求。对"学"与"术"关系的不同认识投射在人才培养观念中，就表现为两种不同的人才取向：培养研究型人才和培养实用型人才。"重学"的教育理念指导实施专业教育和精英教育，强调学术理论研究，培养研究型人才；"重术"的教育理念则是指导实施技能教育和大众化教育，强调为社会培养实用型人才。日本高等新闻教育以新闻理论、新闻史学、新闻伦理为核心教学内容，培养具有执著学术追求的新闻理论研究者、具有批判精神和职业理想的新闻爱好者以及具有一定媒介修养的公民，排斥器物层面人才的培养。

明治时期，日本民众对报纸充满蔑视和不信任感，因为采访的记者们竭尽无中生有之能事，不负责地胡编；他们酒后无德，把登报整人当做威胁手段死皮赖脸地要酒钱；登在报纸上的稿件，大都附有让人感到刺目的标题。① 进入 20 世纪，人们对报纸的印象稍有改变，但还是认为记者不是一个正经的职业。当时，从帝国大学、庆应大学、早稻田大学毕业的学生没有进报社工作的，普遍认为正经的职业是在政府或者银行。② 据介绍为发展日本新闻学院作出巨大贡献的山根真治郎先生在刚刚进入《事实新报》时，每个月只有 14 日元的工资和五六

---

① 参见［日］和田洋一编著，吴文莉译：《新闻学概论》，中国新闻出版社1985 年版，第 232 页。

② 参见［日］河崎吉纪：《新聞記者の制度化》，《評論・社会科学》2001 年 7月第 66 期，第 141—158 页。

日元的补贴,他的书中曾经写道"有个记者叫做多和田的因为没有可以吃的东西而自杀了。"①从大正(1912—1925)到昭和(1926—1988)这段时期,人们对一流报社记者的评价逐渐好转,但也还没有达到大学毕业进了一流报社,其他同学就异常羡慕的程度。②

日本社会对新闻记者职业普遍缺乏职业认同感。

东京大学新闻研究室成立之后,新闻学有了一定的学术地位,但新闻研究室培养的学生也并不以到媒体工作为荣,更多的人选择潜心从事新闻学的专业研究。新闻研究室曾是许多优秀新闻学者的摇篮。东京大学新闻研究室的创办宗旨就是"进行新闻学术研究以及指导希望从事与新闻相关工作的学生",招生对象是文学、法学、经济学专业三年级学生(当时的学制是三年),③他们在学习本专业课程的同时接受新闻研究室的新闻学理论指导,修业年限原则上是1年。据小野秀雄先生介绍,研究室的主要工作有:(1)收集研究资料:国内外报纸研究文献的收集整理、国内主要报纸的保存、国外主要报纸的收集整理;(2)调查研究:组织每周一次的研究员研究会、个人的调查研究工作、共同协作的调查;(3)发布调查研究成果:调查研究报告的出版发行、调查研究发布会;(4)指导学生:授课每周一次,研讨课每周一次;(5)组织公开讲演:组织研究生的讲演、其他领域学者以及业界研究者的相关讲演等。④ 从东京大学新闻研究室的具体工作内容可以看出,

---

① 河崎吉纪:《新聞記者の制度化》,《评论·社会科学》2001年第66期,第141—158页。

② 参见[日]和田洋一编著,吴文莉译:《新闻学概论》,中国新闻出版社1985年版,第232页。

③ 参见[日]内川芳美:《日本の大学における新聞教育回顾·雑録》,花田达朗、広井修编:《論争·いまジャーナリスト教育》,東京大学出版会2003年版,第14—15页。

④ 参见[日]小野秀雄:《新聞研究五十年》,毎日新聞社1971年版,第245页。

它非常重视学术研究工作,把培养新闻研究型人才放在首位。

上智大学是日本最早以培养新闻记者为目的建立起来的正规高等新闻教育机构。它的人才培养目标主要是以培养学生的社会批判能力和监督社会的使命感为核心,并不重视采、写、编、评等新闻实务技术的教学。伴随大众传播媒体的迅速膨胀,媒体给人们生活带来的影响越来越多,越来越深刻,新闻工作者的责任也越来越重大,新闻记者的修养教育、责任感培养也随之变得越来越重要。对此,上智大学春原昭彦教授曾表示:"过去的新闻人,坚持言论自由,揭露社会的不公正,担当着引导人们的崇高责任。今天他们的责任更加重大,如报道中侵犯人权、暴露他人隐私等问题成为当下社会广泛关注的问题。因此,要成为新闻记者必须加强个人修养,这也是新闻记者教育最基本的准则。新闻学系的教育,实为指导学生从事各种以大众传播为对象的理论研究;而现在一些以成为新闻记者为理想的学生,只知道'言论自由和责任'的基本概念形态,在学生心中深化这一概念是我们学校新闻学系实施教育的目标"。①

战后日本新制大学基本上是美国州立大学模式。从发展大众化高等教育观点出发,GHQ 要求日本的大学必须由国家性质的大学转变为面向市民、面向民众的教育机构。也就是说,要把过去以德国模式为典范的精英型大学改变为"谁都可以学,什么都可以学"的大众型大学。日本在战后依据庞大的私立学校教育制度很快实现了高等教育大众化。伴随新闻学外延向传播学、信息学的扩展,以及媒介素养教育的需要,新闻学在私立大学、短期大学逐渐发展成为面向所有人的修养学科,即使女子家政大学也开设了新闻学的相关课程。今天,新闻学相关课程已经成为日本大学里的一种基本的修养性课程,多以

---

① [日]春原昭彦:《日本のジャーナリズム教育》,《コミュニケーション研究》1989 年第 19 期,第 57—63 页。

培养具有一定媒介修养的合格社会公民为目的。研究新闻学理论、培养精英人才的任务已经转移到研究生教育层次。日本同志社大学媒体学系教师河崎吉纪博士在谈到日本高等新闻教育的这一转向时说："学生希望在学校得到媒体工作的技能，但是学校并没有给予。高等新闻教育不是培养新闻记者的教育，而是教给了学生更多的媒体理论，大众传媒素养教育在这里得到足够的重视。"对于新闻教育的媒介素养趋势，他认为"将来应该把新闻记者教育扩展到所有国民而不仅是媒体企业的工作人员，力争让每个公民都成为传播新闻信息的人。全体国民广泛参与传播活动，对提高公民的媒介素养以及发表言论能力、舆论监督能力都非常有益，也势必催促新闻工作者提升报道水平、职业修养。实际上，日本的高等新闻教育并不培养为媒体所需的职业技术工人"。①

　　日本高等新闻教育从新闻理论研究的需要出发，培养新闻学的研究者，或是具有一定理论功底和批判精神的新闻爱好者，至于是否能够到媒体就业，并不是学界所关心的问题，也不是他们力所能及的。据上智大学新闻学系招生宣传资料显示，该校2004年有25%的毕业生到相关的新闻单位就职；同志社大学媒体学系的渡边武达教授介绍说，在他指导的班上，2005年的22名毕业生中有9名在相关的新闻单位找到工作，这个比率是同志社大学历史上最高的一届。由此即可管窥日本高等新闻教育的人才指向的非职业化特点。

　　高等学校新闻人才的培养观集中体现在课程设置方面。从课程结构来看，是重视理论课还是实践课、是重视通识课程还是专业课程、是重视人文课程还是科学课程，课程设置是宽口径还是窄方向、以必修课为主还是选修课为主……都决定了人才的培养质量和发展方向。

---

　　①　同志社大学媒体学系教师河崎吉纪博士访谈，2004年12月26日，同志社大学溪水馆316室，河崎吉纪教师办公室。

在日本，即使标榜以培养媒体从业人员为目的的上智大学新闻学系，也将新闻学理论课程设置为核心课程。创办初期，时任学系主任的小野秀雄先生认为，作为新闻记者必须掌握以专业知识涵养为重点的内容，而且还要增加对报纸应然品质的理解以及以陶冶人格为目的的新闻学相关课程。① 所以他在新闻系设置了编辑论、销售论、日本议会史、报纸广告、印刷史·技术、新闻研究、新闻法以及实习等专业课程外，还加设了政治学、经济学、社会学、文学、历史等基础修养课程。上智大学开设的业务类课程比例一直很低，该校四年级学生一年之内的总学分为136分，其中文章写作、电视节目编排制作等业务课只有12学分。而且这12学分还可以自由选择，修不修均可。② 20世纪80年代以来，为了有效利用丰富的社会信息，正确处理信息，履行社会责任，他们设置了以"广"、"博"为特点的课程体系，涉及交叉学科、跨学科专业的课程也很多。相应地，教育目标也已经从以培养新闻记者为唯一目的，发展成为重视培养具有正确判断能力的社会人。③ 尽管人才培养目标发生了变化，新闻教育内容发生了变化，但是一直以来，在日本的新闻学或传播学专业的课程设置中任何科目都可以增加或削减，有三个科目却是不可或缺的，那就是新闻传播史、新闻传播理论和新闻传播伦理学。这三个科目是新闻传播学系或学院健康发展的根，是其生命力的源泉。④ 为什么重视新闻史的学习呢？新闻学者们认为，"史"虽非使用的工具，但是"史"可以给人们提供正确的比较方

① 参见［日］小野秀雄：《新闻研究五十年》，每日新闻社1971年版，第257页。

② 参见刘明华、尹韵公记录：《日本五教授座谈新闻教育等问题》，《国际新闻界》1983年第4期，第1—3页。

③ 参见http://www.info.sophia.ac.jp/sophiaj/，2005年11月2日。

④ 参见［新］卓南生：《日本新闻学与新闻事业》，《国际新闻界》2003年第6期，第16—18、23页。

法、判断方法，对今后的新闻工作大有好处。①

　　与人才培养理念有关，日本新闻教育课堂教学多，实践机会少，没有安排到报社实习的教学环节，至多是参观见习而已。日本大学一般都办有自己的杂志、报纸，学生可以到这里面进行编辑或是创作的锻炼。学校的报社、杂志社不仅是面向新闻学系的学生，而是面向全体学生开放的。新闻学系毕业生与其他学系的毕业生进入媒体的机会是均等的，想从事新闻工作的人未必一定要进新闻学系，相反，毕业于政法系、经济学系等其他专业的学生从事新闻工作的机会可能更多。从这一点我们可以看出，其实到媒体就职首先应该具备的是宽厚的基础知识和基本素养。日本社会已经进入信息化时代，出版发行业、广告业等都十分繁荣，各行各业也都有自己的信息工具、信息系统，新闻学系毕业生的去向因而也就显得特别分散。从这个角度来看，新闻学系已不再是专门的新闻单位人才培养基地，而是服务于整个社会。与新闻学相关的课程也已经成为许多非新闻学系或专业的课程，根据日本《综合新闻事业研究》杂志每年提供的"全国大学大众传播相关讲座一览"资料，比较一下开设新闻学相关课程的大学数量变化就可以发现新闻学相关课程的普及程度：

年度	1972 年	1992 年	2003 年
开设与大众传播相关课程的大学数	49 所	148 所	247 所

表1　开设新闻学相关课程的大学数量的变化

　　依据美国学者亚伯拉罕·弗莱克斯纳教授关于专业教育的理解，没有学问的专业是不存在的，只能算是职业。专业的本质源于理智，专业应以学术性研究工作作为自己的本职工作，专业首先具有客观、

　　①　参见刘明华：《日本的新闻教育——访春原昭彦教授》，《国际新闻界》1983 年第 1 期，第 51—55 页。

理智和利他的目的,生计是次要的、附带的目的。只有那些具有"高深学问"的专业才能列入大学专业教育范畴。在日本,即使新闻业界人士也会认为,作为一个专业的新闻学教育必须包含有这样三个要素:1.使学生充分认识报纸具有的社会职能,同时,作为发挥报纸这一职能的新闻记者要有很强的专业主义的责任感;2.使学生具有观察社会现象,把握内容,揭示意义,使之易于理解、正确并迅速发表出来的能力;3.因为要在大的系统中理解社会现象,所以要使学生掌握政治、经济、社会等相关的宽厚的基础知识。① 实际上新闻学系具体的教育内容也是以新闻学概论、新闻史、比较新闻学为核心,以报社的组织机构、功能论等共同构成的课程体系居多。② 这就将日本大学里的新闻教育引向了客观、理智和利他的专业教育,而非以就业谋生为目的的职业教育。

从实施大学专业教育的新闻学系侧重专业理论课程设置这一点,我们可以得出结论:日本高等新闻教育理念不以满足社会的现实需求为目的,排斥职业教育的功利性、世俗性目的,课程设置建立在为学术而学术的基础上,以培养新闻人才的专业研究能力和专业精神为核心教育内容。

---

① 参见[日]江尻进:《大学の新聞教育と記者の養成》,《新聞研究》1968年第199期,第42—45页。
② 参见[日]春原昭彦:《日本の大学におけるジャーナリスト養成の現状と課題》,《新聞研究》1994年第5期,第17—20页。

第 二 章

日本新闻学的学科制度及其特征

　　一般说来,新闻教育是指在高等教育机构中进行的有关新闻学理论、新闻史学和新闻业务等新闻专业知识的教学与研究,培养新闻专业人才的活动。而在重学轻术理念的指导下,日本的高等新闻教育机构一直拒绝接受新闻业务等新闻职业技能教育。所以在理解日本的高等新闻教育时,我们可以简单地理解为在日本高等教育机构中展开的有关新闻学理论、新闻史学等新闻专业知识的教学与研究,培养新闻学专业研究人才的活动,即新闻学教育。

　　新闻学科制度的发展、成熟通过制度化的过程来实现。学科的制度化是指处于零散状态而且缺乏独立性的一个研究领域转变为一门独立的、组织化了的学科的过程。一般来说,在一门准学科制度化的过程中,其研究者需为之提供辩护以促成认知认同与职业认同。认知认同是指学术界对这种研究正当性的承认;职业认同是指学术界及社会承认了该学科可以作为一体化的、独立的职业而存在。认知认同过程在时间上早于职业认同过程,但是两者之间不存在严格的界际。认知认同的实现,以学术界承认该类研究具有其独立的认知价值并给予一定的支持为起码条件,此时这类研究开始形成专业性的研究领域;

职业认同的实现，以吸收大批新人进入该领域为起码条件。学科制度化过程中的认知认同，是学科基本问题的确定、学科研究方法或程式的构建、学术规范的确立以及学术话语体系形成的过程。学科制度化的职业认同是学科专业刊物的创建、学术队伍与后备人才培养组织化的过程。① 学科制度化过程是漫长的，如果说1929年日本的新闻学获得了独立的学科地位，那么在此后80年的发展历程中，新闻学作为年轻的学科始终进行着自我完善，以期获得更充分的职业认同和认知认同。今天的日本新闻学仍处于制度化进程之中。本章旨在分析学科制度化过程中新闻学呈现出的研究特点、学科性质，以及高等新闻教育专业组织机构在学术队伍、人才培养、课程设置等方面的特点。

一、新闻学的学科特点

1. 研究领域泛化

学科是知识系统化的结果，一般指对学术领域的不同分类和为培养人才而设立的教学科目。我们这里所说的"研究领域泛化"是指随着科技进步、社会发展，新闻学科的外延不断扩大，相关专业设立的教学科目不断改头换面，逐渐远离新闻学核心内容的过程。前面我们介绍的有关东京大学新闻研究所的研究部门不断扩大、增加的变迁资料，足以反映出日本新闻学研究领域的泛化现象。另外，在东京大学新闻研究所更名之后，更换课程内容和相应名称成为高等新闻教育界的一股潮流，创设改组社会信息学院（学系）也蔚然成风。下面的资料可以从大学课程名称的变化过程揭示出新闻学研究领域泛化的普

---

① 李铁君主编：《大学学科建设与发展论纲》，中国社会科学出版社2004年版，第13页。

遍性。

　　根据日本《综合新闻事业研究》杂志每年提供的"全国大学大众传播相关讲座一览"资料介绍，比较一下新闻学相关课程名称的变化，我们可以发现大众传播学、媒体学以及信息科学已经成为新闻学的代名词。1972 年日本共计 49 所大学开设有与大众传播相关的课程，其中 3 所国立大学有以"新闻"冠名的课程，没有公立大学以"新闻"冠名的课程，23 所私立大学有以"新闻"冠名的课程，占全部 49 所的53% 强。1992 年开设相关课程的大学共计 148 所，其中有 5 所国立大学设有以"新闻"冠名的课程，1 所公立大学设有以"新闻"冠名的课程，26 所私立大学设有以"新闻"冠名的课程，占全部 148 所的 22%弱。2003 年开设相关课程的大学共计 247 所，有 1 所国立大学设有以"新闻"冠名的课程，2 所公立大学设有以"新闻"冠名的课程，26 所私立大学设有以"新闻"冠名的课程，4 所短期大学设有以"新闻"冠名的课程，占全部 247 所的 14%。如下图：

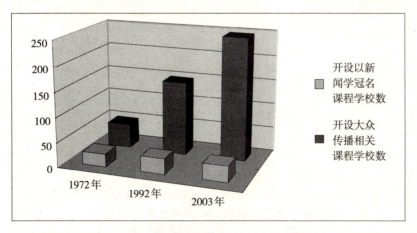

图 2　开设大众传播相关课程学校比较图

　　2003 年，在开设大众传播相关课程的 247 所大学中，有 106 所大学设有以"信息"冠名的课程，占总数的40%强，有148所大学设有以"大众传播（传播）"冠名的课程，占总数的59%强，有120所大学设有以"大众媒介（媒体）"冠名的课程，约占总数的49%。通过上述比较我们发现，与大众传播相关的课程在不断增加，新闻学正逐渐向大众传播学、社会信息学渗透，相关研究内容越来越多样，"新闻学科"这一概念逐渐模糊。

日本东海大学的新闻学者山田实先生曾经汇总1970年至1987年日本大学开设大众传播相关课程的名称变化情况，这种变化趋势告诉我们，大学里以新闻学命名的课程比例正日渐缩小，从报纸研究起步的新闻学正在不断向大众传播学、传播学、社会信息学和媒体学扩展。为能够更清晰地说明新闻学科的变化特点，笔者结合2004年的相关统计资料拟出下表：

表2　1970年至2004年日本开设的新闻学相关学科情况

课程名称关键词	1970年（个）	1975年（个）	1980年（个）	1985年（个）	1987年（个）	2004年（个）
大众传播	57	105	153	199	235	274
新闻事业	12	32	32	27	27	107
媒体	14	23	25	43	43	574
报纸	45	75	72	73	80	51
广播电视	39	58	70	84	87	98
传播	15	57	69	88	84	265
信息	7	21	86	109	98	309

资料来源：山田实：《マスコミ研究の流れと全国大学マスコミ関係講座》，《総合ジャーナリズム研究》1987年夏季号，第38—46；《2004年度全国大学マスコミ関係講座一覧》（上、下），《総合ジャーナリズム研究》2004年夏季号，第78—97页；秋季号，第82—96页。

一直以来，日本只设有新闻学专业和学系，并没有更高一级的学院建制。随着新闻学科的转向，目前仅上智大学和日本大学还办有新闻学系,原有的新闻学系或专业不是停办就是改组为以信息学、传播学、媒体学等命名的热门学科。

在 2007 年供高中生报名参考用的大学(国立、公立、私立、短期大学、专科大学)介绍性资料中,我们可以找到以"传播学"命名的院系或专业共有 149 个,如文教大学的国际传播学系、关东学院大学现代传播学系、常磐大学人类科学学院的传播学系等;以"信息媒体学"命名的院系和专业有 28 个,以"媒体学"命名的院系和专业共有 54 个,如龙谷大学理工学院和东京电机大学未来科学学院的信息媒体学系、同志社大学社会学院媒体学系、北海道东海大学文学院广告媒体学系和信息媒体学系;以"信息"命名的院系和专业共有 257 个,包括电子信息、经济信息、经营信息、信息文化、生命信息、媒体信息等,几乎涵盖所有社会领域的信息科学,其中有 10 所大学开设了 19 个"社会信息学"院系和专业,如札幌学院大学、冈山理科大学、九州产业大学、小樽商科大学、十文字学园女子大学、吴大学、大妻女子大学、静冈理工科大学、皇学馆大学等。① 在上述与信息学、传播学、媒体学相关的院系或专业中,主要教育内容以信息学为核心,在专业课程体系中已经找不到以新闻学命名的课程,新闻学沉淀为基础课程。

群马大学是文部省所属的国立大学,成立于 1949 年。它紧随东京大学新闻研究所更名为社会信息研究所的举措,创设了最早的社会信息学院。通过它的具体课程设置情况我们可以看到,日本的社会信息学不仅内容十分广泛,而且从表面上已经看不到与新闻学的任何关联。

群马大学社会信息学院下设社会信息学系,设有三大课程群,即社会与信息行动课程群、政策与行政信息课程群、经济与经营信息课程群。社会与信息行动课程群的具体科目有:信息媒体论、信息接收过程论、信息技能、传播ⅠⅡ、信息处理心理学、信息行动发展论ⅠⅡ、

---

① http://shingaku.mycom.co.jp/,2007 年 6 月 7 日。

集合行动论、家族社会行动论、职业场所行动论、地区社会生活论、地区社会史、社会伦理思想、社会哲学、外国文化论、日本文化论、比较文化论、社会与信息行动特别讲义、社会信息学研讨课、毕业研究。政策与行政信息课程群的具体科目有：政策信息论、公共政策、社会政策、社会福利论、政治过程论、行政学、行政信息系统论、地方行政论、立法过程论、宪法、行政法、环境法、租税法、民事法、企业法、刑事法、信息法、纷争处理法、国际法、国际关系论、社会信息学研讨课、毕业研究。经济与经营信息课程群的具体科目有：经济原理、计量经济学、经济学方法论、经济政策、产业组织论、财政论、国际金融论、劳动经济论、地域经济论、国际经济论、信息经济论、经济学总论、企业论、经营战略论、经营管理总论、人事管理论、财政管理论、生产管理论、市场调查研究、经营科学ⅠⅡ、经营信息论、会计学总论、会计信息论、经济与经营信息特别讲义、社会信息学研讨课、毕业研究。①

梅花女子大学是成立于 1878 年的一所基督教会大学，以培养自主、自立的女性为目标。2004 年文化表现学院信息媒体学系成立，从课程名称上看很难反映出新闻学与媒体学的关系。一年级学生主要学习基础信息技术，以"信息技术相关知识和能力"课程、"前瞻性"课程、"基础演练"课程为核心；二年级则进一步学习信息知识、练习信息技术，课程从基础型向应用型过渡，为三年级时的专业选择做铺垫。媒体学系分为 3 个专业，即广告制作专业、影视剧制作专业、机构组织研究专业。广告制作专业主要是学习利用计算机进行照片、绘画、音响等的制作以及影像处理；影视剧制作专业以实务、广告策划、销售等经营信息学为中心，辅之以信息服务、信息教育等；系统专业包括计算机系统、编写程序、网络、网络安全以及信息技术等等；三年级主要以

---

① ［新］卓南生：《从新闻学到社会信息学——日本新闻与传播教育演变过程》，《新闻学研究》1997 年第 1 期，第 9—31 页。

参与模拟性的社会实践活动,锻炼媒体工作的实践技能为主;四年级的主要任务是完成毕业论文的研究和写作。

即使以新闻学命名的学系或专业在课程设置上也发生了重大变化。如日本大学法学院新闻系是日本现存的两家新闻学系之一,它的课程体系以新闻理论、史学和新闻伦理为主,通过辅之以大量的媒体学、信息学以及法学等课程来满足信息社会的人才需求。具体课程如下:新闻学概论、新闻事业史、传播论、媒体传播调查法、新闻事业伦理和法制、媒体传播论、新闻英语、文章写作、信息法、新闻学文献研究、报道编辑论、广播电视通信论、出版论、国际传播论、行政形成论、新闻媒体论、新闻媒体制作论、新闻媒体实务、信息管理论、信息媒体社会论、媒体产业论、媒体文化论、媒体技术史、信息工学、经营信息系统论、信息媒体制作论、社会统计调查论、新闻学特殊研究、新闻学特殊讲义、宪法、刑法、行政法、民法总则以及物权法、商法、国际法、日本政治史、日本政治论、日本经济论、公共政策论、公共经济论、国际关系论、出版政策、改革论、信息媒体实务、国际经济论、社会政策论等等。①

学科发展要以获得认知认同和职业认同为前提,而日本的新闻学研究泛化的原因之一,就在于这两种认同都不够充分。新闻学科具有极强的社会实践性,而在重学轻术理念的指导下,日本的新闻学一直远离社会现实需求。在信息时代,新闻学原有的学科研究方法、学术规范、学术话语体系等都显得不够明晰、全面,有待进一步完善。同时,现代的知识体系理论向原有的学科区分提出挑战,综合性成为学科发展的新方向,新闻学要发展也必须借助其他相邻学科的研究成果和方法,因而出现了许多与新闻学相互交叉的研究领域,如受众心理学、新闻哲学、新闻文化学等等,这些新兴交叉学科将有利于新闻学重

① http://www.law.nihon-u.ac.jp/department/journalism.html,2007 年 5 月 29 日。

新获得学界的认知认同。另外，在日本新闻业界乃至整个社会都对新闻学缺少普遍的职业认同，从来也没有期望高等新闻教育培养出合格的新闻工作者，甚至认为新闻工作无须学术，不能进入高等教育机构，直至第二次世界大战之后才认可了新闻记者工作作为职业的独立性。这些影响学科发展的内部因素是导致新闻学发展不稳定的深层原因；满足社会需求、服务信息社会等外部因素则是日本新闻学科不断扩大研究领域的表层原因。信息社会知识爆炸，媒体影响无处不在，人们渴望认识媒体、了解信息传播过程、学会使用媒体的需求日趋迫切；信息科学已经成熟，媒体对研究人员、从业人员的大量需求，企业内部培养记者模式捉襟见肘……新闻学科若要发展壮大就要寻找新的出路。可以说，研究领域泛化是新闻学科自我保护、自我完善的路径之一。

2. 学科性质基础化

从新闻学研究领域的无限放大来看，我们似乎已经找不到新闻学的踪影，日本目前只有两家新闻学系，相应地，转型而来或新诞生的媒体学系、社会信息学系（院）增多，那么在这种情况下新闻学教育哪里去了？从日本众多大学新闻学科的转向、扩容来看，是否可以说新闻学在信息社会已经没有了存在价值呢？实际上，新闻学及其相关学科在日本已经成为基础教养课程的一部分，不论是否打算从事新闻工作的学生还是整个社会，对高等新闻教育的期待都转为一种对通识的媒介素养教育的期待。

日本已经实现高等教育大众化，1965 年适龄青年进入大学和短期大学的比率就达到了 17％，到 1975 年伴随着日本经济的高速增长，入学率达到了 38％，到 2009 年所有考生将全部被录取。按照马丁·特罗高等教育发展阶段的划分，日本高等教育已经名副其实地进入了大众化阶段，大学已经成为储备基础知识的普及阶段，而不再是面向少数的精英教育，教育内容也是以广博、宽厚的通识性知识为主，专业性减弱,培养现代社会的合格公民成为大学教育的基本目标。比如常磐大学人类科学学院传播学系的教育理念是:为了加强人际交流形成良好的人际关系,必备的理解、表达的传播能力,所以在教育中要让学生理解各种媒体的信息发送技术,具备在高度信息化的社会能够准确传递信息的能力。札幌学院大学社会信息学院的理念是:培养能够对社会信息学发展作出贡献、能够适应信息社会的人才。上面提到的群马大学社会信息学院也以"培养既具有在企业与行政机构活跃所必备的专业知识和思考能力,又富有人情味资质的社会人士"①为教育目标。

从课程设置情况看,日本新闻学者在分析了1999年大学里开设大众传播学相关课程的情况之后,指出社会信息科学正逐渐成为通识性的修养课程。② 如上面提到的常磐大学人类科学学院传播学系的学生在一年级时必须学习:日语表达法、问题解决法、传播基础研讨1・2、传播论入门、媒体论、社会心理学等课程,培养学生的阅读和写作的能力。二、三年级时着重培养学生的资料收集能力、资料整理能力、理性的思考能力、表达能力等。四年级时学生要完成毕业论文,学系会将学生四年所学知识、技能赋予资格证书、称号等形式,以备就业所需。第二学年学生们开始根据自己的兴趣爱好选择专业。传播学系分为媒体表现学和传播学两个专业,媒体表现学专业针对信息时代媒体的多元化现象,让学生掌握网络、计算机、手机等新的信息技术,学习信息伦理等相关问题。所以,开设了网络行为论、广告设计技术研讨、信息环境论、计算机网络概论、媒体技术学、传播研究方法、网络调查法、网络创业论、设计史、多元媒体研讨、计算机传播研讨A・B、利用信息工具进行广告宣传的研讨、网页设计1・2、网页设计研讨、电

① [新]卓南生:《从新闻学到社会信息学——日本新闻与传播教育演变过程》,《新闻学研究》1997年第1期,第9—31页。
② 参见[日]铃木真保:《分析〈全国大学マスコミ関係講座〉》,《総合ジャーナリズム研究》1999年夏季号,第59—64页。

脑程序A·B、影像基础研讨、影像发展研讨 A－C、平面媒体设计基础
研讨、设计心理学、销售论、广告产业论、广告学概论等课程。传播学
专业则以培养学生自我表达、信息理解等基本的传播能力为准则，养
成这些能力又需要从基本的观察能力、认识能力、思考能力入手，所以
开设了许多基础性课程，如原典讲读、人际传播概论、传播言语学、大众
传播概论、社会信息政策论、传播统计学、地域传播论、传播研讨、言语发
展心理学、人际传播特讲、理解自我心理学、理解他人心理学、整合行动
论、社会语言学、语言传播论、非语言传播论、媒体传播论、计算机传播
论、异质文化传播论、组织传播论、大众传播理论、大众传播特讲、信息产
业论、新闻编辑论、放送文化论、出版论、国际传播论、新闻事业论、媒体
系统论、媒体制度论、大众文化史、会话论、媒体文化史、舆论研究等。可
见，大学相关专业的课程设置紧紧围绕信息社会所需的各种知识、技能
展开，而国民的媒介素养因大学的关注也会得到普遍提升。

　　另外，2003 年全国开设与大众传播相关课程的国立大学有 19 所，
公立大学 10 所，私立大学 177 所，短期大学 41 所，共计 247 所大学，其
中只有 3 所学校办有新闻学系或专业，它们就是"上智大学文学院新
闻学系"、"同志社大学文学院社会学系新闻学专业"和"日本大学法
学院新闻学系"。上智大学新闻学系在设立之初只有唯一的目的——
培养新闻记者，而现在大众媒体繁荣，多样化的大众传播社会已经形
成，新闻学系与时俱进，转变教育观念，从基本的媒介素养教育入手，
注重培养学生对媒体职能、责任的认识能力，实施既不偏重理论也不
偏重实践的宽口径的人才培养模式。即使培养的学生不一定到媒体
工作，也要将其培养成具有正确判断和理性分析能力的社会人。① 同
志社大学文学院社会学系新闻专业曾以"培养具有社会问题意识的记
者，进行全面的新闻学和大众传播研究"为教育目的，而 2005 年更名

---

① 　http://www.info.sophia.ac.jp/sophiaj/,2005 年 1 月 5 日。

为媒体学系之后,则改为旨在培养学生具备在大量而复杂的信息环境中获取真实信息的能力。① 日本大学法学院新闻学系的教育目标也从原来的"从理论和实践两个方面入手,研究大众媒体、培养健全的新闻记者",转变为"通过对大众媒体的发展历史、结构、传播的信息内容以及给予受众的影响等内容的学习,培养具有健全市民意识和批判精神的社会人"。② 其余 244 所开设大众传播相关课程的大学的培养目的也基本大同小异,实施的是一种传授信息社会所需的基本的科学知识,培养具有较高媒介素质的综合型人才的通识教育。

上智大学新闻学系一度以培养新闻记者为主旨,从课程结构来看,基本上是依据新闻学系创设当初理论和实务兼备的课程模式编制的。但是该系的武市英雄教授在解释这种课程结构时强调了培养学生综合能力,以适应现代社会生活的重要性,他还指出,"日本的新闻业界不期望高等教育机构能够传授给学生立即投入到实际工作中的技能,大学应该重视以人才素质培养为目的的基础教育的实施。无论时代如何推移,大众媒体和人们的需求有多少变化,这一点从根本上从来都没有改变。日本媒体并不期望日本新闻教育像美国大学新闻学系那样培养出具有大众媒体应用技能的人才……我们的课程体系体现出新闻学系重视基本素质的养成、重视既不偏向理论也不偏向实践技能的宽厚基础知识教育的特点。宽厚的基础教育,可以挖掘出学生潜在的兴趣、提高修养,培养作为记者应该具备的基本素质"。③

课程结构的通识性转变与社会、新闻业界对大学新闻教育提出的要求之间有着密切的关系。随着社会对人才要求的变化,各个大学不断修改调整课程结构,上智大学新闻学系的课程体系呈现出由分而合,由窄

---

① http://www.doshisha.ac.jp/kyouiku/,2005 年 11 月 2 日。

② http://www.law.nihon-u.ac.jp,2005 年 11 月 15 日。

③ [日]上智大学文学部新聞学科:《上智大学新聞学科五十年の記録》,三美印刷株式会社 1981 年版,第 34—60 页。

而宽,逐渐通识化,走上学科综合化道路的趋势。从上智大学新闻学系的具体课程变化来看,除了一直坚持的新闻理论和新闻史学内容没有改变之外,20世纪50年代新闻学系扩容,细分出报纸和广播电视两个专业,增加了广播电视概论、报道广电论、教育广电论、文艺广电论、电波广告论、脚本写作、广电心理学、广电的制度和运用、广电研讨、广电演出论等课程。而从20世纪60年代后期至80年代的课程调整中,合并了报纸专业和广播电视专业的课程,整合了划分过细的教学科目。2001年以来,强调培养具备信息化社会生活必需的媒体素养的社会人,突出了全校性的通识课程,占到总学分的1/4,增加了选修课程的比重,选修课和限定选修(即选择必修)课的学分是总学分的1/2。

上智大学新闻学系自创立以来70年间的课程设置和调整,完全符合科学知识领域由合而分,由分而合的整体发展规律。早在中世纪,大学里开设的课程以哲学为母体,学科界际十分模糊。随着知识的丰富,每个科学家的头上都差不多会有几个头衔,如牛顿既是数学家又是物理学家。近代以来,随着自然科学以及工程技术、管理学、经济学等知识在生产过程中的广泛应用,为满足知识按照自身逻辑的分类和知识在社会上应用的需要,除了传统的神、法、医学院之外,许多大学增设了文理、农、工、商等专业学院。知识领域的全面拓展,造成知识总量以几何级数增长,知识领域被分割,学科增多,学科制度逐渐成熟,大学里的课程也相应得到了越来越细致的划分。按传统学科分类的知识在分化的同时,又出现综合化的趋势,各种横向、交叉和综合学科不断涌现。如此导致传统学科进一步细化,但彼此间的界限又出现相对的模糊。① 20世纪30年代,美国高等教育的过分专业化问题开始凸显出来,很多通识教育类课程在选修课体制中失去了应有的地

---

① 阎光才:《识读大学:组织文化的视角》,教育科学出版社2002年版,第79页。

位。相应地,高等教育所培养出来的人才知识面越来越窄,能力越来越单一,发展越来越片面,也越来越不适应社会发展的要求。在各种知识迅速分裂、信息包围了人类生活的今天,人们逐渐意识到,高等教育教会我们科学知识而我们却不会生活,我们的思想被引进狭窄的专业领域,交往能力和生活能力弱化,甚至丧失了想象力和创造力,成为现代科学技术的奴隶。人们不能适应知识迅猛增长后的社会生活正是高等教育专业划分过细导致的后果。高等教育在世界范围内全面展开反思,提出了教给人们适应信息社会的知识和提高生活能力的总体目标,将细致划分的学科知识重新统合起来,组成大学里各个专业的基本课程体系,通识课程炙手可热。

总之,不论是与高等新闻教育有一定历史渊源的相关学系,还是其余的 244 所大学,都已经将在新闻学基础上发展而来的大众传播学、社会信息学作为了大学通识教育课程的重要内容之一。在信息社会里,媒介素养成为通识教育中的重要组成部分。

如果把人在信息时代如何更有效地获取和利用信息资源,定义为"人——信息"之间的关系,那么解决人与信息载体——媒介构成的"人——媒体"之间的关系,就需要具备相应的媒介素养。1992 年美国媒体素养研究中心给媒体素养作出如下定义:媒体素养就是指人们面对媒体各种信息时的选择能力(ability to choose)、理解能力(ability to understand)、质疑能力(ability to question)、评估能力(ability to evaluate)、创造和生产能力(ability to create and produce)以及思辨的反应能力(ability to respond thoughtfully)。早在 20 世纪 30 年代,英国学者欧·奥尔特曼和马·切默斯就提出了"文化素养"概念,主要是针对当时被学者们称做一种"文化病毒"(cultural disease)的媒体,因为在他们看来文化一旦经由商业媒体传播就会变质,破坏了高雅文化,混乱了语言结构,滋长了低俗文化及娱乐活动。提出"文化素养"概念的目的就是为了维护传统价值观念和传统文化,反对大众传媒中的流行文化，鼓励年轻人"认清并抵制"大众传媒的影响。随着大众文化（popular arts）的崛起，文化似乎不再是经典巨作的代名词，许多学者也渐渐意识到媒体并不是一无是处。到了20世纪70年代，媒介素质教育开始重视媒介语言所构架的现实与真正现实之间的关系和差别，要求学生正确看待媒体的巨大力量，了解信息是经媒体更深层次的传播过程的特性，由此看到媒体与经济、社会、政治之间的紧密联系。①

日本在第二次世界大战之后，报纸的人均占有率高居世界排行榜的榜首，成为与其经济发展相匹配的信息大国。日本50%以上的中小学都办有"学校新闻"，学校不仅让学生自己办报纸而且还鼓励学生参与媒体、学校、社区等机构举行的征文、评比等创作活动。报社也会主动深入到学校指导学生办报，并开设学生专栏和专刊。学校与媒体的互动、合作锻炼了学生的表达能力，培养了学生良好的社会责任感和积极的参与意识，为现代社会公共论坛的形成提供了软件准备。日本的许多优秀新闻记者都曾经是学校里活跃的小记者。媒介素养作为人的基本素质在日本社会得到普遍关注。1982年，由于联合国教科文组织的重视，学校媒体教育开始形成规模。在美国大部分地区，媒体素养已经作为一门独立课程或成为英语语言课程的一部分也进入了中小学生的课堂。美国密苏里新闻学院一直以培养具有普遍适应能力的劳动者为目的，坚信新闻学不仅是研究新闻的学问，而是集一切学问之大成的。所以大学新闻系都在前两年集中进行基础课程教学，直到第三年才开始新闻专业教育。一般新闻系的专业课与基础课的比例是1:3，基础课占75%。

现如今，麦克卢汉的"媒介即信息"理论已被完全证实，手机已经被公认为第五媒体，媒体的影响无处不在；地球重新部落化，文化霸权

---

① 参见张开：《媒体素养教育在信息时代的意义》，http://www.cddc.net/shownews，2004年12月27日。

现象日甚；人类对信息的需求与日俱增，助长了信息技术在社会生活中的统治地位，科技理性占据上风，带来了自然界的惩罚和人文精神、道德修养的沦丧；信息化社会呼唤人的自由个性，大众媒介出现"窄众化"倾向；媒体的力量日益强大，阻碍、遮蔽大众的视听，人的主体性被其僭越、颠覆；媒体的虚拟环境使人类迷失了现实的自我；发达的传媒技术弱化了人类的其他素质……面对信息社会的种种变化，花田达朗教授提出，新闻事业渗透在我们生活的每个角落，无论谁都被包含其中，新闻事业不仅仅是大众媒体的舞台，这些变化带来了新的"教育需要"、"学习的追求"。① 新闻学知识作为媒介素养的核心内容成为生活必备的基础知识，构成了学习其他专业知识、完成终生学习以及形成学习化社会必需的知识结构。

社会信息科学、媒介素养等相关知识不仅是信息社会现实生活的需要，也是进行科学研究的基础。虽然一些新闻学具体问题的探究在研究生层次才能够全面展开，但这种探究需要建立在本科阶段教养教育基础上，具备基本的新闻知识修养才有可能完成。对日本高等教育颇有研究的学者黄福涛教授撰文指出，日本大学本科教育的非专业课程改革促进了教养课程和专业课程的融合，信息处理、传播素质等相关知识成为教养课程内容；日本高等教育过渡到"后大众化"阶段，将本科阶段作为基础或教养教育，研究生阶段作为专业教育。② 传播信息的目的、功用，以及当下的媒体进行新闻信息处理的具体方法，媒体进行新闻信息处理时应该遵循的道德标准以及公民应该享有的信息权利等问题，在信息社会的今天已经成为不可回避的现实课题，这些

① ［日］花田达朗：《ジャーナリズム教育を社会的論点にする》，载于花田达朗、広井修编：《論争・いまジャーナリスト教育——序》，東京大学出版会2003 年版，第 11 页。
② 参见黄福涛：《面向 21 世纪中日本科课程改革的比较研究》，《清华大学教育研究》2001 年第 4 期，第 126—133 页。

课题都需要在大学本科阶段储备一定的社会信息科学、媒介素养等相关知识，然后才能在研究生阶段展开深入研究。比如群马大学社会信息学院就认为，半个多世纪前诞生的新闻学科已经成为研究新闻事业和大众传播现象的理论基础，①信息社会的媒介素养教育要解决的上述问题恰恰需要以新闻学基本理论作依据，这些基本问题是传播学、信息学、媒体学等学科所不能够解决的。

1927 年日本大阪出版社出版了一本名为《新闻道》的书，作者原田栋一郎认为，新闻事业具有深刻的精神价值追求，在这一点上与"武士道"相一致，所以书名定为"新闻道"。"道"在日文中具有宇宙原理的含义，一般表示事物的本源、基础。他认为，人们可以充分感知到的传播者的精神素养及其对社会强烈的责任感就是新闻事业的本质追求。新闻学对新闻事业应然品质的追求、对当下新闻媒体的批判，得到了日本新闻学界、业界以及整个社会的普遍认可。日本的新闻学一贯以新闻事业精神的研究为主干，基本理论就是新闻的言论性和批判性。媒介素养教育的一个明确目的就是提高国民对媒介的认识能力，以便更好地适应信息社会的生活。同时，国民媒介素养的提高必然促进媒介生态的健康发展，推动媒介的批判监督职能。媒介批判精神正是新闻学的核心所在。

如日本新闻学者高木孝典教授所说，在信息社会有关新闻的目的和作用的研究应该恢复其重要地位。因为在当下多媒体、多频道的情况下，多样化的信息源、千姿百态的信息获得手段将不断涌现出来，这使得所谓社会意识当中的共性越来越少，新闻的目的和作用再次成为人们关心的问题。希望能够在社会信息学的目的当中找到它的位置。② 笔者

① 参见 http://www.law.nihon-u.ac.jp/department/journalism.html，2007 年 5 月 29 日。

② 参见［日］《東京大学新聞研究所が改称改組—社会情報研究所へ》，《総合ジャーナリズム研究》1992 年春季号，第 102—105 页。

认为,信息时代,重学轻术的日本高等新闻教育已经找到了自己的位置。在不断积累、沉淀的过程中,在媒体四处延伸的时代,与其他学科相比,新闻学追求的社会责任、精神素养等本质特征更加明晰起来,人们已经充分认识到新闻学深远的现实意义。虽然不能说新闻学具有类似哲学那样重要的基础地位,但是在信息化社会,在大众传播学、社会信息学盛行的今天,日渐基础化的新闻学的学科意义的确得到了提升,新闻教育受到了社会的普遍关注。

二、高等新闻教育专业组织机构

专业组织是学科发展成熟的标志。日本高等新闻教育重学轻术的理念规约着高等新闻教育专业组织的发展方向和进程。卓南生教授曾经指出,到目前为止,日本全国没有任何一所大学有新闻学院,今后也没有创办有关学院的征兆。① 日本高等新闻教育的专业组织相当薄弱,从 1929 年东京大学新闻研究室创立至今,在日本比较有影响的新闻教育专业机构寥寥无几。这里需要指出的是,战后由于各个大学对新闻学体系、新闻教育理念等存在不同的理解,直接影响到了新闻学科的组织制度形成,出现了这样几种情况:第一类,不把新闻学作为独立学科,或是设在法学、文学、经济学等专业学科基础上(研究生院层次),或是与应用学科并列来设置,东京大学和庆应大学的新闻研究所(室)就是这种模式。第二类,出于对报纸应尽的社会责任的考虑,而从相关的政治、舆论功能出发,像早稻田大学、明治大学那样把它设置在政治经济学院。第三类,像日本大学那样重视新闻法规以及

① 参见[新]卓南生:《日本新闻学与新闻事业》,《国际新闻界》2003 年第 6 期,第 16—18、23 页。

与言论自由相关的法律法规等问题的研究，将其设置在法学院。第四类，新闻学设置在文学院里的情况是最多的。同样设置在文学院，也有两种不同的取向。如上智大学，强调通过文化科学的视角理解新闻学，所以选择将新闻学系设在文学院；如同志社大学、关西大学、关西学院等，认为新闻学应该以社会学、大众传播学为重点，所以也选择在文学院设置新闻学系。此外，也有从各个大学自身的实际情况出发，根据任课教师所属的学系、所学的专业不同，在不同的学院，如经济学院、教育学院开设新闻学相关课程的情况。①

以新闻学研究为主旨的东京大学新闻研究室是研究日本高等新闻教育绕不开的核心机构。不仅因为它建立了日本历史上最早的新闻研究室，更重要的是它引领学术潮流，培养了大批优秀的新闻学者，具有不可替代的权威地位，其榜样作用时刻影响着其他大学的新闻教育模式；以培养新闻记者为办学目的的东京上智大学地处关东地区，其新闻学系是日本高等新闻教育的滥觞；关西地区以京都同志社大学的新闻学专业为代表，在全国最早开设与本科教育相衔接的新闻学硕士研究生课程，2005 年 4 月更名为"媒体学系"，使之再次成为日本高等新闻教育发展的新的里程碑。这三所大学的新闻教育体制共同印证了重学轻术理念的深远影响，也充分反映了新闻学科在制度化过程中体现的特点。

1. 东京大学新闻研究室的创立与发展：传统教育观对德国学术理念的传承

现代世界无论有多新，总是扎根于过去，过去是我们赖以生长的

---

① 参见[日]春原昭彦：《日本の大学におけるジャーナリスト養成の現状と課題》，《新聞研究》1994 年第 514 期，第 17—20 页。

土壤。① 东京大学是日本东京帝国大学的前身,1877 年由东京开成学校和东京医学校合并而成,1878 年 12 月文部省赋予东京大学学士学位授予权。1929 年标志着新闻学独立学科地位确立的日本第一个新闻研究室诞生在东京帝国大学。该研究室在日本大学史上被称做"最早的研究机构"。② 由于文学院教授会的反对,创建之初,新闻研究室不得不成为一个由文学、法学、经济学三个学院共同组成的特殊研究组织,隶属于文学院。它每年从全国各个大学三年级的学生中优选出 10 名左右,接受与新闻学科相关知识的教育,称做"研究生",学制 1 年,毕业时发给课程结业证明。当时,各个媒体都曾给予新闻研究室以大力支持,帮助解决经济问题、师资问题,支持开办各种讲座,如东京《每日新闻》原经济部长山崎开设了"新闻道德论",原社会部长平川开设了"现代新闻论";《中外商业新报》原社长簗田久次郎开设了"新闻经营论";东京《朝日新闻》原副社长下村宏开设了"新闻记者",原销售部长刀祢馆正雄开设了"新闻经营核心问题";《读卖新闻》原编辑局长柴田开设了"新闻用语论";等等。

由于战争原因,从 1942 年到 1948 年的 6 年间新闻研究室处于"开店休业"状态。1949 年 5 月 31 日依据刚刚通过的"国立学校设置法",新闻研究所作为东京大学正式的附属研究所成立。它以报纸等与时事相关的报刊出版、广播电视和电影的研究为主体,同时为这些事业提供理论指导,培养能够胜任相关职业的工作者。新闻研究所设有研究部和教育部。研究部不招生,在设立之初具体分为 3 个部门,即新闻理论研究部门、报道研究部门和评论研究部门。以此为基础,在此后的多年间新闻研究所对研究部门的名称和构成不断改组、扩

---

① 参见[美]弗莱克斯纳著,徐辉、陈晓菲译:《现代大学论:英美德大学研究》,浙江教育出版社 2001 年版,第 2 页。

② 参见[日]東京大学百年史編集委員会編:《東京大学百年史・部局史四》,東京大学 1987 年版,第 479 页。

充。教育部办本科后教育,由各个相关专业教师共同授课,面向全国招收大学前期课程考试成绩合格的在读学生以及毕业生,学制 2 年,学习、研讨与本科专业相当的课程内容,人数在 50 人左右。新闻研究所不仅为报纸、广播、电视、出版等大众媒体企业、广告公司、社会调查机关输送人才,还为行政机关、一般企业的宣传、促销部门培养了很多优秀的毕业生。广泛的学生来源、研究内容和就业领域使新闻研究所成为一个开放的研究所,成为全国新闻学教育和研究的翘楚。

1953 年根据《东京大学研究生院规则》,东京大学所有的研究生院都得到长足发展。研究生院社会科学研究科开始招收新闻学硕士生和博士生,授予社会学学位,招生名额不确定,根据具体情况也可以空缺为零不招生。新闻研究、农业经济、国际关系组成社会学的三门专业课程,社会学专业课程又分为 A 组:社会学专业,B 组:新闻学专业。新闻学专业开设的课程主要有:社会学基础理论、大众传播学基础理论、新闻学特殊研究、调查分析等。新闻研究所的教师同时隶属于新闻研究所和研究生院的社会科学研究科。

随着以广播电视为主体的大众媒体的全面发展,新闻学开始逐渐转向大众传播学、社会信息学。从整体上看,新闻研究所的大众传播研究框架基本形成于 1957 年,当时下设 5 个部门:1. 基础部门:大众传播理论;2. 历史部门:大众传播史;3. 特殊部门Ⅰ:传播过程;4. 特殊部门Ⅱ:大众传播媒体;5. 特殊部门Ⅲ:舆论和宣传。为适应电视迅速普及的社会现实,新闻研究所 1962 年增加了"广播电视"部门。伴随着信息化社会的到来,1974 年新闻研究所又开设了研究诸多社会问题的"信息社会"部门,该部门于 1980 年改称"社会信息系统"部门。新闻研究所从 1990 年开始面向全体社会人员开放招生窗口,导入特别选拔制度,增加培养报社、广电媒体等企业在职人员的职能。此后,以报纸、新闻事业研究为中心的新闻研究所,逐渐向广播、电视等大众传播领域扩展研究课题。应对研究活动范围的扩大,各个研究部门也不断扩充完善自己,以信息社会科学综合研究为指向的研究机构逐渐发展起来。这一时期,新闻研究所形成了如下 4 个方面的研究特色:1. 实证性,通过客观资料分析、心理学实验、社会调查等方法展开各种实证研究,进行理论探讨;2. 学际性,与法律学、政治学、经济学、社会心理学、历史学等专业研究的阵容相互协作共同研究;3. 国际性,1966年进行的日美两国市民意识比较调查研究项目,推进了国际间合作。不断举行的各种主题的国际协同研究、海外调查、国际学会报告等活动,为国际间的研究交流注入了新的力量;4. 实践性,直接针对灾害信息研究、新媒体研究等现代社会的具体问题,有助于组织、解决紧急的社会信息领域的课题,促进行政政策、信息媒体政策的出台。① 近四十年的调整专业研究方向、重新扩充组织、再编研究部门等改革,加固并发展了新闻研究所的大众传播研究体制。

1992 年 4 月 1 日,新闻研究所正式改组为以"社会信息综合研究"为目的的社会信息研究所。对此,新闻研究所的桂敬一教授分析说:"由于这十多年信息媒体的多样化发展,人类的信息行为发生变化,为了应对进入了高度信息化的社会,应该将社会的信息现象作为研究对象,因此而改组"。② 新闻研究所的英文名称一直是"Institute of Journalism",1980 年以后改为"Institute of Journalism and Communication Studies",社会信息研究所的英文名则是"Institute of Socio-Information and Communication Studies"。沿用了 43 年之久的"新闻研究所"此时显然无法包容已有的和将要展开的研究内容。1992 年年初,文部省通过了新闻研究所改组的草案。草案中阐述了设立为社会信息研究所的目的,即通过对社会信息的生产、流通、处理、蓄积、利用的综合

---

① 日[日]《東京大学新聞研究所が改称改組—社会情報研究所へ》,《総合ジャーナリズム研究》1992 年春季号,第 102—105 页。
② 同上。

研究,从信息角度科学地分析人类社会,从学术上探讨信息社会存在的各种问题。为此,将研究所的研究范围规定如下:在研究个人行为、企业、产业活动、行政、政治过程、文化以及信息网络、信息系统的构造和机能的同时,把握和分析由于微电子及电气通信技术的进步带来的现代社会信息化向大众媒体、信息产业、企业、行政、地域、家庭、教育等社会各领域广泛深入渗透的状况。① 鉴于上述研究内容,新的社会信息研究所将此前的研究部门改为下面三大部门,1. 信息·媒体部门:社会信息、大众媒体、新媒体、社会信息系统;2. 信息行动部门:信息行动、信息处理过程、信息机能;3. 信息·社会部门:信息法政策、信息社会和文化、信息环境、国际信息网络。1992 年 1 月 21 日,日本的《读卖新闻》评价社会信息研究所的改组说:"这一变化进一步推进了大众传播研究"。

1991 年到 1995 年,社会信息研究所连续四年得到文部省科学研究经费支持,从事尖端的"信息化社会与人类"的研究,经费高达34548 万日元。参与的研究机构与被网罗的学者遍及全国,学者们的研究领域十分宽泛,有大众传媒研究、大众传播研究、社会学、社会心理学、法学、政治学、经济学、教育学、文化人类学、艺术论、信息工学等等。以此为龙头,信息化社会的跨学科综合研究在日本得以全面推进。

新闻研究室 1929 年草创以来,以日本新闻学研究绝对权威机构的身份历经 75 年的风风雨雨,于 2004 年 4 月结束其历史使命,融入到东京大学研究生院信息学环·学际信息学府,完成了从大学附属研究机构向研究生院机构的转移。东京大学研究生院信息学环·学际信息学府是与原来研究生院下属的研究科完全不同的机构,是依据

---

① 参见[新]卓南生:《从新闻学到社会信息学——日本新闻与传播教育演变过程》,《新闻学研究》1997 年第 1 期,第 9—31 页。

《学校教育法》第66条之规定"在研究科以外建立的教育研究基本组织"。这个组织由教师所属的研究组织——信息学环和学生所属的教育组织——学际信息学府联合构成。它超越了原来研究科的专业深层次和稳定性，建构起来的一个连接所有学科相关信息的网络式横向组织机构，是适时地推进先进的信息学研究成果、实施相关教育的综合性组织形态。它的基本特征体现在机构组织成员的流动性、所有学科的关联性、作为研究机构的信息学环和教育机构的学际信息学府的分设等方面。信息学环以众多学科领域的横向课题研究为支撑，跨越文理区域，实现信息研究的学术融合。作为研究组织，它由学际信息学圈和社会信息学圈两部分构成：前者包含信息生命·思想学域、信息系统·言语学域、信息表现·造型学域、信息环境·认知学域等5个分支；后者包括新闻·事业媒体学域、信息行动·机能学域、信息经济·产业学域、信息文化·历史学域等5个领域。

在学际信息学府中，由信息学环中的固定教师和流动教师进行研究生的研究指导，除了这些老师，其他研究科和研究所的教师也要参与一些课程的教学工作。另外，学府为了实施与信息科学相关的广泛的跨学科教育，积极采用副指导教师制、主副修专业制度。作为教育组织的研究生院学际信息学府，一面针对社会信息现状，实施跨越文理界线扩大视野的教育；另一面不断为社会培养从社会信息学到计算机科学的，具有高级专业能力的人才。为此，共设置了如下三大类课程：

文化人类信息学课程：这个课程立足于信息学，在体系上重新编制了文化人类科学的诸多内容，包含有从生命现象、生命进化、身体知觉到现代文化、媒体、电影、档案管理、媒介素养、学习环境等等21世纪的诸多课题，培养能够以此作为研究对象的，掌握了深厚学识和准确研究方法的研究者和实践者。

社会信息学课程：这个课程有助于养成学生分析媒体和大众传

播、信息社会的社会现象、文化现象的学识，有助于养成专业研究能力和应用能力。本课程的实施旨在培养一种对社会信息学的发展能够作出贡献的研究者而进行的教育。

学际理数信息学课程：这个课程通过深入开展专业理数信息学知识的学习，以培养适应 21 世纪的社会、产业、个人的信息环境需要的，具有结合其他领域协调学际间关系、开辟拓展信息学边界、掌握更宽泛学识的研究者为目的。

从上述发展历史来看，从东京大学新闻研究室到东京大学大学院信息学环·学际信息学府，基本经历了如下四个阶段：甫创期：1929—1942 年；更生期：1949—1957 年；发展期：1957—1992 年；转型期：1992—2004 年。

甫创期：早期的东京大学新闻研究室确立了参照德国诸多典型实例完成其设置的方针，是在德国新闻教育理念基础上创办起来的。在小野秀雄先生按照德国大学新闻研究室的模式创办日本新闻研究室之前，以密苏里大学为首的美国新闻教育的研究者早已多次登陆日本，介绍新闻教育经验。此间，美国新闻学与德国新闻学相比较，和日本的交流显得频繁得多。但是以小野秀雄先生为首的日本新闻学者却摒弃了美国新闻教育的记者培养模式，仿照德国新闻教育的组织模式设置了新闻研究机构。① 在日本的传统教育理念中，人们普遍认为，同浅薄的美国新闻学不同，德国的新闻学有深度，搞学问必须研究德国。② 于是，1929 年在东京帝国大学里德国模式的新闻学研究室得以开花结果。

正如我们前面分析的那样，德国理性主义文化与日本传统文化之

---

① 参见［日］河崎吉纪：《近代日本における新闻学の成立》，《メディア史研究》2003 年第 14 期，第 58—77 页。

② 参见［日］和田洋一编著，吴文莉译：《新闻学概论》，中国新闻出版社1985 年版，第 229 页。

间具有一定的相近性,经过一段的磨合之后,很快就被消化吸收,沉淀为日本文化结构的深层部分。从此,德国古典大学重学轻术理念就深深地植根于日本高等新闻教育之中,成为主流的新闻教育理念。

更生期:1945 年之后,美国 GHQ 接管战败国日本,美国文化以强硬的态势向日本社会各个层面渗透。在实用主义新闻教育理念指导下,以重视新闻媒体的社会职能、培养媒体所需人才为目的,全面推进高等新闻教育改革,以新闻研究室为母体,新设东京大学新闻研究所。新闻研究所与新闻研究室的创办初衷完全不同:东京大学新闻研究所出于把"正确地报道事实"确立为新闻之路、把培养正规新闻记者作为新闻教育首要任务的目的,大学设立直属于学校的新闻研究所,这项计划向政府提出了追加预算的请求,同时得到新闻协会每年十余万日元的资助,有共计 55 万日元的预算作为创办基金。①

在《新闻研究所官制案》的附则里明确了设置新闻研究所的理由:现在我国明确了全面改革封建统治,全力投入到日本的民主主义建设的发展方向。为了达到这个目标,必须发挥能够直接与广大人民接触的、具有重要指导意义的新闻出版、广播电视、电影等文化组织的职能。在推进国内外相关研究、文献整理等工作的同时,应该设置为将来能够担当新闻、出版、广播电视、电影等相关工作培养人才的教育机构,能够担此重任的学术机构应该设置在大学。我们学校作为全国最古老的最高学府,常常被学界所推崇。1929 年文学院设置的新闻研究室,曾经锐意进取从事科学研究,培养学生。现在,扩大这个组织作为学校直属的研究所,使它更加活泼而充满生机,同时它将招收在新闻方面有抱负的学生、年轻的新闻人,使他们得以丰富并施展自己的才

①　参见［日］東京大学百年史編集委員会編:《東京大学百年史》,東京大学
1987 年第 3 卷,第 151 页。

华为业界服务。努力实现这个目标，就可以逐渐投入到全新的民主主义日本的建设中。① 战后日本百废待兴，培养社会发展所需人才理应成为高等教育的重点工作，在政府的大力支持下，新闻研究所的成立改变了新闻研究室仅仅从事新闻学研究的创办初衷。然而，从学术文化角度来看，新闻研究所在创办初期形成的教育理念遭遇到了外界强大力量的挑战，政府的支持演变为剥夺大学自由权利的暴力行为，"为业界服务"的要求也俨然是要新闻学界以现实需求而不是以学术自身发展规律为圭臬。政治的、经济的目的使得新闻研究所传统的学术价值理念面临危机。

发展期：对这一阶段新闻研究所何去何从的考察至关重要，因为它的发展直接关涉到本书基本论点是否成立的问题。如果它按照政府的指示"为业界服务"，那么"重学轻术"这一理念无论如何都不能成为日本高等新闻教育的核心理念。如果说新闻研究所建立在传承了德国新闻教育理念的新闻研究室的基础上，那么这次美国实用主义新闻教育理念并没有改变新闻研究所原有的本色，并没有实施政府要求的培养新闻记者的教育。德国学术文化在深深地融入到日本传统文化观念中之后产生了深远的影响，使得新闻研究所面对外界的巨大压力仍然能够坚持从事新闻学术研究，坚持价值理性的追求。

只是到了1957年，新闻研究所的研究领域发生了变化。由于新媒体的纷繁呈现传播学成为显学，新闻研究所也相应地扩大了研究领域，大众传播相关研究逐渐成为主要研究内容。通过分析记录东京大学新闻研究所研究、教育活动的历史文献——《新闻研究所年次要览》中关于1960—1968年（即从第6号—第9号）文部省12项研究课题

---

① 参见［日］東京大学百年史編集委員会编：《東京大学百年史》，東京大学1987年第3卷，第153页。

的记录,我们可以从中了解到当时新闻研究所转向大众传播研究的变化。

1960 年:文部省科学研究(专项研究)《战后日本政治意见变更的动力分析》(高桥徹);

1961 年:文部省科学研究(综合研究)《关于社会结构和传播体系的实证研究》(城户又一)、文部省科学研究(专项研究)《苏联的大众传播研究》(辻村明);

1962 年:文部省科学研究(综合研究)《关于社会结构和传播体系的实证研究》(城户又一);

1963 年:文部省科学研究(机构研究)《关于近代英国政治过程中泰晤士报政治功能的历史研究》(殿木圭一)、特殊研究《大众传媒背景下各种艺术的变迁研究》(何初彦);

1964 年:文部省科学研究(机构研究)《关于近代英国政治过程中泰晤士报政治功能的历史研究》(殿木圭一)、文部省科学试验研究《日本思想集团的组织过程及其传播活动》(荒濑丰)、特殊研究《艺术、观众及其关系》(何初彦);

1965 年:文部省科学研究(机构研究)《关于近代英国政治过程中泰晤士报政治功能的历史研究》(殿木圭一)、文部省科学研究(试验研究)《与新闻产业技术革新和社会机能相关的实证研究》(内川芳美)、文部省科学研究(试验研究)《日本思想集团的组织过程及其传播活动》(荒濑丰)、文部省科学研究(专项研究)《大众传播的信息接收过程的方法论的整理及其理论化转向的尝试》(竹内郁郎)、特殊研究《艺术、观众及其关系》(何初彦);

1967 年:文部省科学研究(综合研究)《关于冲绳人的意识结构和传播行为的研究》(殿木圭一);

1968 年:文部省科学研究(综合研究)《小笠原诸岛回归后居民文化的统合与传播》(内川芳美)。

1968 年之后，东京大学新闻研究所针对信息社会的需求开始逐步调整内部研究机构，到 1980 年时已经拥有 8 个研究部门，这 8 个部门基本上以"大众传播"、"传播"、"信息"等概念命名。具体情况如下表所示：

表 3　东京大学新闻研究所内部研究机构调整情况

1949 年	1952 年	1953 年	1957 年	1958 年	1974 年	1980 年后
有关新闻理论的研究	有关大众传播理论的研究	基础部门：大众传播理论研究	基础部门：大众传播理论研究	基础部门：大众传播理论研究	基础部门：大众传播理论研究	基础部门：大众传播理论研究
有关报道的研究	有关新闻理论的研究	历史部门：新闻史	历史部门：大众传播史	历史部门：大众传播史	历史部门：大众传播史	历史部门：大众传播史
有关社论的研究	有关社论的研究	特殊部门Ⅰ：传播过程研究	特殊部门Ⅰ：传播过程研究	特殊部门Ⅰ：传播过程研究	特殊部门Ⅰ：传播过程研究	特殊部门Ⅰ：传播过程研究
	有关报道的研究	特殊部门Ⅱ：报纸与杂志的研究	特殊部门Ⅱ：大众传播与媒体	特殊部门Ⅱ：大众传播与媒体	特殊部门Ⅱ：大众传播与媒体	特殊部门Ⅱ：大众传播与媒体
			特殊部门Ⅲ：舆论与宣传	特殊部门Ⅲ：舆论与宣传	特殊部门Ⅲ：舆论与宣传	特殊部门Ⅲ：舆论与宣传
				广播电视	广播电视	广播电视
					信息社会	信息社会
						社会信息系统

资料来源：卓南生：《从新闻学到社会信息学》，《新闻学研究》1997 年第 1 期，第 9—31 页，有改动。

新闻研究所在这十多年间不断拓展研究领域的主要原因可以归纳有三：一是信息科学的进步、信息化社会的迅猛发展迫切需要能够适应其需求的科学研究；二是新闻学具有综合性特征，是一门与社会各个领域联系紧密的学科，而大众传播研究和社会信息研究进一步深化了这种联系,有助于日本现代化经济建设和民主主义社会的形成;三是扩张之后的研究领域更容易得到各方面的经济资助。

转型期:1992年新闻研究所在名实不符的情况下,更名为社会信息研究所。针对新闻研究所更名为社会信息研究所,一些学者认为具有如下意义:1. 应对高度信息化社会的进展,以期解决将出现的新问题;2. 按照大的部门分别规制研究所,可以形成灵活的研究体制;3. 结合研究所的研究、活动的实际情况变更组织名称,具有一定的针对性;4. 针对各种新媒体的出现和将来的大众传播媒体的变革,确立实际的、综合的研究组织——社会信息研究所;5. 积极推进学内学外以及与海外学者的共同研究体制的建设。①

但是也有一些学院派的学者认为,盲目跟风、一味满足社会现实的需求,必然导致学与术关系的失衡,与传统的重学轻术理念相抵牾。失去了新闻学研究应有的理论色彩和批判精神,也就失去了新闻学研究的特色,没有了特色则难以生存。学术自由和学术独立是一种内在的知识制度,是学术共同体成员在探索知识奥秘过程中最重要的学科文化,它的确立是学科制度化最终完成的一个标志。而只有在学者批判地形成其独立的价值判断(道德价值判断、方法论价值判断等)时,他才有可能赢得真正的学术独立和自由。② 所以,他们提出,以一味满足社会需求作为学术研究的出发点迷失了社会信息研究所的方向,与社会现实靠得过紧,会失去本质的批判精神,这就葬送了日本新闻学研究的前程。

面对社会信息研究所不断扩大研究领域、日渐紧密与社会的联系,2001年时任社会信息研究所所长的花田达朗教授主持召开了题为

---

① ［日］《東京大学新聞研究所が改称改組—社会情報研究所へ》,《総合ジャーナリズム研究》1992年春季号,第102—105页。
② 同志社大学媒体学系教师河崎吉纪博士访谈,2004年12月26日,同志社大学溪水馆316室,河崎吉纪教师办公室。

"科学实施新闻记者教育——实验和教训"的教职员研讨会,旨在探讨改革现行的新闻教育体制。2002 年 1 月社会信息研究所开始研究新闻记者教育的新体制问题,推出了一项"国际新闻事业研究计划",其中新闻记者教育计划包含下面三个内容:1. 教育目标:专业教育;2. 教育内容:实用的技能训练;3. 教育方法:实用主义的教授法。作为该计划具体实施的组织——"新闻实验室"(news lab),是由国内外的现职记者和大学教师约 10 人组成的一个教育、研究的团队。这个组织以培养新闻记者、建构合理的教育体系为目标,主要任务体现在两个方面,即实施培训授课和研修教育。具体教学内容可以划分为 4 类:一是在学系或者研究生院对新毕业生实施的新闻记者培训,二是为渴望到新闻事业单位工作的学生组织筹建媒体实习制度,三是面向现职记者组织短期的研讨班,四是提出在研究生院展开专职记者教育计划。后两项为职业后教育。① 这是在日本大学里开设类似 MBA 的新闻专业技术教育的尝试,利用社会信息研究所的学术资源与业界联合创办现职新闻记者培训制度。这个团队的学者们认为,开发东京大学社会信息研究所的研究生层次的记者教育既能够突出自身的特点、获得业界的经济支持,又能够满足现职新闻记者对进修的需求。

但是在强大的重学轻术理念抵制下,新闻记者的技能培训无论如何也不能登上大学讲坛,新闻实验室的尝试最终还是不了了之。

2003 年,花田达朗教授又编辑出版了日本第一本关于新闻记者教育的论文集——《争论·现在的新闻记者教育》,将一直以来不被学界重视的新闻记者教育问题托出水面,引起社会各界的广泛关注。在这

---

① 参见[日]花田达朗:《ジャーナリスト教育の試行実験》,载于花田达朗、広井修编:《論争·いまジャーナリスト教育》,東京大学出版会 2003 年版,第195 页。

本书中,各界学者就新闻记者教育问题各抒己见,问题仍然集中在"学"与"术"的关系上。以花田达朗教授为首的学者们提出的业界与学界联合发展的观点,虽然没有能够挽留住社会信息研究所的生命,但是却与现代高等教育发展趋势接轨。这本书的出版被认为是为了唤起人们对新闻记者教育的重视,扭转社会信息研究所只有理论研究没有记者教育的局面,是为改变社会信息研究所面临的衰败命运而诞生的。但是在根深蒂固的学术理念统领下,学院派新闻学者反对开展新闻记者教育,特别是反对 MBA 模式的新闻人才培养模式进入大学体制之中。在这本书中,学院派学者与改革派学者的纷争十分明显。

从 1929 年东京大学新闻研究室的创立到 2004 年融入信息学环的发展历程,我们可以看到,作为两种相互抵触的新闻教育理念——实用主义理念和重学轻术理念,一直围绕在新闻研究室的周围,而源自德国的重学轻术理念却与整个社会的传统文化融合在一起,一直扮演着主流理念的角色,直至今天人们仍然无法接受大学教育的职业化思想,失去新闻学研究特色的社会信息研究所也只有选择与其他学科融合发展的道路——融入研究生院信息学环·学际信息学府。

2. 上智大学新闻学系的创立与发展:传统教育观与德、美学术理念的融合

上智大学是日本最古老的基督教教会大学之一,新闻学系则是上智大学具有悠久历史的专业组织。它励精图治 74 年,经久不衰,成为日本高等新闻教育的标志性机构。

财团法人上智学院成立于 1911 年,1913 年 4 月依据《专业学校令》,成立了包含哲学科、文科、商科的上智大学,1928 年依据《大学令》成立文学系和商学系,在小野秀雄先生的积极努力下,1931 年 12

月文部省同意专业部开设新闻学专业，1932 年 4 月 1 日开始正式招生，日本最早的新闻学专业从此诞生。① 该专业采用夜间授课方式，学制 3 年，定员 60 人。1939 年废止夜间专业部，改为白天授课，将经济学和新闻学合并到商学专业，分为商经科（商科甲类）和新闻科（商科乙类），共招生 100 人。1948 年根据当时的学制改革政策，新闻学专业升格为新制上智大学文学院的一个学系，定员 40 人。1951 年增设上智大学新制的研究生院。1967 年新闻学系的纪要性研究刊物《传播研究》创刊。1971 年开设新闻学硕士课程，定员 10 名。组织了以大众传播理论、新闻事业论、媒体分析为核心的课程体系，为了让学生灵活地掌握解决实际问题的能力，还安排有实习课程。1974 年研究生院文学研究科开设新闻学专业博士课程，定员 3 人，以培养能够活跃在国际范围内、能够在这个领域更好地从事研究和教育工作的人才为目的。

至 1981 年新闻学系共有毕业生 1500 人，这个数目对于旨在进行少数精英教育的新闻学系绝不是少数。20 世纪 80 年代后进入高等教育大发展阶段，从 1981 年至 2003 年的 18 年间毕业人数翻了一番，共计有 3000 余人从这里毕业。2003 年共有在校学生 296 人，教师 9 人，大众传播机构就业率也已经超过四成，就业渠道丰富，有以朝日新闻、每日新闻为首的报社，NHK、TBS 为首的电视媒体，讲坛社和集英社等为首的出版社，另外还有广告代理店、唱片制作公司等。②

曾任上智大学新闻学系主任的武市英雄教授，将上智大学新闻学系 1931—1981 年五十年的历程分为 4 个阶段：第一阶段：以德美折中的瑞士苏黎世大学新闻学系课程设置模式为参照的起步阶段；第二阶

---

① 参见上智大学文学部新闻学科：《上智大学新闻学科五十年の记录》，三美印刷株式会社 1981 年版，第 2 页。

② 参见 http：//www. info. sophia. ac. jp/sophiaj/，2005 年 1 月 3 日。

段:伴随学制改革,从专业部新闻科升格为文学院新闻学系,其课程得到充实发展的阶段;第三阶段:新闻学系不仅仅研究报纸、广播电视,还结合了与此相关联的传播理论、心理学、社会学、社会心理学、历史学、政治学、经济学、文化人类学、哲学等,形成综合而广泛的学术研究领域的阶段;第四阶段:在立足于第三阶段基本教育方针的基础上,为了迎接新媒体时代的到来,进行了部分课程的微观调整,新闻学跨学科的特色和国际性成为上智大学新闻学系这一阶段的一大特色。① 笔者认为,20世纪80年代以来,上智大学新闻学系面对社会需求,调整课程结构,以培养具有媒介基本素养的社会公民为特色,是为其发展的第五阶段。

上智大学原校长柳濑睦男先生回忆新闻学系50年的历史时说:根据当时的《专业学校令》,我们在全国最早开设新闻学专业,因为我们认为作为新闻专业人才,必须掌握基础知识以及职业知识,同时必须兼备智能和技术。② 所以,上智大学新闻学专业在确定创办宗旨时考虑到:"最近,我国新闻事业的发展特别显著,我国的日刊报纸从业人数达到6万人……新闻业界虽然与其他企业一样以获取经济利益为目的,但是它也是对人们精神可以产生深刻影响的文化机构……在日本,作为具有精神影响作用的媒体从业人员,至今还没有专业教育机构……公众常常为此感到遗憾……我们率先创立以培养新闻从业人员为目的的新闻学专业,以便为新闻业界输送思想健康、有能力的新闻从业人员,为我国的文化发展尽绵薄之力"。③

与东京大学新闻研究室以新闻学研究为主的目的不同,上智大学新闻学专业的创立以培养新闻记者为第一目的。出于能够让学生深

① 参见上智大学文学部新闻学科:《上智大学新闻学科五十年の记录》,三美印刷株式会社1981年版,第34—60页。

② 参见同上书,第5页。

③ 同上书,第4页。

刻理解、掌握大众传媒的职能和责任的需要，新闻学专业从起步开始就实施"既不偏重理论也不偏重实践技能"的比较宽厚的教育。创始人小野秀雄先生十分注重新闻记者品行的养成及其对报纸本质的认识，所以在安排课程时，重点设置了一些与新闻记者工作密切相关的政治学、经济学、社会学、文学、历史等基础修养课程，专业课程有编辑论、销售论、日本议会史、报纸广告、印刷史·技术、新闻研究、新闻法以及实习课等。

在上智大学 1933 年的"学生入学指南"中我们可以看到当时的新闻学专业已经具有了如下特色：

（1）本学科是根据日本《专业学校令》创办的最早的新闻专业学校；

（2）本学科开设作为新闻人必要的基础课程和专业课程，还有与新闻制作相关的实习课程，以培养智能和技术水平兼备的新闻人才为目的；

（3）不论基础课程还是专业课程均聘请学界权威和业界有经验的大家任教；

（4）本学科为了给专业人士和在读学生提供学习的方便，采取夜间授课形式；

（5）为了弥补大学新闻教育的缺陷，设置了旁听生制度；

（6）本学科除了为从事新闻事业提供教育之外，还为与其相关的其他工作，如杂志社、出版界、银行、公司、各个团体的内部报道等的宣传部门培养人才，是日本目前唯一的专业新闻教育机关。①

武市英雄教授划分的第二阶段在时间上以第二次世界大战结束为起始标志。GHQ 以《波茨坦宣言》为基础，为了建设民主主义的日

---

① 参见上智大学：《上智大学五十年史》，上智大学出版部 1963 年版，第 66 页。

本,提出了新闻民主化的政策。作为这个政策的一个环节,GHQ 劝告日本政府以及日本各个大学将新闻记者教育作为大学的一部分内容,支持各大学新设新闻专业或进一步加强原有新闻专业的建设。借此机会,上智大学新闻学专业升格新闻学系,调整课程结构,加大原有专业课程设置的力度,具体课程包括:新闻学原理、新闻史、比较新闻学、采访论及研讨、编辑论及研讨、论文写作、时事问题研究、新闻心理学、情报论、广告学、出版论、杂志论、电影论、新闻经营论、新闻英语、宣传及舆论调查、毕业论文等。

到 20 世纪 50 年代,广播电视事业的发展增强了广播电视理论的研究和教育的必要性。为适应新媒体的发展,上智大学新闻学系聘请了日本广播电视协会广播电视文化研究所设立者之一的井上泰三先生,开设了选修课"广播电视论"和研讨课程。当时的井上先生是作为兼职讲师授课的,而随着广播电视理论及实践研究的逐渐深入,到了1955 年井上先生被聘为专职教授,使广播电视专业的教学力量得到加强。随之也增设了新的课程,如广播电视概论、报道广电论、教育广电论、文艺广电论、电波广告论、脚本写作、广电心理学、广电的制度和运用、广电研讨、广电演出论等。

当时的新闻学系分设报纸和广播电视两个专业。新闻学系的学生,可以选修报纸、广播电视任何一个专业的课程。可是从就业状况来看,即使学习了报纸专业的课程,也不一定就能够到与报纸相关的企业就职,即使学习了广播电视专业的课程,也不一定就可以到与广播电视相关的企业就职,所以安排两个专业的学生同时学习报纸专业和广播电视专业的课程,毕业时必须修满专业课 76 个学分中的 74 个。① 打通、融合是当时新闻学系课程设置上的一大

---

① 参见上智大学文学部新聞学科:《上智大学新聞学科五十年の記録》,三美印刷株式会社 1981 年版,第 14—15 页。

特色。

1967 年 4 月，结束了美国伊利诺伊大学两年传播学研究工作的川中康弘教授，回到上智大学担任新闻学系主任（1967—1973 年）。他的到来极大地推进了新闻学系课程改革的进程。川中康弘教授认为，新闻学系必须负责任地开设出可供学生有效利用的课程，调整必修课程是必需的。他在新闻学系成立 40 年的纪念文章中指出，把新闻学系分为两个泾渭分明的报纸专业和广播电视专业的做法不太实际，不论是立志从事报业工作的学生还是广播电视工作的学生，都应该学习一些共通课程。在他的领导下，新闻学系将报纸专业的"采访论"和广播电视专业的"报道广播电视论"整合为"报道论"；报纸专业的"广告学"和广电专业的"电波广告论"整合成"广告论"；报纸专业的"新闻的伦理与法制"与广播电视专业的"广播电视制度论"整合为"大众传播法制论"。另外，一方面将"新闻学原理"改为"新闻论"，"广播电视概论"改为"广播电视论"，"电影论"、"杂志论"、"出版论" 合并成为大众媒体论中各论的具体内容；另一方面则进一步谋划充实各大众媒体理论的具体内容，并将其整合为"传播论"。同时，他还很着重发展上智大学的国际性，通过外国学者的帮助，设置"国际传播论" 和 "比较传播论"，开设欧美以及亚洲等国家大众媒体论的课程，以此来发展比较新闻学。加强原有的新闻英语，开设了"报道英语" 和 "论说英语"，而且增加了英文新闻事业研讨课和德文、俄文的新闻事业研讨课，还将 "新闻研究方法论" 改成更加综合的 "大众传播调查"。① 经过改革，上智大学新闻学系 1972 年的课程设置情况如表 4 所示：

① 参见上智大学文学部新聞学科：《上智大学新聞学科五十年の記録》，三美印刷株式会社 1981 年版，第 17 页。

表4　上智大学新闻学系1972年的课程设置情况

年次	必修课基础教育课程	必修课（含限定选修课）专业教育课程	选修课一般教育课程	选修课专业教育课程	体育保健
一年级	人类学(4) 英语(4) 德语和法语(4)	大众传播论(4) 报纸研讨Ⅰ(2) 广播电视研讨Ⅰ(2)		大众媒体史(4)	实际技能(1) 理论(2)
二年级		专业课程A群(大众媒体论,4) 专业课程B群(4) 时事问题研究(4) 研讨Ⅱ(1) 英语(4) 德语或法语(4)		大众媒体史(4)	实际技能(1)
三年级		报道论(4) 广告论(4) 研讨Ⅲ(1) 专业课程C(4) 专业课程D(4)		专业课程A(1) 专业课程B(1) 专业课程E(1)	
四年级		大众传播伦理法制论(4) 研讨Ⅳ(4) 毕业论文(4)		专业课程A(1) 专业课程B(1) 专业课程C(1) 专业课程D(1) 专业课程E(1)	

资料来源:上智大学文学部新闻学科:《上智大学新闻学科五十年の記録》1981年版,第136—141页。

注:专业课程A(大众媒体论):报纸论(4)、广播电视论(4)、杂志论(4)、出版论(4);

专业课程B:国际传播论Ⅰ(2)、国际传播论Ⅱ(4)、比较大众媒体论(英国美国、西欧、东欧,各4学分)、教会与传播Ⅰ(4)、教会与传播Ⅱ(4);

专业课程C:英语新闻事业研究(4)、报道英语(4)、评论英语(4)、法文新闻事业研究(4)、德文新闻事业研究(4);

专业课程D:时事问题研究特殊Ⅰ(国内,4)、时事问题研究特殊Ⅱ(国际,4);

专业课程E:人类行为与大众媒体(4)、大众文化论(4)、音乐论(4)、编辑论(4)、论文写作(4)、脚本写作(4)、电视制作Ⅰ(4)、电视制作Ⅱ(4)、PR(公共关系论)(4)、大众传播调查(4)。

　　学分的具体分布情况为:基础教育课程:36学分,外国语教育:16学分,专业教育课程:80学分(必修32学分、限定选修16学分、选修

32 学分），保健体育课程:4 学分。合计 136 学分。

要适应新闻工作必须储备多方面的基础知识。1923 年小野秀雄先生在《对新闻研究的一点看法》一文中曾指出,正是因为政治、外交、社会、经济等方面的问题日益复杂,新闻记者需要掌握丰富的跨学科知识,这才催生了新闻记者的教育机构。武市英雄教授在回顾 20 世纪 80 年代上智大学新闻学系的历史时,也指出新闻学具有跨学科的性质,不论任何时期,掌握广博的基础知识一直都是上智大学新闻学系主要的教学内容。20 世纪 80 年代的新闻学系毕业生基本上要修满 136 学分,其中除去基础课程、保健体育课程和外语课程之外,专业课程有 80 学分。专业课程分为必修、限定选修和选修课。必修课包括:传播论、新闻事业史、时事问题研究、人类行为与大众媒体、大众媒体论、大众媒体伦理法制论、研讨Ⅰ—Ⅳ、毕业论文,共 36 学分。限定选修课必须修满上述 4 个大类中的 16 学分,选修课 28 学分。从总体上看,在 1970 年到 1980 年的十年间,必修课、限定选修课没有大的变化,只是整合了课程名称,相应地减少了科目。例如,把原来细分的"西欧大众媒体"和"东欧大众媒体"还原为"欧洲大众媒体","比较传播论"和"国际传播论"由原本的每学期开一门,改为"国际传播论"后,开一整年。选修课则根据时代的变化作出了调整,例如,诞生了"传播与技术"、"新闻事业特殊Ⅰ"、"新闻事业特殊Ⅱ"等新的课程。同时,学系尽量请来本校毕业生和具有丰富经验的大众媒体工作者做兼职讲师,弥补研究中的不足。

从新闻理论到新闻业务论到人类行为论,就像《入学指南》中说的那样,新闻学系顺应时代的需要,根据不断变化的学术研究方向,构建了综合性较强的课程结构。

而今,上智大学新闻学系的培养目标已经从当初的"以培养新闻记者为唯一目的",发展成"重视具有正确判断能力社会人的培养",是为第五阶段的显著标志。2001 年以来,要从新闻学系毕业每个学生至少要取得 124 学分,除了宽厚的基础修养课程和基础知识这样的全校性共通课程(必修课 14 学分、选修课 16 学分)以外,还要修满共计 94 学分的专业必修课(50 学分)、限定选修课(16 学分)和选修课(28 学分)。

限定选修课的 A 群课程包括:报纸论、广播电视论、杂志论等个别的媒体特征和功能;B 群课程包括:亚洲、欧洲、北美洲等国际范围的新闻事业;C 群课程包括:国内外时事问题。

选修课"新闻事业特殊Ⅰ、Ⅱ"是每年内容都会发生变化的科目,包括科技新闻事业、政治新闻事业、女性和媒体等主题。不仅经常聘请现任的新闻记者到学校开讲座,还为关注广播电视制作的学生在第二学年度以后开设"电视制作Ⅰ、Ⅱ"等实践性课程。作为毕业时必须取得的选修课学分,学生还必须在其他学院、学系的课程中选修 12 学分。

新闻学系的学生一般第一学年都以学习传播论、研讨(演习)Ⅰ① 等基础课程,以及自己感兴趣的全校性通识课程为主。二年级以后,不仅学习必修课,还必须学习限定选修课程 A—C 群中的至少一类课程。研讨Ⅱ、Ⅲ、Ⅳ也是从第二学年开始的。必修课程包括传播学、大众传播学以及大众媒体的基本特征、组织、功能、影响、效果等各方面内容。不论哪一课程,都以"提高学生对于新闻本质的理解、对报道伦理的认识"为出发点,所以毕业生即使不到媒体工作,这些课程也有助于他们养成作为成熟受众应该具备的媒介素养,适应信息社会的复杂变化。下表系 2002 年度新闻系的课程安排情况,仅供参考。

---

① 日语"演习"一词既有大学研讨的意思,也有实地演习的意思,这里译为"研讨班"。

表5　2002年度新闻系的课程安排情况

课程名称	学分			学年
	必修	限定选修	选修	
传播论	4			1
新闻事业史	4			2
时事问题研究	4			2
国际传播论	4			2
人类行为与大众媒体	4			3
大众媒体论	4			3
大众媒体伦理与法制	4			4
研讨Ⅰ（报纸）	2			1
研讨Ⅰ（报纸）	2			1
研讨Ⅰ（报纸）	2			1
研讨Ⅰ（广电）	2			1
研讨Ⅰ（广电）	2			1
研讨Ⅰ（广电）	2			1
研讨Ⅱ	2			2
研讨Ⅱ	2			2
研讨Ⅱ	2			2
研讨Ⅱ	2			2
研讨Ⅱ	2			2
研讨Ⅱ	2			2
研讨Ⅱ	2			2
研讨Ⅱ	2			2
研讨Ⅲ	2			3
研讨Ⅲ	2			3
研讨Ⅲ	2			3
研讨Ⅲ	2			3
研讨Ⅲ	2			3
研讨Ⅲ	2			3
研讨Ⅲ	2			3
研讨Ⅳ	2			4
研讨Ⅳ	2			4
研讨Ⅳ	2			4
研讨Ⅳ	2			4
研讨Ⅳ	2			4
研讨Ⅳ	2			4
研讨Ⅳ	2			4
毕业论文	4			4
外语	8			1、2

课程名称	学分			学年
	必修	限定选修	选修	
外语				
专业课程 A 群：				
报纸论		4		2—4
广电论		4		2—4
杂志论		4		2—4
出版论		4		2—4
电影论		4		2—4
专业课程 B 群：				
外国新闻事业论 I		2		2—4
外国新闻事业论 I		2		2—4
外国新闻事业论 II		2		2—4
外国新闻事业论 II		2		2—4
外国新闻事业论 III		2		2—4
外国新闻事业论 III		2		2—4
专业课程 C 群：				
时事问题研究讲座 I（国内）		4		3、4
时事问题研究讲座 II（国际）		4		3、4
报道英语 I		4		3
报道英语 II		4		4
报道英语 II		4		4
专业课程 D 群：				
论文写作 I			4	2
论文写作 II			2	3
论文写作 III			2	3
传播论及其技巧			4	2—4
电视节目制作 I			4	2—4
电视节目制作 I			4	3、4
电视节目制作 II			4	2—4
报道论			4	3、4
编辑论			4	3、4
广告论			4	3、4
大众传播调查			4	3、4
新闻事业特殊 I			2	2—4
新闻事业特殊 II			2	2—4
大众文化论			4	3、4
现在的新闻事业			4	2—4

资料来源：《コミュニケーション研究》,上智大学出版

　　从上述基本情况的介绍我们可以看出,上智大学新闻学系是日本

传统教育理念与德国、美国两种不同文化理念交融的产物，它力图调和"学术"与"职业"的关系，整合"重学"与"重术"两种抵触的理念。它虽以培养新闻记者为初衷，但是工作重点却放在新闻记者专业精神、基本修养的养成上，并非强调实用性的职业技术培训；虽然学系教师中来自业界以及接受美国教育的学者居多，但他们对于新闻教育重学轻术的理念却有着强烈的共鸣。

上智大学新闻学专业创设之初的课程安排，参考了折中德国和美国新闻教育模式的瑞士苏黎世大学新闻教育的模式。在回忆上智大学设立新闻学专业的过程时，作为第一任新闻学专业主任的小野秀雄先生，说："1929 年因出席东京大学新闻研究室的开室仪式而来到日本的德国慕尼黑大学新闻学研究所所长卡尔·毕希纳教授，住在我的家里。上智大学首任校长海尔曼·霍夫曼先生常常来我家拜访毕希纳教授，我就是在那个时候认识霍夫曼先生的。正是在毕希纳教授的劝说下，霍夫曼先生才产生了创设上智大学新闻专业的设想。霍夫曼先生筹备了一两年的时间，于 1931 年初夏委托我来筹建新闻学专业。当时除了以实践为本位的美国新闻学之外，我认为只有瑞士苏黎世大学的新闻教育模式适合于日本的大学，据此我设计了独特的上智大学新闻学专业的课程"。① 所谓瑞士模式的新闻学课程体系，是由奥斯卡·维特修坦教授 1903 年在苏黎世大学创建的。当时，德国的新闻学以新闻理论和历史研究为中心，美国新闻学相对地强调新闻事业的实务教育，瑞士苏黎世大学新闻学系的课程体系，综合了德美两国的特点，所以小野秀雄先生称之为"德美折中的苏黎世模式"。瑞士苏黎世大学新闻学系隶属于法学院，开设有专业课程和一般基础课程，而且，还为有志成为政治记者、经济记者、文艺记者的学生，制定了各种

① ［日］上智大学文学部新闻学科：《上智大学新聞学科五十年の记録》，三美印刷株式会社 1981 年版，第 3 页。

必要的限定选修课程。当时开设的专业课有：新闻史、新闻研讨、著作权法和报纸法、实习；基础课有：近现代的世界史及国家史、世界文明史、瑞士文明史、德国文学史、近代哲学史、伦理学、文章写作和外语实习等。①

创设之初，新闻学专业开设的基础课程与大学里其他学科原有的基础课程相同，可以从其他学科聘请到一流的教师，所以有充分的基础课程师资储备。但是由于新闻学科尚处于起步阶段，学科制度并不完善，不仅缺乏职业认同，就是认知认同也不够充分，人才储备不足，能够开设与新闻学相关课程的专业学者几乎没有，争取业界支持，聘请业界有经验的工作者来校授课是当时新闻学科开展教学的必由之路。1934 年，除了新闻专业主任小野秀雄之外，聘请了杉村广太郎、千叶龟雄、籛田久次郎等 8 名业界精英担任教学顾问，17 门课程的任课教师中只有 6 位来自大学，其余大半从业界聘请。② 而在发展旺盛期的 1974 年，16 位专业教师当中有 8 位来自业界，指导实践性课程。随着新闻学科的发展，专业教师队伍逐渐成熟起来。学术队伍的不断完善和壮大，聘任业界人士做兼职教师的比率有减无增。师资构成的特点也可以反映出上智大学新闻学系"既不偏重理论也不偏重实践"的教育特性。2003 年新闻学系有专职教师 9 人，其中 6 位教授，2 名副教授，1 名讲师。外请非正式的业界讲师 5 人。

20 世纪六七十年代是上智大学新闻学系蓬勃发展的年代，也是师资力量最为雄厚的阶段。川中康弘教授是上智大学"新闻学专业"时代最后一届学生中的一个。他于 1949 年到美国基督教大学——上智大学的姊妹校——夏特普大学留学，之后在曼凯特大学修完了新闻学

---

① 参见［日］小野秀雄：《新闻研究五十年》，每日新闻社 1971 年版，第 174 页。

② 参见［日］上智大学文学部新闻学科：《上智大学新闞学科五十年の記録》，三美印刷株式会社 1981 年版，第 67 页。

的研究生课程,1953年10月回到母校任教。他曾担任新闻研究方法论的课程,指导新闻学系的学生进行有关大众传播等方面问题的调查和研究。同时,他一面为学生介绍美国新闻方面的情况,一面开设美国新闻学相关文献的讲读课程;还设置并担任了新闻伦理学课程。1967年开始主要负责新闻学系的全面工作。继川中康弘教授之后担任上智大学新闻学系主任的是小丝忠吾教授,他毕业于美国明尼苏达大学新闻学专业,之后到日本同盟通讯社工作,战后历任共同通讯社纽约分局长、国际局副局长等要职,1965年加入上智大学新闻学系的教师队伍。1977年和1991年担任两届新闻学系主任的武市英雄教授,1960年从上智大学英语专业毕业后到《读卖新闻》社就业,1967—1968年在美国明尼苏达大学攻读大众传播学硕士课程,1970年4月开始在上智大学新闻学系工作,先后担任"国际传播论"、"外国新闻事业""新闻概论"、"编辑论"等课程,是在日本新闻学界颇有影响的学者之一。著名新闻学者春原昭彦教授也于1976年加盟到新闻学系,1980年担任新闻学系主任,他热衷于新闻史学研究,著有《日本新闻通史》、《日本广告发展史》等等。另外,20世纪60年代的上智大学新闻学系还有一个特色,就是在专职教师中聘请了一些外籍教师。外籍教师中资格最老的罗伯特·杜莱斯曼教授,曾在美国曼凯特大学学习过新闻学研究生课程,做过广播电视部门的记者,1960年加入到上智大学新闻学系的学术队伍,由于他的英语优势,所以一直教授与国外新闻事业相关的课程。外籍教师弘赛·德柏拉教授,毕业于美国密西根大学电视专业,教授与电视专业相关的课程,在加入上智大学新闻学系教师队伍之前曾经做过社会经济研究所的所长。

知识分子被称做"理念的守门人",捍卫着所属学科的学术理念。而上智大学新闻学系这一时期的大部分骨干教师都曾经接受了很好的美国式新闻教育,那么我们是否可以说美国的实用主义新闻教育理念主宰了上智大学新闻学系的发展呢?前面我们提出的重学轻术理念在上智大学的历史进程中是否失去了地位呢？其实不然。

首先，依据马克斯·韦伯的理想类型理论，理想类型是在现实的基础上所作的理论抽象，它既源于现实社会，又不等同于现实社会。理想类型在一定程度上是抽象的，但它并没有概括也不欲图概括现实事物的所有特征，它只是为了研究的目的侧重概括事物的一组或某种特征。抽象出来的理想类型不能在社会现实中找到一一对应，"重学轻术"的新闻教育理念是我们依据对日本社会文化现象的内在逻辑和规则的理解，以及对日本社会背景的考察作出的抽象，不是唯一存在的理念。这一理念作为主流理念在长期存在的过程中，与非主流的实用主义理念始终处于动态共存的关系。重学轻术理念则得以在纷争中不断调整，与时共进，日益完满、健全。

其次，我们在解读上智大学新闻学系的过程中，发现小野秀雄先生对于上智大学新闻学系的建设也曾经表达过缺乏研究机构的遗憾。小野先生回忆说："1931年我被托付创设新闻学专业时，认为瑞士大学模式最适于当时的日本，提出之后马上得到支持，在1932年得以实施。真正运转起来很艰难，当时没有专业的研究者，为此聘请了很多的业界人士，停课的现象也常有。到1968年，新闻学系的组织结构已经十分完备，形成了独一无二新闻教育体系。可是至今我还认为当初没有设置研究所是我最大的过失"。① 在小野秀雄先生设置东京大学新闻研究室时，对于没有能够在东京大学创设新闻学系培养新闻记者感到十分遗憾，而创设上智大学新闻学专业时小野秀雄先生又希望能够在以培养新闻记者教育为目标的新闻学专业里附设新闻研究所。如何选择一条兼容学与术的高等新闻教育发展路线的确令小野秀雄先生感到困惑。其实他内心里一直期待着将来即使是像上智大学这

---

① 参见［日］上智大学文学部新聞学科：《上智大学新聞学科五十年の記録》，三美印刷株式会社1981年版，第25页。

样的以新闻记者培养为主要目的的新闻学系也能够发展成为新闻研究机构。① 在小野秀雄先生看来,新闻学存在实践性和综合性的特点,理论研究和培养学生是新闻学教育的左右两翼,缺一不可,而新闻史学研究和新闻理论研究又是新闻学系的立命根本。不论1980年担任新闻学系主任的春原昭彦教授还是之后担任新闻学系主任的铃木雄雅教授,都以新闻史学研究著称于世。即使上述有着一定美国学术背景的新闻学者也以研究新闻史学、新闻理论为荣。同时,上智大学新闻学系虽然没有设立新闻研究机构,但是从上面我们介绍的课程结构来看,他们坚持把理论课程、新闻史学课程放在首位,占到全部学分的半数以上,这也正体现了他们对重学轻术新闻教育理念的坚守。

最后,从实际情况来看,随着信息科学的普及,上智大学新闻学系提高了对新闻修养教育的重视程度。洪堡认为,通识性的修养是个性全面发展的结果,是人作为人应该具有的素质,它与专门的能力和技艺无关。有修养的国民是国家和民族兴旺发达的前提,正如同志社大学媒体学系河崎吉纪博士所认为的那样,如果每个人都能够成为记者,那么新闻媒体的品质自然就会得到提升,媒介在伦理等方面就会得到改善,社会也就会随之进步。在上智大学新闻学系的课程体系中通识课程和选修课程逐渐增加比重,目前全校性质的通识课程有36学分,其他专业或者院系的跨学科课程有12学分。这与上智大学近年来培养具有一定媒介素养的国民,并不培养上手快的技术性人员的指导方针相一致。修养与科学是不可分割的,失去修养便没有真正的科学,舍去科学修养便无从进行。上智大学新闻学系目前的指导方针不能不说是重学轻术教育理念的一种延伸,是一种长远的人才发展观,它解决了小野秀雄先生曾有的困惑。

---

① 参见[日]上智大学文学部新闻学科:《上智大学新聞学科五十年の記録》,三美印刷株式会社1981年版,第26页。

上智大学新闻学系之所以能够取得今天的成就，笔者以为，这与它将日本传统教育观与德国、美国的学术理念完美地融合无不关系。在起步阶段它确立了培养新闻人才的目标，进而选择了德、美折中的瑞士苏黎世大学新闻学系课程设置模式为参照。发展中，它一直坚持进行宽厚的基础教育，认为这样可以挖掘出学生潜在的兴趣、提高修养，从而培养作为新闻记者应该具备的基本素质，而非培养新闻人才所需的实用技能。这样，上智大学的高等新闻教育既坚守了象牙塔内的学术价值，同时也没有忘记肩负的社会责任。上智大学新闻学系融合德、美新闻教育理念的发展模式可以说已经成为今天日本高等新闻教育的典范。

3. 同志社大学新闻学专业的创立与发展：传统教育观与美国学术理念的角逐

在上智大学新闻学系成立不久，小野秀雄主任就提议他们开设研究生课程，由于当时大家对新闻学的理论研究还缺乏理解，对新闻学的认知认同还不够充分，大多数人认为新闻学没有必要提升到研究生层次，所以直到20世纪70年代初期上智大学新闻学系才开设了研究生课程。而在日本最早实施本、硕衔接新闻教育的机构是地处关西地区的同志社大学文学院社会学系新闻学专业。它也是日本传统教育观与美国实用主义教育理念角逐最为激烈的"战场"。

同志社大学的创始人新岛襄1843年出生于江户，学习过兰学、数学和航海术等。1864年，年轻的新岛襄到美国留学，学习了欧美先进的知识和科学技术。他认为，当时社会秩序混乱、人心无所归依的日本，必须像欧美国家那样重视学校教育，因为政治、物质再先进也比不上教育的进步重要，而且走上现代化发展道路的日本在积极学习科学技术的同时必须引入基督教精神。所以，回国后的新岛襄就开始积极筹建一所"基督教性质的大学"。1875年11月29日，在当时的内阁顾问木户孝允的支持下，只有2名教师8名学生的私塾"同志社英学校"

成立,它就是现在同志社大学最早的雏形。这是一所既注重多样性、又尊重学生个性的基督教大学,它是将弘扬基督教精神、发展文学和政治、推进学术进步三方面有机结合起来形成的一个相互作用的整体。其中由基督教精神延伸而来的"良心教育"是这所大学的教育宗旨,旨在通过教育培养"一国之良心"。① 培养"一国之良心"也正是新闻学专业教育追求的理想和一贯传统。

同志社大学新闻学专业正式创立于第二次世界大战之后,但是新闻学相关课程却是早已有之。同志社大学开设的新闻学相关课程最早是为英文学专业的学生开设的,以讲座形式为主。到 1941 年,新闻学课程已被确认为学分课程,是文艺学专业的必修课,卫生福利专业和英语、英文学专业的选修课。当时,日本关西的大阪和神户地区的新闻工作者很难有人能够坚持每周在固定的时间到学校开设讲座,即使可以请来新闻工作者开课也是临时性的、或是因人而异设置课程,没有固定的课程体系。从 1941 年文化学系教授会的记录来看,大阪每日新闻社当时曾推荐过如下人员开课:编辑局长下田将美、调查部长长野敏夫、外电部长板仓进。其中,由下田讲授的新闻学概论,实际上只是带领学生到每日新闻社参观。长野讲授了两次"新闻事业史",板仓讲授了两次"欧美问题与新闻",他们还讲过两次以"东亚问题和新闻"为主题的讲座。从 1941 年 9 月开始,它又增设了广播电视学课程。受同志社大学所托,NHK 大阪中央广播电视局决定派文艺科长竹越和夫、教养科的弓岛辉夫和布留武郎三位到同志社大学开设广播电视学的相关课程。9 月 6 日,大阪广播电视局的"正午新闻"报道了同志社大学率先开设广播电视学课程的消息,7 日的大阪《朝日新闻》也作了同样的报道。在战前开设新闻学课程的除了同志社大学之外,

---

① ［日］同志社大学广报科:《同志社大学案内》,同志社大学 2005 年版,第 15 页。

还有东京帝国大学、明治大学、早稻田大学，而真正意义上的广播电视课程却还没有任何一所大学开设。①

战后正式成立的同志社大学文学院社会学系新闻学专业的发展历程，笔者认为可以划分为甫创时期、辉煌时期和转型时期三个阶段。

甫创时期：第二次世界大战之后，美国占领军敦促日本各大学开设新闻学课程。他们首先鼓励在战前就设有新闻学课程的大学进一步充实原有课程，并通过日本新闻协会为这些大学提供用于加强新闻教育的补助金。日本关西地区有同志社大学、关西大学和国立神户大学得到了这笔补助金。1948 年，同志社大学文学院院长圆赖三听取了朝日新闻大阪社编辑局长信夫韩一郎的意见，又有感于社会学系的教授们对开设新闻学专业的渴望和热情，最终决定将新闻学专业设在了文学院的社会学系。新闻学专业创立的宗旨：在于揭示对不能抑制日本军国主义化和战争的原因，对言论和新闻事业的贫乏进行反省，追求民主主义的新社会。同志社大学社会学系新闻学专业的教学与科研从此起步。

当时，新闻学专业的新闻原理、新闻发展史、新闻制作论等课程都委托《朝日新闻》社的记者们执教。其中新闻经营论由京都新闻社社长白石古京担任、广播电视论委托 NHK 的大阪中央广播电视局担任。同时，新闻学专业也在积极招募专职教师，但是在战后新闻教育发展的新阶段合适的人选并不容易找得到。1949 年 9 月，曾经在战前的大阪《时事新报》、战后的《夕刊京都》工作过的、在同志社大学预科教授德语的和田洋一先生，转到文学院社会学系做新闻学教授，成为新闻学专业最早的专职教师。1950 年 4 月，做过《满洲日日》记者的住谷申一先生被聘为专职教师，执教新闻发展史、新闻经营论。1950 年新闻学专业有了首批毕业生 8 人，8 人中的 5 人分别到与新闻事业相关的大阪

---

① 参见［日］同志社社史史料编集所：《同志社大学九十年小史》，同志社大学 1966 年版，第 384—396 页。

中央广播电视局、每日新闻、新大阪、京都新闻、电通等单位就职。但是，无论是从师资还是学生来看，当时的规模都很小。整个社会学系也只有专职教师11人，三、四年级的学生共计20余人。新闻学专业只有和田洋一教授和专职讲师住谷申一先生2人，二位为日本新闻教育的发展不遗余力、呕心沥血，为日本新闻学的发展进步立下汗马功劳。

辉煌时期：1964年4月，新闻学专业开始招收新闻学硕士研究生。如前所述，当时只有东京大学设有新闻学的研究生院，但它不设本科，只是以新闻研究所的形式而非正式的教育机构来培养研究生。其他大学，就像我们看到的那样，或是刚刚起步，还不具备发展新闻学研究的实力，或是对新闻理论研究缺少长远规划，没有看到新闻学研究的重要意义。在学院里设有新闻学专业，并在此基础上开展研究生教育的，当时在日本只有同志社大学，这使得当时的同志社大学新闻学专业的教学、研究在关西乃至全日本都独领风骚。

真正使同志社大学新闻学专业获得如此机遇的根本原因在于，当时它拥有一支力量雄厚的师资队伍。根据《同志社90年小史》记载，1965年新闻学专业旗下已经网罗了城户又一（讲授比较新闻论、新闻法制伦理）、和田洋一（讲授新闻学原理）、鹤见俊辅（讲授社会思想史）三位日本著名学者，以及八田恭昌（讲授英文书讲读）、山本明（讲授新闻发展史）两位副教授，北村日出夫（讲授广播电视论）、迁村一郎（讲授英文书讲读）2位专职讲师。1968年，新闻学专业有幸聘请到立命馆大学名誉教授前芝确三为硕士研究生开设比较新闻论，城户又一教授讲授日本新闻发展史和言论的自由，和田洋一教授讲授新闻学史和现代新闻论，鹤见俊辅教授开设了大众传播论课程。① 1974年新增补的教授有冈满男教授（讲授现代新闻论）、松本通晴教授（讲授社会学基础原理）、八田良太郎教授（讲授现代社会研究）、青井厚教授

---

① 参见［日］《编集後記》，《新聞学》1968年版，第2页。

（讲授社会病理学研究）、伊藤规矩治教授（讲授传播研究），还聘请了两位颇有影响的讲师：稻叶三千男（讲授言论的自由）、井上俊（讲授大众传播论）。① 这些闪烁着学者们理性主义光芒的课程抒写了新闻学专业最为辉煌的历史时期，这些学者们也在日本的新闻教育史上占据了举足轻重的地位。

1967 年新闻学专业有了首批两名获得硕士学位的毕业生，他们是山口功二先生和门奈直树先生。当时，山口功二先生的毕业论文题目是《关于文化传播的地方影响和媒体研究——村落社会大众传播的结构与机能》，门奈直树先生的论文题目是《美国占领军的言论统治研究——以占领下的冲绳为中心》。山口功二教授从 1972 年开始就一直在同志社大学新闻学专业任教，主要研究方向为新闻学原理、新闻史学。门奈直树教授 1942 年出生于静冈，曾任立教大学社会学院教授，英国伦敦大学客座研究员，也曾经在 20 世纪 70 年代在同志社大学新闻学专业任教，主要研究方向是新闻事业史和比较大众传播论。目前这两位教授在日本新闻学界已经成为颇有影响的新闻学者。作为新闻学专业的第一批硕士毕业生，山口功二教授回忆说："二战之后，美国新闻学研究及其理念成为学术主流，但是同志社大学的新闻学专业在和田洋一、鹤见俊辅和城户又一 3 位学者的引领之下，坚持用哲学的视角审视新闻学，批判地分析现实媒体，强调媒体的社会责任和应然追求"。②

另外，这一时期同志社大学新闻学研究会（1964—　）会员的研究课题可以反映出同志社大学新闻学专业研究方向的学理性特点。如1967—1968 年会员们研究的课题主要有：近代精神史（伊谷隆一）、大众文化研究（平野英雄）、在日朝鲜人的日本观（竹内和利）、漫画论

---

① 参见［日］《编集後記》，《新聞学》1968 年版，第 4 页。

② 同志社大学媒体学系山口功二教授访谈，2005 年 1 月 6 日，同志社大学溪水馆 318 室，山口功二教授办公室。

（竹中夏子）、集团传播论（井上文彦）、明治二十年代研究（疋田充穗）、教育文化论（中山贺弘）、周报论（寺田正弘）、美国文化论（木村建一郎）、价值论（岩田静治）、战争新闻事业研究（中川博）、家庭财产管理的比较分析（渡边武达）、论推销员（中原淳）、两次世界大战的新闻事业（西本太观）、广告论（大鹿康广）、中日交流史（冈本素子）、暴力论（柴山哲也）、德国革命史（石井和美）、尾崎秀树论（清原康正）、韩国基督教研究（李相信）、公共卫生论（远藤幸孝）等。在以上的21项研究中以历史研究和媒体批判为主题的研究压倒多数，成为当时新闻学学术研究的主流。同志社大学新闻学专业在这一时期形成的独特学术文化传统，一直延续至今。

1998年4月新闻学专业开设博士课程。关于新闻学博士课程的开设目的，新闻学专业解释说："由于快速革新的媒体技术，信息化社会已经到来，随着社会对媒体的要求日渐增高，在新闻学的研究领域中显现出了跨学科的，而且是全球性的特点。一方面，多样化媒体的融合形成了多元媒体的整合趋势，培养具有更高研究能力和知识储备的新闻研究者成为必须；另一方面，新媒体的出现推动新闻事业、文化和艺术等在本质上发生的急剧变化，需要大学培养出具有较高研究能力和知识水平的研究者，以及具有广泛的国际视野、正确处理信息能力，具备能够应对21世纪课题的专业能力的职业人。为了正确解决高度专业化的新闻教育和研究的新课题，新闻学专业在硕士研究生教育的基础上，创造性地开设以培养新闻学的研究者、教育者、专业工作者为目的的博士课程。"博士课程分为媒体和新闻事业、信息和社会、传播学三大块，突出了运用社会学的方法和理论来解决媒介及信息社会具体问题的特色。课程具体内容安排如下：①

---

① 参见［日］《現代メディア研究の課題》，《評論·社会科学》1999年增刊，第55—90页。

Ⅰ.媒体和新闻事业：

新闻学特殊研究1A：关于新闻事业和言论自由的新闻学研究，比较各国言论自由、媒体责任制度等。

新闻学特殊研究1B：实施关于媒体的历史、社会学研究，考察新媒体带来的信息鸿沟变化与公共空间形成的比较研究。

Ⅱ.信息和社会：

新闻学特殊研究2B：有关今天信息环境的构造和形成过程的新闻学研究。

Ⅲ.传播学：

新闻学特殊研究3A：指导传播与社会化意识相关的社会学研究，媒体环境和社会关系的激变，以及社会病理现象分析的课题。

新闻学特殊研究3B：在全球化的信息环境已经形成的背景下，新闻事业和媒体传播的应然品质及其社会责任研究，个人、社区、自治体、国家、国际团体、地域综合体、市民运动团体等层次的与公共性、公益性相关联的研究。

转型时期：媒体学发展速度惊人，今天它已经成为继新闻学、传播学、大众传播学之后的一门显学。1987年日本的所有大学里开设的以"媒体"命名的课程只有四十几个，而不到20年后的2003年就已经有五百多个，增加了一百多倍。① 原因之一，媒体技术发展迅速，全球规模的信息化社会到来，由于各种媒体铺天盖地，人们被笼罩在媒体提供的信息当中，人的行为已经不再是对客观环境及其变化的反应，而成了对新闻机构展示的某种"拟态环境"的反应。所谓"拟态环境"也就是信息环境，传播媒介通过对象征性事件或信息进行选择、加工、重新加以结构化以后向人们提示的环境。这个环境常常是具有欺骗性

----

① 参见［日］《2004年度全国大学マスコミ関係講座一覧（上、下）》，《総合ジャーナリズム研究》2004年夏季号，第78—97页；秋季号，第82—96页。

的,容易使人产生误解,会在人们的头脑中制造出有关"现实环境"的歪曲图像。因此,不了解媒体就无法适应信息社会的生活,媒体不仅是信息传播工具更是社会生活的一部分。不了解媒体、不懂得如何正确运用媒体也无法获取从事学术研究所需要的科学信息。原因之二,信息时代,社会对高等新闻教育提出了新的要求,为了满足学生的就业需要和媒体对具有一定实践技能的新闻人才的需求,媒体学——既重视修养教育又强调专业技能的新学科应运而生。原因之三,大学法人化改革向传统的学术价值理性提出挑战,大学发展必须面对现实的经济问题,高等新闻教育也需要在价值理性和工具理性之间、学与术之间寻得发展空间,而媒体学的兴起恰恰给高等新闻教育提供了一个这样的契机。

2005 年 4 月社会学系新闻学专业为积极应对现代的多元媒体时代的到来,借助同志社大学进行学院改组的时机为自己创造了新的开端——新闻学专业升格为社会学院媒体学系。据媒体学系相关资料介绍,这个新的学系将在继承、发扬新闻学专业积极反思、勇于批判的专业精神基础上,培养具有较高研究能力和丰富的知识储备以及广阔的国际视野、正确处理信息能力的人才。同志社大学社会学院媒体学系的教学、科研将涉及广义媒体和新闻事业的全部问题,以报纸研究为龙头,围绕电视广播等放送媒体和杂志等印刷媒体、网络等数字媒体,展开关于媒体现状和存在问题的全面研讨,思考媒体应然的社会责任,教会学生获取信息以及发送信息的方法,等等。媒体学系以"媒体与新闻事业"、"信息与社会"、"传播与文化"三个领域的研究为中轴,且各个领域有机结合,交叉形成宽厚而广博的课程体系。媒体学系最基本的教育目标是让学生掌握媒体的传播方式、媒体对社会的责任及影响等生活必需的知识,养成不论是从事新闻工作的人还是一般公民,都应该具备的理解媒体及其意象的能力、媒体信息的感受性、养成批判能力等信息社会必需的基本素养。

　　同志社大学的新闻学专业虽然成立于第二次世界大战之后美国实用主义新闻教育理念的滚滚洪流之中，但是从其历史进程中我们发现了另外一条更为明晰的线索，即它始终坚持注重从哲学的高度追求媒体的应然品质，理性地对现实媒体进行批判的精神。这种批判精神发源于新闻学专业的新闻学者对第二次世界大战中媒体失职行为的反思，"同志社大学的新闻学专业是以治安维持法体制为基础，为了对战争中日本媒体无原则地迎合权力的行径进行反思而在战后成立的"①，而反思则源于他们对媒体社会责任的考量，这正是新闻学理论研究的灵魂所在，也与新岛襄创办同志社大学培养"一国之良心"的初衷一脉相承。同志社大学新闻学专业确立"媒体批判"为新闻学理论研究的着眼点，并将这种批判精神作为传统发扬至今。第二次世界大战期间，日本社会被狂热的军国主义思想笼罩，新闻媒体乃至一些学者都成为战争的鼓吹者。而作为和平人士的和田洋一先生曾经因其反战言论遭遇辞退甚至被捕，但他并未因此而放弃对和平的追求，而是坚持把这样的思想带到了同志社大学新闻学专业，针对战争中媒体的推波助澜展开了全面的批判。此后来到新闻学专业的鹤见俊辅先生、城户又一先生等都是热爱和平的学者，他们将媒体批判精神传承、发扬。而今这里的渡边武达教授、浅野健一教授等都曾在媒体供职，但是他们却分别从法学、社会学的角度反思媒体，倡导媒体对应然品质的追求。

　　在同志社大学新闻学专业更名为媒体学系的过程中，不要说像山口功二教授、浅野健一教授这样反对更名的学者，就是积极主张更名升格的学者们也十分慎重地思考着媒体学系的发展方向。反对者认为，以"媒体学"命名就标志着新闻学研究转向了应用研究，这必将密

---

　　①　同志社大学媒体学系渡边武达教授访谈，2005 年 1 月 29 日，同志社大学溪水馆 303 室，渡边武达教授办公室。

切了学系与媒体的联系,极易导致传统批判精神的丧失;媒体日趋多元,媒体学系的研究必将紧随其后,学术自然失去独立性,学者也会失去学术理想。主张改革的学者则认为,媒体的迅猛发展需要受众懂得应对,日本高等新闻教育必须通过开展有关媒介知识、技能的教育服务于社会,因此更名为"媒体学系"既是社会发展的需要也是应对大学法人化改革的策略之一;更名后并不会影响它坚持媒介批判精神,相反,通过媒介素养教育还可以弥补受众批判力量的不足。修养是科学理论研究的基础,提供学生的媒介素养有助于深化媒介理论研究。满足媒体与社会的现实需求已经成为整个日本高等新闻教育改革的必由之路,但是对于是否选择实施实用主义新闻教育的问题,媒体学系给出的答案是否定的。

2005 年 4 月更名为"媒体学系"之后, 同志社大学仍然初衷不改, 强调培养学生掌握认识媒体、批判媒体的能力, 通过对现实媒体的批判使学生能够正确理解媒体、学会有效利用媒体, 形成一定的媒介素养, 并不是培养学生掌握媒体实际工作的技能。事实上, 媒体学系的改革依然张扬新闻学专业传统的媒体批判精神, 拒绝职业化的发展路径, 旨在通过提高国民的媒介素养来履行高等新闻教育为社会服务的职能。可以说, 媒体学系的选择有效调节了"重学"与"重术"两种不同理念之间的冲突, 既维护了"重学"的传统又实现了为社会服务的目的。同志社大学媒体学系这种调和的选择与上智大学新闻学系的理解完全相同, 也是对传统重学轻术理念的一种延伸。

重学轻术理念根深蒂固,直至今天,看似直接面向媒体、专业指向十分明确的媒体学系仍不能接受美国实用主义新闻教育理念。美国职业化的新闻教育理念只是出现在指导者的思想层面,在日本高等新闻教育的实际操作中却难以展开。战后美国 GHQ 在日本大力推进大学新闻教育的目的是培养媒体所需人才,发挥媒体在建设民主主义日本进程中的作用,而从历史现实来看,日本在战前虽然很早就输入美国实用新闻学理论,但始终未能在学界立足。①

从文化分析的视角来看,美国的实用主义文化通过强大的外力作用于战败的日本社会,依据日本传统文化中"为我所用"的原则,与日本本土文化相去甚远的美国文化难以发展成为深层文化,仅仅"可用"而已。在日本文化结构的深层是一个比较稳定的儒家文化核心,尊崇至高无上的精神追求,倡导灵魂自由,强调学者的良知、武士的忠诚和责任,对于知识、技能的认识泾渭分明。德国文化中的理性主义、古典大学的重学轻术理念因与日本崇尚科学,重视教育,修养本位,学术自由等传统教育观存在相近性,而逐渐被吸收、沉淀为传统文化内核的一部分。从人才培养角度来看,明治以后的日本大学教育一贯坚持"和魂洋才"的人才观,所谓"和魂"无非就是在日本传统文化熏陶下形成的具有日本民族精神的人才,"洋才"仅仅是掌握了西洋技术的人,"洋才"的培养是停留在器物层面而非精神层面的教育。这种具有民族精神且又能够利用西洋先进技术为日本民族发展做贡献的双重性人才被认为是真正的人才。具体到日本高等新闻教育理念中,我们也可以发现,即使同志社大学的"新闻学专业"改做"媒体学系",也依然围绕新闻理论研究标榜其批判媒体的精神,寻求一条适应本国文化,维护高等新闻教育理念,又能够应对社会变化的、富有个性的发展道路。另外,对媒介素养的重视来源于对个人修养的重视,这也是日本教育传统与德国古典大学精神的一致之处。正如学者们认为的那样,个人修养与国家兴败密切相关,提高了个人的修养,媒体就会遭遇更多的监督,自然会提高自律能力。媒介的社会责任,仍是目前日本高等新闻教育界主打的一面大旗。

---

① 参见[新]卓南生:《从新闻学到社会信息学——日本新闻与传播教育演变过程》,《新闻学研究》1997年第1期,第9—31页。

三、新闻学相关研究机构及刊物

从学科组织的角度来看,学科制度化是以某些外在物质条件的存在为前提的,其实现的标志包括:(1)在大学里设立一些首席讲座职位,以保证学科教学、研究的权威性;(2)在大学里建立一些相关学系并开设学科课程,以保证学科知识的传承;(3)大学颁发学位证书,以保证学科教学和研究的质量标准;(4)按学科建立各种学会(先是全国性的,然后是国际性的),以保证学科的群体知识的消费性;(5)编辑学术期刊,以保证学科知识生产的前沿性和成果的交流;(6)建立按学科分类的图书收藏制度。鉴于讲座、课程等问题已有介绍,这里不再赘述。仅略论学会、研究机构、学术期刊等相关内容。

由于日本新闻出版制度相对宽松、结社自由,日本的新闻学期刊众多,与新闻传播研究相关的各种学会不胜枚举,如大众传播学会、传播学会、综合新闻事业研究会、社会信息学会、媒体史研究会等等。这些学会多以大学为依托,以传播学、大众传播学、社会信息学研究为主,而以新闻学命名的学会也应时代的需要更名或注销。

1. 日本新闻学会

日本新闻学会是目前日本历史最长的新闻学学会。1949 年担任东京大学新闻研究所所长的小野秀雄先生针对新闻学科发展的需要,提出了创立日本新闻学会的建议,成立了学会筹备委员会。1951 年 6 月 16 日在日本新闻协会的支持和小野秀雄等人的积极筹备下,新闻学会成立大会在东京的《朝日新闻》礼堂举行。当时的赞助会员 32 人,旗下正式会员 109 人,准会员 61 人,大会推举小野秀雄先生任会长,总部设在东京大学新闻研究所。关于新闻学会成立的目的,在新闻学会设立的"目的书"中谈道:"我们向全国招募新闻学的有识之士,如果能够加强不断各自努力的学者间的紧密联系和互相协作的话,那么突破现有的国际学术水平,为新闻学界作出贡献就为时不远了。借此机会,新闻学会为大家提供了研究交流的可能,以完成促进学术发展的重要使命……学会成立的目的是促进从事新闻事业研究和调查工作的学者间的互相协作,增强与外国新闻学界的联系,积极推进我国文化事业的发展"。①

新闻学会原定每年举行一次研究发表会,后来改为每年春秋两次。它始终担负着日本所有与传播、大众传播有关的学会的核心工作,为日本大众传播研究的发展作出了巨大的贡献。1991 年新闻学会改名为"日本大众传播学会",学会改名的目的是为了适应多媒体时代的需要,在原有研究成果的基础上,将媒体变化带来的新的课题作为主要研究内容,并为这种研究提供交流的场所。② 学会的学术杂志《新闻学评论》也同时改刊名为《大众传播学研究》,由年刊改为半年刊。《新闻学评论》于 1952 年 3 月 31 日创刊,作为新闻学会的机关杂志,它是新闻学会的灵魂,是实现学会与社会交流的窗口。小野秀雄先生在发刊词上指出,这本杂志虽然叫做《新闻学评论》,但是并不像表面看到的那样是以新闻学为对象的评论性杂志,它是发表以新闻学为中心的,有关大众传播的所有学术研究成果的机关杂志。截至 2003 年该学会已有会员 1422 人。2005 年大众传播学会会长是东京十文字学园女子大学校长鹤木真教授,总部也因为东京大学社会信息研究所的解体而搬到东京十文字学园女子大学。

---

① [日]日本新闻学会:《資料·日本新聞学会の三十年》,東京大学出版会 1981 年版,第 2 页。

② 参见[日]《新聞学評論》1991 年第 41 期,"序言",第 2 页。

2. 传播学会

上智大学的"传播学会"是以新闻学系为龙头的新闻传播学学术组织，于 1967 年成立，并创办年刊《传播学研究》。初任会长井上泰三先生在《传播学研究》创刊号的序言中写道："上智大学文学院新闻学系从昭和 7 年（1932 年）成立以来，已经走过了 34 个年头，不论风雨，这个学科总是在向前发展，以至取得今天的辉煌成就……可是新闻学系却一直没有发表自己研究成果的机关纪要，我们新闻学系的研究成果经常要刊载在其他专业学科的杂志上。专业学科没有发表自己研究成果的机构是很不正常的一件事。为此，我们创设了传播学会，创办了刊物《传播学研究》"。该杂志以战后的报纸、杂志、广播、电视、电影、广告等方面的学术研究成果为主要内容。由于各种原因至 2004 年共刊出 35 期。

3. 新闻学研究会

同志社大学研究生院的新闻学研究会于 1964 年成立，该学会以促进研究生之间的学习交流和团结为目的，由文学部社会学系新闻学专业的专职教师做顾问，每年召开一次总会。1967 年新闻学研究会的机关刊物《新闻学》第一期出版。关于创办的目的，序言里说："从新闻学系开设研究生课程到今年 4 月已经有四年了。在开设研究生课程之初我们就有将学生的文章编辑成册的愿望，今天终于得以实现。这个小册子应该是锻炼我们的一块试金石。……这本杂志的副标题是'文化与传播'，这说明我们的研究领域多元化，并没有限定在狭窄的新闻学范畴。今后，与新闻学的基本概念'传播'相通的文化以及社会领域也将成为广义新闻学研究的主题"。①

---

① ［日］井上文彦：《新聞学》1967 年，"创刊词"，第 1 页。

2003 年 4 月 1 日"同志社大学媒体·传播学研究中心"(Doshisha Center for Media and Communications Research)成立,其宗旨和目的是为了继承发扬同志社大学新闻学专业的学术传统,积极推进媒体改革。该中心负责人渡边武达教授说:"同志社大学的新闻学专业是以治安维持法体制为基础、为了对战争中日本媒体无原则地迎合权力的行径进行反思而在战后成立的。媒体综合化和社会全球化中激变的世界媒体形成了对公民权本质的再认识,我们这个研究中心以媒体法、媒介伦理纲领为出发点,关注全球的民主主义的确立和弱势群体"。① 2004 年研究中心有研究员 9 人,受托研究员 12 人。新创学术研究杂志《同志社媒体·传播学研究》(2004 年 3 月 20 日—   )。该杂志为热衷于此类研究的学者们提供了学术交流的平台,将促进研究中心的各项研究课题的分析、比较和国内外的交流。研究中心围绕"世界的媒体法·伦理纲领比较研究"以及"为媒体提升品质提供建议"等主题设计了主要研究课题,计划用五年时间完成。收集整理的资料以及通过分析、比较、验证得到的研究成果将发表在杂志《同志社媒体·传播研究》上,并寄送给国内外的相关机构,以促进学术交流。

4. 日本社会信息学会

1997 年成立的日本社会信息学会(The Japan Society for Socio-Information Studies),本部设在札幌学院大学社会信息学院,设有会长一名、副会长二名,理事若干。社会信息学会认为,社会信息是一个庞大而复杂的研究领域,社会信息学会的目的就是要在确立社会信息学的同时振兴社会信息研究。应对社会信息化现象的研究急速发展,社会科学、人文科学、信息科学的研究领域不断扩大。为回应这种时代

·① 同志社大学媒体学系渡边武达教授访谈,2005 年 1 月 29 日,同志社大学溪水馆 303 室,渡边武达教授办公室。

要求,很多大学出现了冠以"信息"的学院、学系、专业、研究科、研究所等等组织机构,为了促进学术交流,增加研究深度,提高研究质量,共享研究成果,日本社会信息学会应运而生。在发展中,它将进一步深化社会信息学的基本概念,展开作为建构综合科学的社会信息学所需条件的所有研究。学者们认为,在不断预测信息化社会发展动向、全面把握文化系统、社会系统、技术系统、经济系统、政治系统、信息媒体等领域中的社会信息化现象的同时,信息化社会的伦理问题也必须引起重视。为了实现目标,社会信息学会将完成如下任务:1. 组织召开会员研究成果的发表会和讲演;2. 促进会员间在研究上的交流与合作;3. 协助各个团体间的交流;4. 出版本学会的学术杂志和其他刊物;5. 展开关于社会信息的学术调查研究;6. 推进社会信息学教育;7. 为了实现目标本学会还需要做的其他工作。

为了促进社会信息学研究,鼓励年轻人,学会还设立了"日本社会信息学会研究奖励",获奖条件是必须在学会刊物《社会信息学研究》上发表的最优秀的论文,发表论文时作者年龄必须小于 40 岁,奖金 5 万日元。学会刊物《社会信息学研究》(Journal of Socio-Information Studies)1997 年出版创刊号。它征集的论文要体现出多领域的特点,一般具有原创性的、从独特的视角进行大胆想象的、实证研究或者理论研究的论文、关于重要课题研究成果的全面阐述、以独特的观点进行综合概览的论文等均可入选。

5. 日本新闻协会

学会是指由研究某一学科的人组成的学术团体,协会是为促进某种共同事业的发展而组成的群众团体。日本最有影响的促进新闻事业发展的群众团体——"日本新闻协会"也有自己独立的科研机构和学术刊物。日本新闻协会研究所主要从事报纸读者、报纸记者、报纸内容等有关方面的调查,开展以报纸媒体为中心的法制、案例等相关研究。它的存在不仅积极促进了日本媒体企业的发展，而且也从业界的视角对新闻学的学术研究作出了贡献。日本新闻协会是新闻企业的联合组织。在占领初期，美国司令部为了建设民主主义的日本，必然要加强与媒体之间的联系，所以迅速建立一个由新闻界代表组成的中心集团，确立新闻伦理规则，成为当务之急。1946 年 7 月 23 日，以建设民主主义的日本、促进新闻企业提高职业伦理水准为目的的社团法人日本新闻协会成立。新闻协会得到了美国司令部的援助，在司令部和新闻媒体之间起到了协调沟通的作用，传递彼此的意见，为引领日本新闻界朝着"自由而负责任"的方向发展作出了很多的贡献。它是会员制的媒体自主组织，至 2004 年 10 月，已经加盟的会员社有报纸 108 家、通信 4 家（共 112 家）、广电 32 家（广播 4 家、电视 22 家、广电兼营 6 家），共有 144 社。发行的学术刊物有月刊《新闻研究》（1947—　）、《日本新闻协会研究所年报》（1976—　）、《别册新闻研究——采访记录的新闻史》（1975—　）、《日本新闻年鉴》（1950—　）、《新闻技术》（1957—　）季刊，《新闻经营》（1962—2002）季刊。该协会不仅在经济、师资等方面给予了新闻学界大力支持，而且自身也从事培训现职新闻记者的教育活动，定期开课为记者们充电，至 2004 年关于新闻制作的讲座已经举行了 49 期，媒介经营的讲座已经举行了 50 期。新闻协会也为渴望加入新闻工作者队伍的人们提供应聘考试前的辅导讲座。向社会开放所属的媒体博物馆，配合学校搞好"新闻教育，"即 NIE(Newspaper In Eedcation)，积极配合教育界提高国民媒介素养。

另外，依托于大学、媒体企业的专职研究机构也积极推进了日本新闻学及新闻事业的发展。

6. 庆应义塾大学的媒体·传播学研究所

庆应义塾大学的媒体·传播学研究所(Institute for Media and

Communications Research)，原名新闻研究所，成立于 1946 年。由于在第二次世界大战前和战争中，以报纸媒体为中心的日本大众传媒显示出的迎合军国主义的报道姿态引起了社会的忧虑和广泛关注，特别是美国占领军。据介绍，美国占领军考虑到在战后民主化建设中以报纸为中心的言论报道机关责任重大，必须培养出能够履行民主化建设责任的新闻人才，因此提出要在几个日本大学中设置大众媒体研究机构的设想，庆应义塾大学便是其中之一。

庆应义塾大学新闻研究所，在法学院院长米山桂三教授及新闻学者们的努力下不断发展、成熟起来。战后 50 年间，通信技术革新变化迅速。新闻研究所初创时，报道机关以纸质媒体为主，辅之以一些广播媒体。此后，电视媒体成为媒体中心，逐渐引进了电子通信技术。近几年，地上波、卫星电视、卫星通信、有线电视等多元且全球化的传播学研究时代已经到来；另外，以信息高速路和互联网为核心、以个人电脑通讯网络为基础的多元媒体化的展开，计算机媒体以及报纸、广播、电视融合的现象引起学界广泛关注；同时，依靠计算机技术传播也从传统的单向传播改变为双向传播，信息传递范围扩大，计算机技术发生的质的变化非常惊人。这样"新闻研究所"这个名字显得过于狭窄，不能够应对现实变化的需要。所以在它成立 50 周年的 1996 年更名为"媒体传播学研究所"。现在的研究所有所长、所员、职员等 10人，他们除了完成基本的研究、教学工作，还为各种媒体、传播业界提供有益的研究成果和理论支撑。

媒体传播学研究所以促进新闻传播事业的发展，培养能够进行民主主义的自由、公正的报道的有所作为的年轻人为目的。研究所培养的学生称做"研究生"，学制 2—4 年，传授关于大众媒体以及大众传播学研究的相关基础知识，使之具备理解、掌握、使用新媒体的能力和进行学术研究的基本能力。这种培养理念也比较符合业界的想法，在业界看来，与掌握学术知识、技术的人相比，具有一定基础知识、准确的思考能力、处理人际关系的能力和独特的想象力的人才更受欢迎。现在有在读研究生 150 人。研究所设有基础课程、特殊研究、基础研讨、研究会四个课程群,每个学生共计要修满 28 学分。研究生制度是为了展开媒体传播学研究、满足学生到大众媒体就职的需要实施的综合教育,同时也是为媒体传播学提供的一个研究交流的场所。研究所的学术刊物《媒体·传播学研究》1971 年 3 月 31 日创刊,为年刊,2003 年以后改为半年刊,至今已经出版了 57 期。

7. 日本 NHK 文化研究所

日本 NHK 文化研究所成立于 1946 年,是由放送局负责运营的综合研究机构。"创造丰富多彩的放送文化"是 NHK 文化研究所的创办目的,即使在数字化时代这个目标也并没有改变。为了实现这个目标,NHK 放送文化研究所展开了必要的调查研究。调查研究的主要内容关涉到放送研究的各种各样内容、日本以及外国的放送事业调查研究,以及通过舆论调查把握受众的意向等等,这些研究成果不仅对 NHK 节目组编辑、制作等放送事业有积极意义,而且在公共放送事业制定运营的基本方针时也起到一定的作用。同时,文化研究所还面向社会实施普及教育,比如在放送博物馆里,关于放送事业发展 80 年历史的各种实物展览、图书资料等都免费面向所有人开放。1956 年,世界上最早的放送专业博物馆在放送的故乡爱宕山开馆。80 年来,日本的放送事业从广播到电视、卫星传播、高清晰电视、数字化传播,有了很大的进步。在今天的数字电视时代,为创造出更丰富的放送文化,文化研究所针对时代和社会的特点,扩大了调查研究的领域,不间断地推出新的研究成果。文化研究所出版的定期刊物有《放送媒体研究》、《放送研究及调查》、《NHK 资料汇编世界的放送》、《NHK 年鉴》等;不定期刊物有《NHK 国民生活时间调查》、《现代日本人的意识结构》、《20 世纪放送史》等等。

8. 媒体教育开发中心

与新闻学、大众传播学、媒体学等研究机构相比较，更具有社会实践意义的媒体教育开发中心（National Institute of Multimedia Education，简称 NIME）是一个以开发媒体功能、普及媒体教育的研发机构。从现代媒体技术开发、运用、普及的角度来说，媒体教育开发中心的确发挥着积极作用，为应对信息社会瞬息万变的媒体技术提供了社会服务，也为大学教育技术现代化作出了贡献。因为它以媒体技术的研究开发为主，与高等教育中的新闻学、传播学、媒体学教学科研活动相比缺乏教育属性，不属于新闻学科范畴。为避免混淆，增进了解，这里对其做简单介绍。媒体教育开发中心的目的在于：研究开发媒体教育技术，普及促进大学等教育机构利用多元媒体实施教育，对高等教育发展给予帮助。主要工作分为研究开发、普及促进、研究生院的教育工作等三项。研究开发工作主要是围绕网络学习技术援助、利用多媒体学习的方法和内容的相关研究开发等展开。普及促进工作是针对高等教育中教育信息技术的开发和普及。与大学联合，中心还承担着研究生教育工作，特别是作为综合研究大学院大学的基础机构，该研究生院下设的文化科学研究科媒体社会文化专业，现有 20 名研究生在这里接受教育。媒体教育开发中心的学术研究杂志是《媒体教育研究》。

另外，日本新闻学界和业界有着各种各样的研究机构，像以视觉媒体的多方位研究为主的驹泽大学的"大众传播研究所"，以进行日本国内外媒体、新闻事业以及大众传播研究动向调查为主的综合新闻研究所，主要进行日本出版物的调查统计以及资料收集的"全国出版协会创办科学研究所"，主要从事俄国、远东地区以及北海道地区的福利、环境、消费者问题等调查、研究和舆论监督的"北海道新闻研究所"，进行有关民间广播电视经营和广播电视节目的调查研究的"日本民间放送联盟研究所",进行社会意识和价值观研究、媒体研究以及大众传播研究的"电通总研",针对生活者的意识动向、消费动向等与生活者有关的内容进行全面的调查研究的"博报堂生活综合研究所",从事有关广告理论和实务方面的综合研究的"日经广告研究所",等等。一般每个机构都办有自己的一份甚至几份学术刊物,例如,综合新闻研究所及其刊物《综合新闻事业研究》(1965—　　),日本新闻学研究会及其刊物《新闻学》(1967—　　),日本大众传播学研究会及其刊物《大众传播学研究》(1993—　　),媒体史研究会及其刊物《媒体史研究》(1992—　　)等等。一些大学的研究生院为了促进学术交流自行创办学术刊物,如成城大学研究生院文学研究科的刊物《传播学纪要》(1983—　　)等。

　　另外,东京大学社会信息研究所也办有许多学术刊物及其纪要,①如东京大学社会信息研究所的《东京大学社会信息研究所年报》(1993 年,21 期)、《东京大学社会信息研究所的活动》(1994—1995 年,22 期、23 期)、《东京大学社会信息研究所年报》(1996—2004 年,24—32 期)、《东京大学社会信息研究所纪要》(1993—2004 年,46—67 期)、《东京大学社会信息研究所调查研究纪要》(1992—2003 年)等。据《日本新闻年鉴(2003—2004 年度)》资料显示,不包括大学在内的,与新闻传播相关的各种研究机构就有 85 个。在 2000 年的期刊目录中仅以"新闻"为关键词的相关杂志就有近 70 种。

---

　　①　东京大学社会信息研究所前身新闻研究室(所)创办的相关学术刊物有:《东京大学新闻研究室活动记录》(1926 年 1 月,东京大学新闻研究室)、《东京大学新闻研究所年报》、《东京大学新闻研究所年次要览》(1952—1969 年,1—9 期)、《东京大学新闻研究所要览》(1972—1990 年,10—18 期)、《东京大学新闻研究所的活动:要览》(1991 年,19 期)、《东京大学新闻研究所的活动》(1992 年,20 期)、《东京大学新闻研究所纪要》(1952—1992 年,1—45 期)。

四、新闻学的学科发展评价

由于日本文化具有兼容性特点，异质文化间的碰撞在日本经常出现。以德国理性主义为基础的认识论高等教育哲学和以美国实用主义为基础的政治论高等教育哲学，在日本高等新闻教育的发展史上就从未停止过较量。日本高等新闻教育深受德国新闻教育理念的影响，学者们崇尚学术自由、学术自治、教授治校等以学术为本位的观念，即使面对美国职业化教育理念的冲击，学者们依然如故地执著于学术价值的追求，沉浸于所属的专业。在这些学院派的学者看来，即便可以接受高等教育政治论哲学观念中大学应具备为社会服务这一职能，但是他们也要求高等新闻教育必须通过提高国民修养的方式实现新闻学服务社会的职能；即便认可了新闻学研究领域的向外扩展，社会信息学、媒体学等也不能放弃对新闻学言论性、批判性等本质精神的诉求。在大学里开展新闻记者的职业技能培训这一想法则无论如何都不能被学院派的新闻学者们所接受。

从新闻学向传播学，特别是向信息学、媒体学的转向，曾经在日本新闻学术界引起相当多的争议。新闻学是一门必须与时俱进的学科，仅从"新闻"这一概念含义的演变就可以说明这一问题。日语中最早用汉字"新闻"一词指示报纸，后来引进英文"newspaper"表示报纸。新闻学原本也仅是以研究报纸媒体的报道、经营为中心的学术。战后，随着广播、电视的发展，新闻学扩大为以各种新媒体为对象的学术领域。① 1952 年，小野秀雄先生看到蓬勃发展的广播事业与报纸具有

---

① 参见［日］武市英雄：《「なぜ伝えるか」真剣に答えることから》，《新聞研究》1998 年第 558 期，第 40—43 页。

了同样的大众性和普及性，所以提出："我们的研究领域中必须包含这一内容，必须确立贯通的基本理论，必须深入展开尚待开发的广播研究"。① 电子信息技术飞速发展，各种新媒体粉墨登场，媒体与人们生活的关系日渐密切，在1975年人们获取信息的途径就已经有90.2%来自于电视，电视研究逐渐成为广义新闻学的一部分。广义新闻学的概念经由德国柏林大学、明斯特大学传入日本，在美国社会学者的推动下取得长足的发展。美国将大众传播学作为社会科学研究的思路很快得到日本学者的响应，由清水几太郎、城户又一、南博、日高六郎合编的《大众传播讲座》将日本的大众传播研究推向高潮。

以东京大学新闻研究所为龙头的日本新闻学研究，不断靠近人们的日常生活，展开了大量以现实生活为课题的研究。进而更名为社会信息研究所，对于这次更名，原新闻研究所所长高木孝典教授指出，所谓社会信息学是针对日日进步的信息媒体和信息系统，能够明确地调解人类社会中的各种活动的学科。其中由计算机和通信系统共同形成的信息系统的作用是显而易见的。可是，这个环境带给人类的影响、大众媒体之间相互融合与进一步完善关系等未知领域的东西还很多。它们是国际和国内需要综合解决的问题，转向社会信息学研究是与国际接轨的需要。……社会信息学的研究可以使进一步完备大众媒体发展的制度环境成为可能，也被认为是提高媒介素养的方法之一。另外，现代人彼此通信依据的网络还可以为人们灵活掌握社会生活所需的各种基本素养作出贡献。在多媒体多频道的情况下，多样化的信息源、丰富的信息获取手段不断延伸扩展，社会认识的共同性日渐消失，相应地，新闻事业的功能将被进一步追问。这些问题都能够

---

① ［日］小野秀雄：《新聞学評論》1952年，"发刊词"第1页。

在社会信息学研究的目的中找到自己的对应位置。①

这段论述不仅针对新闻研究所的更名，更明确了新闻研究满足社会现实需要，扩大新闻学外延的必要性。

原社会信息研究所所长花田达朗教授通过与美国新闻教育制度的比较，认为日本新闻教育面临的主要问题就是必须把过去的经验和未来的构想连接起来，和国外的经验连接起来，把大学和社会连接起来，以积极应对社会环境的变化。② 的确，一个学科的发展与成熟需要借助其所处社会的背景和现实的需求。在现代大学理念中，一些不能直接为社会提供服务的学科，甚至一些基础学科都面临着重组、改组的问题。可是，在日本的一些学院派的新闻学者们看来，虽然新闻学研究领域扩大，将社会信息学、媒体学作为研究的核心内容是信息社会的需要，但是学术研究应该与社会现实需求保持一定的距离。如果紧紧围绕媒体或者仅仅为了满足媒体的现实需求而进行新闻学的学术研究，那么这种学术研究将失去自由的空间，新闻学言论性、批判性的本质将丧失殆尽。

卓南生教授将学院派学者的担忧归纳为两方面：一是年老的新闻学者担心新闻学的传统和荣耀会被削弱或消失；二是有学者认为这种转变，特别是情报学（信息学）的偏重，使得研究对象变得模糊化，不明确……传统的新闻传媒研究正在萎缩，新闻史少人问津，是不对的，即使传播学，传播史也是一定要的，传统的新闻学在媒介的变化过程中，是完全可以找到适当的定位的。③ 在这些学者看来，问题并不是新闻

---

① 参见［日］《東京大学新聞研究所が改称改組—社会情報研究所へ》，《総合ジャーナリズム研究》1992 年春季号，第 102—105 页。

② 参见花田达朗：《諸外国におけるジャーナリスト教育の経験と日本の課題》，《東京大学社会情報研究所紀要》1999 年第 58 期，第 121—149 页。

③ 参见陆晔：《历史与现状：日本新闻学教育与新闻实务的发展轨迹——卓南生教授访谈录》，《新闻大学》1998 年秋季号，第 93—94 页。

学研究所名称的更改，而是新闻学的定位和原点问题，即关于新闻学言论性、批判性的问题。小野秀雄先生在提议将广播纳入新闻学研究领域的同时也指出："必须确立新闻学一致的基本理论，就是要将原来新闻学研究中形成的基本理论延伸至广播研究领域。"他所说的"一致的基本理论"就是指新闻学的言论性和批判性等核心问题。学院派的学者们认为，新闻学者应该具有以学术为业、追求知识本身、以满足闲逸的好奇为目的等特点，如果学术与社会各个领域关系过于密切，新闻学学者的原本无功利的追求就会转化为对社会回报的追求。这种情况下的新闻学学术研究必将趋炎附势，丧失或者削弱传统理念。

在适应信息社会需要，逐渐扩散、细化的大众传播学、社会信息学、媒体学中，功利性的合作研究增加，围绕言论而展开的研究在不知不觉间被弱化。同志社大学社会学院媒体学系的浅野健一教授对新闻学专业更名为媒体学系，也表示出了同样的担心，他说："学界研究媒体不能与媒体关系过于密切，如果形成互相依附的关系，学界就会丧失批判、监督媒体的本质。这是不正常的关系"。①

所以，是否能够保持新闻学的本质是学院派的新闻学者们最为关注的问题。以新井直之先生为首的一些著名的新闻学者认为，即使是多元媒体时代，新闻学的定位也应该是研究传媒而不应沦为传媒的奴隶，不能因为新的传媒不断出现而丧失研究的核心内容与对象；是教育和研究者研究传媒而非传媒掌握教育和研究者的方向。新闻学有着自己独立的研究范式和理念，被科学技术控制手脚，就会丧失学科的灵魂。这是人文与科学的关系问题，更是一个哲学价值观的问题。已故川中康弘教授在 1954 年就提出，对大众传播不能完全理解的人们要把握大众传播运行的本质，必须依赖哲学和揭示人类行为本质规

---

① 同志社大学媒体学系浅野健一教授访谈，2005 年 1 月 9 日，同志社大学溪水馆 407 室，浅野健一教授办公室。

范的伦理学。①

对此,武市英雄教授也认为,新闻学的再生必须回归原点的言论性问题,应该以此为基础积极应对今天媒体中出现的新问题。而且,研究者和记者传递知识、传播信息都是为了什么? 这是必须认真思考的哲学问题。② 在多元媒体时代,新闻学转向哪里? 武市英雄教授站在哲学的高度,进一步提出新闻学的若干个发展方向:第一,新闻学研究积极应对现代社会需求。不论对于一般的市民还是渴望到新闻媒体工作的人,这么做都是必要的。第二,新的新闻学应该具有国际性。学术的国际交流是必要的。第三,确立新闻事业的哲学。战后新闻事业对政治的批判意识逐渐弱化的现象已经成为很大的问题,因此新闻学研究必须对传媒与政府、传媒与权力的关系展开真正的研究。这些研究涉及了价值观方面的伦理等问题,决定着学术研究的方向。③ 另外,桂敬一教授也主张:"我们的研究是在研究政治学、历史学的前提下选取大众传播素材和资料、同时把社会学和社会心理学问题作为研究对象、从言论法的视角研究新闻事业的行为是法学的重要内容。这些相关领域的课题都是研究大众传播学的根本追求。……即使是现实中的大众传播也应该以批判为前提"。④

由于日本高等新闻教育重学轻术理念影响深远,传统文化熏陶下的学院派学者坚守学术自由精神,对于新闻学的转向,特别是转向直接为社会服务的社会信息学或媒体学的思路颇有微词。在他们看来,日本新闻学的发展需要与时俱进,但是更应该恪守理性主义的新闻言

① 参见[日]川中康弘:《マスコミュニケイション研究の课题と方法》,《新闻研究》1954 年第 33 期,第 16—19 页。
② 参见[日]武市英雄:《「なぜ伝えるか」真剣に答えることから》,《新闻研究》1998 年第 558 期,第 40—43 页。
③ 同上。
④ [日]桂敬一:《记者教育创造に活路求めて》,《新闻研究》1998 年第 558 期,第 10—13 页。

论性和批判性的灵魂。作为对于学院派的担忧和反对的回应，各个大学的社会信息学教育、媒体学教育则都标榜自己通识教育的特征，强调自己是为培养具有一定媒介素养和批判精神的社会公民而建构起来的基础修养教育，并不倾向于直接为社会现实服务和培养学生新闻实用业务技能的做法，以鼓吹通识教育的方式避免与学院派针锋相对。因为在革新派看来，只有这条媒介素养之路既可以满足信息社会对高等新闻教育的需求，又不至于损害到大学的重学轻术理念。这是一条重学与重术、传统与现实的折中之路。学院派的学者们之所以可以接受新闻学教育转向媒介素养教育却执意抵制媒体实用技能训练，是因为在日本高等新闻教育理念中，他们认为提高国民的媒介素养可以进一步发挥新闻教育批判媒体的作用，能够继承传统新闻学研究的价值诉求。2004年花田达朗教授在东京大学创办的"新闻记者教育实验室"（news lab）的无疾而终，再次证明了单纯实用职业技能培训在日本大学中难以生存的命运，实用主义新闻教育理念在日本很难成为主导理念。

从总体来看，不论是积极推进新闻学实用主义转向的学者还是学院派的学者都承认新闻学具有与时俱进的特点，在飞速发展的信息时代，新闻学不断调整结构，完善体系是它逐渐成熟的标志。对于近年来出现的新闻学系（所）关停并转的现象，笔者认为，由于知识领域在分化的同时又出现了融合的新趋势，各种横向、交叉、综合学科不断涌现，学科间的界限显得相对模糊，新闻学也必然出现与其他学科融合、交叉的现象。

从学科文化的角度来看，成熟的学科都具有自己独特的学术传统和自主的研究范式。日本新闻学的学科制度在萌芽阶段，形成了基本的概念体系和研究范式。但是在随后的发展过程中，作为大学的一个学科它坚持学术自由、学术自治的原则，始终与现实社会保持一定距离，原有的概念体系逐渐地不能再满足学科发展的需要。一直以来，新闻学的专业组织规模较小，师资力量薄弱，研究生制度发展缓慢，也没有形成独立的新闻学院。同时，受到媒体企业性质和社会固有文化的影响，新闻学基本的价值取向与媒体需求、社会认识等发生冲突，独特的研究范式和学术传统遭遇挑战。面对信息社会的强大压力，日本新闻学采取转向并与其他学科融合的方式，也不失为一种发展思路。

特别是从20世纪中后期开始，后现代思潮席卷而来，人们认识到由于学科制度化导致了学科壁垒和学科保护主义的产生，已经充分制度化了的学科重新受到了挑战。人们开始追问各门学科之间的区分是否有效的问题，提出了学科的再制度化问题。例如，20世纪中叶活跃于欧美学术界的年鉴学派大力倡导"多学科制度"；英国有学者把"互为学科性"看成研究人员的基本规范；我国著名学者费孝通也称自己是"一匹不受学术领域各种边界约束，四处乱闯的野马"；华勒斯坦等更是激进地提出，简单的跨学科建议只会强化固有的学科界限，因为多学科本身就预设了学科分类的合法性，并建议"重组大学的学系结构和学术会议的协会组织"。① 笔者以为东京大学社会信息研究所的解体正是新闻学科再制度化的表现。

另外，从日本新闻学科的两种不同理念的纷争来看，这种学术内部竞争的多样性是学科保持活力和创造力的根源。在同一学科领域里不同学科文化的同时存在，会使学科制度化过程呈现出两种或多种范式共存且相互竞争的格局。从新闻学者的组成来看，教授们向来是杰出的人物，其影响通常也是最深远的。但即使是大学，现代大学，也需要并使用不同类型的人——有的教师对学问的贡献非常有限，但善于激励学生，或善于将其他人的研究成果融会贯通。② 不同的教授对

---

① ［美］伯顿·R.克拉克著，王承绪、徐辉等译：《高等教育系统——学术组织的跨国研究》，杭州大学出版社1994年版，第35页。

② 参见［美］弗莱克斯纳著，徐辉、陈晓菲译：《现代大学论：美英德大学研究》，浙江教育出版社2001年版，第5页。

学术理念就有不同的理解,多种学术范式的相互竞争和依存对学科的发展具有积极的意义。学科发展过程中存在纷争是正常的,认清纷争的本质就不必人为地抑制这种竞争或为此感到忧虑。大学应是囊括大典、网罗百家的学府,正如原北京大学校长蔡元培先生所说:"无论何种学派,苟其言之成理,持之有故,尚不达自然淘汰之命运,虽彼此相反,而悉听其自由发展。"①

因此,可以说,新闻学融入社会信息学,辅助解决信息社会出现的一些最基本的理论问题,以及日本东京大学社会信息研究所融入到研究生院信息学环·学际信息学府,成为众多学科中的一环,都是以新闻学基本理论为核心,打破学科疆界,诠释一种新的学科制度化取向的尝试。所以,不论是传统的学院派学者还是积极推进改革的新闻学者始终都在恪守重学轻术的理念,只是前者固守着新闻学独立的学科地位,后者为信息时代的新闻学发展扩展了研究领域,通过融合——泛化、沉淀——基础化的方式找到了一条延伸重学轻术理念的路径。

---

① 霍益萍:《近代中国的高等教育》,华东师范大学出版社 1999 年版,第122 页。

第 三 章
日本高等新闻教育的教学体系

在具体的教育过程中，建构合理的教学体系才能保证教育理念的贯彻实施。位于京都的同志社大学文学院社会学系新闻学专业从1948年创立到2005年更名为媒体学系，一直坚持从哲学的视角审视媒介的本质，坚持把学术研究放在首位，通过培养具有一定媒介素养的国民的方式，延伸着媒介批判的传统，监督媒体履行社会责任，促进了日本社会的民主化进程。以此为出发点，同志社大学文学院社会学系新闻学专业在课程设置、教学内容、教学方法、师资配备等方面都表现出独特的个性。即使在更名为媒体学系之后，重学轻术仍然是它的主流理念。本章以同志社大学媒体学系近六十年的发展为个案研究对象，论证日本高等新闻教育在上述几个方面的特性。

一、课程设置与内容

课程是被用得最普遍而定义最差的一个教育术语，据统计，现在对它的定义不下百种。目前，我国的《辞海》、《中国大百科全书》中一般认为,课程即学科,或者指学生学习的全部学科——广义的课程,或者指某一门学科——狭义的课程。这一定义影响最大,本书中提到的课程概念均取这一界定中的广义。

1948 年,在美国占领军的敦促下,同志社大学文学院社会学系新闻学专业正式成立。创立的宗旨与美国占领军的意图不尽相同,主要是针对第二次世界大战中媒体失职的现实问题,标榜新闻学教育对媒体的批判意识,通过新闻理论的研究与教学促进媒体向应然状态的变革。不同历史时期的教学目标有所不同,课程结构也会随之变化,但是它的课程体系始终建立在媒体批判的理论基础上,媒介实用技能类课程一直都没有成为主要的教学内容。

新闻学专业设在同志社大学文学院社会学系。社会学系以高中阶段的"一般社会"为基础,侧重阐释社会现象的相关理论以及具体的社会学研究方法的教学与研究。社会学系的教授们之所以热衷于从事新闻学研究,在于他们看到了新闻学研究对于日本社会具有的积极的现实意义。新闻学具有多学科性和综合性的特点,其研究领域和方法也更多涉及法学、社会学、经济学、政治学等学科,采、写、编、评等实用技巧又与文学修养相关,所以多视角地研究新闻学也就显得尤为重要。在同志社大学新闻学专业的教师们看来,媒体的社会责任、新闻工作者的专业精神才是大学新闻教育的核心内容,新闻学专业应该设在社会学系,结合社会学理论培养具有一定社会学修养的新闻人才,为日本的民主社会进步服务。20 世纪 50 年代,新闻学专业的和田洋一教授在课程《新闻事业和社会教育》的讲义中指出:"启蒙时期的政治理论家们,把新闻事业作为武器,提出并使用'社会教育'一词。现代的新闻事业也应该与'社会教育'发挥的作用和功能密切相关"。①该新闻学专业一直强调新闻学的社会意义,以坚持媒体批判为宗旨,

---

① 《同志社大学文学院课程履修表》,1951 年。

以关于报纸、广播电视等大众传播媒体理论研究为核心，并不以培养新闻记者为第一目的。① 创办伊始，以能够实现新闻学专业创办初衷为目的设置的课程都与社会学有着非常密切的联系。

创建之初的同志社大学社会学系共有三个专业，社会学专业、社会福祉专业和新闻学专业。1949—1950 年度新闻学专业主要开设的课程共分为三大类，即共通必修课、专业必修课、选修课。每个专业的学生都必须学习 20 门课程，修满 84 学分，完成一篇毕业论文，方可获得文学学士学位。每个专业开设 5 门必修课程，新闻学专业的必修课程包括：新闻学特讲(4)、新闻经营论(4)、新闻发展史(4)、新闻制作论(4)、广播电视事业(4)。选修课则要求学生从其他专业或者学系选择 4 门以上课程，修满 16 个以上的学分，主要包括：社会学特讲、社会事业特讲、都市社会学、农村社会学、国家论、社会伦理学、经济学、经济史、经济政策、经营经济学、产业经济学、劳务管理、社会法规、基督教思想史、文化史、历史哲学、文化心理学、宪法、民法、刑法、行政法、英文报纸讲读、戏剧影视概论、美术史等。所谓共通必修课（即我国高等教育语境中的"通选课"）是面向社会学系下属的三个专业所有学生开设的必修课程。社会学系共通必修课来自三个专业，两年间共开出 11 门，共计 48 学分，它们分别是：社会学概论(4)、社会科学概论(4)、社会哲学(4)、统计学(4)、社会思想史(4)、社会福祉原理(4)、社会调查(4)、社会问题(4)、新闻学(4)、外国书讲读(8)、研讨课(4)。

从课程结构来看，专业必修课包括 5 门理论课，共通必修课也以史和论为主。大量的社会学相关理论课程增加了新闻学的学术含量，为新闻学提供了成熟的科学研究方法。使学生掌握了丰富的学科知识，加强了跨专业间知识的融合。由这些着眼于社会学共通性的课程组成的横向沟通结构，以及注重新闻史、新闻理论的课程设置模式，成

---

① 《同志社大学文学院课程履修表》，1951 年。

为同志社大学新闻学专业在教学上的一个基本特色。

1964 年新闻学专业进入历史上最为辉煌的阶段,在日本高等新闻教育体系中最早开始设置与本科相衔接的硕士研究生课程。为了培养能够从事新闻理论研究的优秀人才,将当时的硕士课程分为甲乙两类,学生既要选修甲类课程中的 20 学分,又要从甲乙两类课程和文学研究科其他专业课程中选修 10 学分,这样每个学生至少要学习 6 门课程,以此来打下扎实的理论基础,扩大学生的学术视野。甲类课程主要有:大众传播论及研讨(5,鹤见俊辅)、日本新闻发展史(5,城户又一)、言论自由及研讨(5,城户又一)、比较新闻论特讲及研讨(5,前芝确三)、现代新闻论及研讨(5,和田洋一)、社会学特殊研究及研讨(5,桥本真);乙类课程有:新闻学史及研讨(5,和田洋一)、社会病理学及研讨(5,青井厚)、公共团体研究及研讨(5,伊藤规矩治)。

我们重点分析当时本科生的课程设置情况。本科学生 4 年一共要修满 140 学分,其中人文、社会、自然三个系列的基础教育课程分别有 12 学分,英语和其他语种两门课程共 16 学分,体育 4 学分,专业必修课 48 学分,选修课 28 学分,毕业论文 8 学分。第一学年专业课只有新闻发展史,其余的主要是基础教育课程,第二学年主要接触社会学理论及其方法,第三学年是在前面两年的基础上,全面学习新闻学理论,大概要完成专业课全部学分数的一半以上,第四学年因为需要完成毕业论文的写作,所以课程总量有所减少,但是专业课也有 24 学分(6 门课)需要修满。具体情况如表 5 所示:

表 6

	专业必修课程		专业选修课程
第一学年	新闻发展史	4	

	专业必修课程		专业选修课程	
第二学年	社会科学概论 社会思想史	4 4	宪法 社会问题 心理学概论 经济原理 社会调查 （注：必修满4学分）	4 4 4 4 4
第三学年	新闻学原理 比较新闻论 舆论·宣传 采访论及实习 编辑论及实习 英法德语书讲读（三选一）	4 4 4 2 2 4	新闻·法制伦理 电影学概论 国际政治 日本现代文学 日本文化史概论 社会哲学 劳务管理 社会学概论 政治史 日本经济史 （注：必修满16学分）	4 4 4 4 4 4 4 4 4 4
第四学年	新闻经营论 社会心理学 英法德语书讲读（三选一） 研讨	4 4 4 4	统计学 劳动问题 社会政策 广播电视概论 日本社会史 （注：必修满8学分）	4 4 4 4 4

资料来源：同志社大学1964年课程履修表

从具体课程结构安排来看，一二年级为打基础阶段，三四年级为充分学习专业知识阶段；从具体课程内容来看，一共提供了33门专业必修课及专业选修课，学生必修其中的19门。以上可见，由浅入深，由宽及专，由表及里的课程结构，符合学生接受知识循序渐进的规律，同时也传承了创办之初重视专业理论课教学，以及培养具有开阔的研究视野的新闻人才的特点。

1970年社会学系再次进行课程调整，在原来基础上新设了限定选修课（又称选择必修课）。所谓限定选修课是在本专业范围内，要求学生按规定必须选修有助于深化、拓宽与专业相关知识和技能的课程。此时，新闻传播媒介日趋大众化，由此引发的各种社会问题逐渐增多，相关理论研究吸引着众多的新闻爱好者。在此背景下,新闻学专业增加限定选修课,以提高学生综合素质,完善其知识结构为目的,包括:新闻事业史(4)、社会科学概论(4)、社会思想史(4)、新闻学原理(4)、传播论(4)、大众传播调查法(4)、英德法语书讲读ⅠⅡ(4)、外国新闻论(4)、现代史(4)、广播电视论(2)、广告论(2)、社会心理学(4)、社会学概论(4)。从整体的课程结构来看,新生第一学年要修 39 学分,主要是基础修养课程,同时比往届要多修一门 4 学分专业必修课;第二学年要求专业必修、专业选修和限定选修课程分别拿到 4 学分,共计 33 学分,比往届少 4 学分;第三学年必修课 4 学分、限定选修课 12 学分、选修课 12 学分,与往届相比专业必修课减少了 16 学分,选修课减少 4 学分,增加限定选修课 12 学分,共计 28 学分;第四学年专业必修课减少 16 学分,增加限定选修课 8 学分、选修课 4 学分,共计 28 学分。

总体上,这次调整使必修课由 48 学分下调为 16 学分,选修课由 28 学分下调为 24 学分。毕业时只需修满 128 学分。从学分的变化来看,学生的课业量有所减少,选修课的比例显著上升,增加了学生自由选择的空间。随着新闻学的发展,新闻学研究领域的扩展,这一时期的课程改革开始以培养学生综合学术能力为目标。为了给学生打下宽厚的知识基础,提高学生对媒体语言的评判、鉴赏等综合能力,1970年专业必修课中取消了采访论和编辑论,增加了"文章论"。

"文章论"属于一年级的专业必修课,是一门针对性、实践性都较强的课程,教授们对课程的灵活把握扩展了课程外延,实现了设置这门课程培养学生综合素质,更好地理解媒介语言,提高媒介素养的目标,也为将来进行媒体文章鉴赏、写作打下了基础。"文章论"这门课分别由城户又一、和田洋一、山本明和北村日出夫等几位教授担当。每周两次,4 学分。一般来说,课程体系由学校或者院系依据教育理念,结合师资结构的特点和教师的研究专长来安排,而具体的讲义内容则由教师自己决定。讲义反映了学者的学术理念、研究旨趣。由于每位教师对媒体文章的理解不同，个人专长不同，对这门课的把握可谓仁者见仁智者见智，学生根据个人兴趣自愿选择不同教师的研讨班。比如：

城户又一教授的"文章论"主要通过组织学生有序地展开讨论、交换意见的方式，解读具体文章，讲解新闻学的入门知识。

和田洋一教授的这一课程以提高学生对新闻事件的评论能力为目的，通过阅读欧美经典的新闻报道作品，学习新闻报道的相关理论。

山本明教授认为，文章既是大众传播的技术，又包含有作者的思想内涵。所以，要为学生讲读大量关于文章写作的书，评论近期杂志上的论文，从各个方面提高学生对文章内涵的理解能力。

北村日出夫教授的"文章论"则包含如下要点：(1)在学习文章的表现手法的同时，分析文章的语言特点；(2)结合专业研讨班的特点，对新闻学各个领域的问题展开讨论；(3)没有固定的授课形式，根据学生的具体情况因材施教。

冈满男教授认为，在讲解大众传播文章论的同时，还要涉及文章的写作方法、说和写的不同之处、阅读方法等具体问题，随时指导学生习作，提高学生思考和表达的能力。

八田恭昌教授认为，文章与思想是密不可分的，所以打算通过文章论这门课，让学生理解并能够阐释出每一篇文章所蕴涵的思想内涵。

山口功二副教授的这门课并不以讲授写作的技巧为主，而以写作对象为研究线索，把如何选取报道对象作为主要研究内容。

从同志社大学新闻学专业的课程设置的总体情况来看，指导学生新闻实践的课程比例很少，这门"文章论"可以说是与新闻实践联系最为紧密的课程。但是从实际的五花八门的教学指导思想来看，教师们普遍认为这门课的重点在"论"，应该侧重理论性；如何写作不在他们的教学范围之内。同时,即使是广告论、广播电视论等课程也都没有专职教师,一般都是从新闻媒体聘请讲师,而且只开半年,2 学分。日本高等新闻教育的课程体系中没有类似我国语境下的见习课、实习课,基础修养教育和理论学习构成新闻学专业教学的重点内容。

在最为辉煌的历史时期,新闻学专业曾经经历了一次由上而下的课程改革。日本的文部省一般是通过《大学设置基准》对大学的教学内容进行指导。1991 年《大学设置基准》提出的改革方针使得各个大学的课程设置、教学内容更加灵活。此前具有 40 年历史的作为所有新制大学特征的《大学设置基准》,是将大学必修的课程分为:基础教育课程、外语、保健体育和专业教育课程四类,其中的基础教育课程由自然科学、人文科学和社会科学三部分组成。而 1991 年出台《大学设置基准》则以"大纲化"的形式出现,对于教学内容的规定进一步弹性化,给予大学更大的自由度。新基准旨在打破基础教育与专业教育之间的壁垒,防止专业口径过于狭窄,指出:大学教育在实施专业知识教育的同时,也要培养学生具有宽厚的知识修养以及综合的判断能力,具有丰富的社会性。所以取消了基础课程与专业课程的独立性,课程的种类以"必修课"、"选修课"、"任意选修课"来区分,每一门课程的学分数都有所增加。在新《大学设置基准》支持下,各个大学不断推出具有各自特色的课程体系。①

据此,同志社大学文学院各个专业于 1992 年全面进行课程改革。改革后的课程体系中,包括专门为新闻学专业学生开设的必修课和选修课 I,其中必修课四年间只设有 6 门,共 20 学分;选修课 I 共开出 17 门,需要修满 28 学分。另外,为整个文学院开设了共通选修课,即选修课 II 和选修课 III,其中选修课 II 要修满 36 学分,分为 ABC 三群,内容十分宽泛,几乎所有学院都提供了选修课,包括文学院共通选修

---

① 参见[日]北村日出夫:《文学院课程履修》1992 年,"前言"。

课 A 群、社会学系共通选修课 A 群、英语、文化学系各专业课程、神学院课程;文学院共通选修课 B 群、社会学系共通选修课 B 群、社会学系各专业课程、法学院、经济学院、商学院各专业课程;文学院共通选修课 C 群、工学院课程等。其中社会学系开出的共通选修课仅面向社会学系学生。选修课Ⅲ主要是外语,其中英语 16 学分,其他语种 16 学分。学生毕业需要的学分数合计为 124 学分,还包括学位论文 8 学分。详细情况如下表所示:

表7 同志社大学 1992 年课程履修表

年次	必修课	选修课Ⅰ	选修课Ⅱ	选修课Ⅲ
第一学年	文章论(4) 体育Ⅰ(2)	新闻学原理(4) 新闻事业史(4) 传播论Ⅰ(2)	A 群: 文学院共通选修课 A 群	英语 德语 法语
第二学年	新闻基础研讨(4) 体育Ⅱ(2)	传播论Ⅱ(2) 大众传播论Ⅰ(2) 大众传播论Ⅱ(2) 外国媒体论(4) 现代史(4)	社会学系共通选修课 A 群 英语、文化学系各专业课程 神学院课程	汉语 西班牙语 俄语 注:英语 16 学分必修,其余修满 16 学分
第三学年	新闻学研讨Ⅰ(4)	广播电视论(2) 广告论(2)		
第四学年	新闻学研讨Ⅱ(4) 毕业论文(8)	社会学概论(4) 社会思想史(4) 社会心理学(4) 社会科学概论(4) 外国书讲读(英法德各 4 学分) 社会科学特讲Ⅰ(4) 社会科学特讲Ⅱ(4)	B 群: 文学院共通选修课 B 群 社会学系共通选修课 B 群 社会学系各专业课程 法学院、经济学院、商学院各专业课程 C 群: 文学院共通选修课 C 群 工学院课程	

2005 年 4 月同志社大学新闻学专业进入转型期。同志社大学对包含 3 个学系 10 个专业的同志社大学文学院进行改组,社会学系从文学院分离出来组建社会学院。在社会学院构建的"人与社会"这个

大的场域里面,为了突出社会学科的人文色彩,下设社会学、社会福祉学、媒体学、产业关系学、教育文化学 5 个学系,其中媒体学系是由原来的新闻学专业改组而来,这 5 个学系被看做相互作用的 5 个场。它们超越学科间原有框架,让学生通过丰富多彩的学习,在更为广阔的视野中掌握人类与社会的各种关系,从人的主体性出发,培养学生分析、理解各种社会现象的构造以及机理的能力。①

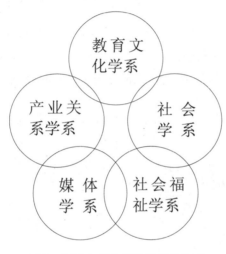

图 3　2005 年社会学院组织结构图

这次改革在课程体系中增设了主、副修专业制度和学院共通课程。社会学院为了满足学生的求知欲望,使之具有广阔的学术视野,掌握灵活的思辨能力和多角度分析现代社会的能力,引入了主、副修专业制度。学生入学时所属的专业即为主专业,入学后从学生的兴趣爱好出发,在所属专业之外选择另外一个专业作为副修专业。副修专业课程分成两类,共 7 个内容。一个是学院内部的与其他学系并行的副修专业课程,媒体学系的学生可以在社会学、社会福祉学、产业关系

——————
① 参见《同志社大学入学指南》2005 年,第 18 页。

学、教育文化学系进行选择；另一个是在国际社会学、社会心理学、性别学三个领域间进行横向结构上的选择。选修的副修专业如果修满学分，毕业生发给课程学习证明。社会学院的学院共通课程是为实施"导入教育"进行的课程准备，安排在第一学年，为学生的专业学习奠定基础，是学习专业知识的起点。学院的共通课程体系由大学提供的基础课（外语、体育课）和学院共通必修课程（如第一学年研讨）这两个课程群组成。社会学院的共通必修课程包括现代社会论、社会问题论、大众传播论、现代社会和劳动、教育文化论等各个学系的基础课程。媒体学系的专业课程体系主要包括媒体与新闻事业、信息与社会、文化与传播三个领域。2005 年媒体学系的课程体系如下图所示：

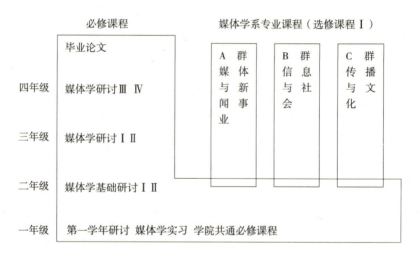

图4　2005 年媒体学系的课程体系

　　具体说来，媒体学系的课程以研讨班的形式为主，媒体学的基础研讨班有 7 个，媒体学研讨班Ⅰ、Ⅱ有 7 个，媒体学研讨班Ⅲ、Ⅳ有 6 个。同时还为学生提供了大量的自由选择科目，媒体学系的选修课Ⅰ由媒体学系和社会学院开设，选修课Ⅱ和Ⅲ均由学校面向全体学生开设。选修课Ⅰ是围绕必修课程，为了充实各自学科的专业性而设置的相关课程群,学生可以自由选择。选修课Ⅱ作为对专业课程的补充,提供其他学术领域理论知识学习的课程群,可以在 7 个广泛的领域内自由选择。选修课Ⅲ以提高学生丰富的国际性为目的,以小班型的授课方式开设了英语、德语、法语、汉语、西班牙语、俄语、韩语等 7 个国家的语言课程。

之所以把更名为媒体学系作为转型期标志,因为不仅从名称上新闻学专业升级为媒体学系,重要的是从整体的课程安排上媒体学系增加了实践课的内容,这是史无前例的。设置新的媒体学实习课程是为了使"新闻学"向"媒体学"的转型得以落实,但仔细分析这门实习课,就会发现它并不以提高学生媒体实践中的操作技能为重点。在重学轻术理念指导下,所谓的实习课程体现的也是对学术研究社会现实问题的关注,对媒体批判意识的重视。媒体学实习课程与我们概念中的实习课大相径庭,每个老师开设的实习课都与"实践"二字貌合神离。媒体学实习课程由 6 个研讨班组成,分别由山口功二、渡边武达、浅野健一、佐伯顺子、竹内长武、河崎吉纪等老师指导。具体情况如下①:

山口功二教授的实习研讨班以声像媒体为主要研究对象。利用小班的有利条件,通过讨论、小组研究、采访、媒体现场调查、个别访谈等多种多样的形式组织学生实习,使之通过亲身体验掌握媒体内容的制作过程。社会具有明显的时代特征,所以培养学生的时代感,理解新媒体也是本研讨班的重要教育内容之一。另外,希望通过这些实习,能够研究媒体的诸多相关问题,如对新闻炒作、发表官厅言论、获知权、信息源保密、制造新闻、捏造新闻等现象产生原因的探讨。课业评价方法:平时的实习评价、实际技能的测试、模拟授课等占 90%,新闻投稿的频率等占 10%。

渡边武达教授的这门课以考察媒体和社会的应然状态、分析评价

---

① 参见 http://www.doshisha.ac.jp/kyouiku/,2005 年 11 月 2 日。

媒体现状为主。也就是说，从社会问题的真实情况和媒体改革的视角，审视电视节目以及报纸的信息报道，进一步学习新闻制作、在广播电视法基础上的节目分类方法、日本新闻协会伦理纲领以及媒体批判方法，并探讨电视节目、消息报道等信息传播的价值等问题。另外，组织媒体参观，聘请新闻记者、专家等来校讲学，使学生能够更多地了解媒体机构的现状。渡边武达教授还介绍说，他会根据最新的时事问题随时变更、增加教学内容。课业评价方法：平时出席达到 2/3 可以得到 50% 的成绩，另外 50% 分别来自 4 篇 2000 字左右的小论文和 1 篇 8000 字的论文。

浅野健一教授的这门实习课则主要学习"媒体学"的基础知识和基本理论。讲读新闻事业和大众传播相关的文献资料，其中包括新闻学者的著作以及报道、通讯等媒体作品。浅野老师借助自己 22 年的记者经历，为学生提供了丰富的媒体实践经验。浅野老师从 2002 年到 2003 年用 14 个月的时间访问了世界三十多个国家，考察了各国的媒体研究情况。为了让大家联系实际，尽早明确个人在媒体学系的研究方向，他还计划成立一个具有国际视野的研讨班。他的实习课研讨班将加强时事英语学习，阅读重要的杂志和每天的报纸，收看主要的电视新闻节目，展开时事问题讨论；邀请媒体优秀的记者参与讨论、交流；去报社、广播电视局、法院、政府机关、公司等进行实地调查和采访。课业评价方法：平时讨论 50%，小论文 30%，期末论文 20%，题目自拟。

竹内长武教授的研讨班则以印刷媒体中的杂志为主要研究对象，目的在于培养学生对杂志报道的批判性阅读能力。为了加强学生更真实的感受，计划编辑发行模拟的或者真实的杂志。让学生在实践中学习报道内容的选取、采访的技巧、新闻稿的写作等知识，从制作者的视角来思考杂志报道的应然品格、杂志封面的策划、媒体与社会的应然关系等问题。课业评价方法：编辑作业、课堂讨论等方式的综合评价。

佐伯顺子教授的实习课以现代媒体集中反映的问题——性别研究为中心。她认为,在报纸、杂志的报道中,在电视节目、广告节目的影像中,我们可以看到现代媒体所描述的男女往往偏离了正常"男人"和"女人"的本性。佐伯老师将介绍一些有关的案例,学生们也要自觉收集报纸、杂志、电视节目中包含有性别问题的具体事例,以便在课堂上交流。大家的研究成果会在学年末编辑成论文集《媒体与性别》。另外,研讨班每年都将邀请电视台的导演、新闻记者,以及在大众媒体活跃的人物举行讲座,为同学们提供与业界交流学习的机会。课业评价方法:平时作业80%,期末论文20%。

河崎吉纪博士认为,兴趣是非常宝贵的财富。所以他的这门课则从学生的兴趣爱好出发,要求学生阅读一本文献,并结合自己收集的丰富的相关资料,写下读书体会并与他人交流。这个研讨班以给学生提供锻炼自己、表现自己的机会为目的。另外,本研讨班还与个人研究并行,以授之以渔的方法指导学生学习,所以学生可以在个人兴趣的基础上自由地进行调查、研究,最后写出研究论文。课业评价方法:出席情况、发言情况、小论文,共计100分。

媒体学系的这次课程改革,突出了新闻学科的社会性和跨学科的特点,结合社会学实证研究的优势,增加了实地调查、媒体实习等内容。媒体学系认为,新闻行业的重要性在持续增长,然而它却渐渐受到商业或其他利益集团的支配,解决这个问题的一个最好的方法就是让新闻业界具有更准确的定位和价值观,使新闻工作者有一种天生的抵抗诱惑的能力。大学可以在这个环节发挥至关重要的作用,所以必须担负起更多的责任。大学可以坚持重学轻术的理念,但不应该固守于封闭的象牙塔。大学为社会服务的方式多种多样,新闻学、大众传播学或是媒体学教育可以通过建构合理的课程体系,培养信息社会所需的具有一定媒介素养的国民;可以发扬批判媒体的精神,促进媒体生态的健康发展，担负起服务公众利益的责任。同志社大学社会学院媒体学系在信息社会的大背景和文化氛围的影响下，增强了与社会现实的联系。但是它们通过理论学习和研究的方式进行媒体批判的精神依旧，重学轻术理念的本质也没有改变。按照美国教育学者弗莱克斯纳的观点，这是在高等教育介于认识论和政治论哲学之间的一种折中思想——既与社会保持联系又有所坚持——指导下形成的独特个性。

二、教学方式与方法

教学方式与方法决定着课程设置最终的实施效果。受重学轻术理念影响，日本高等新闻教育的教学方式基本是以灵活的小班化、研讨式为主。

小班化教学理论出现在 20 世纪 60 年代之后。随着世界各国人才竞争越来越激烈，人们对教育的要求也越来越高，而一些国家也出现了因为人口出生率和学生入学率不断下降导致的生源不足。所以一些学者开始探索更为有效的教学组织形式，比如通过缩小班级规模的方式来提高教学质量。我们这里所说的"小班化"就是在上述背景下，日本高等新闻教育机构为提高教学质量而采取的一种有效的教学模式。小班化教学一般具有如下特点：1. 班级规模比较小，一般在 20人左右。据国外的一项"视野与文化"的研究表明，教师在课堂教学时视野关注的覆盖范围最佳为 25 个人左右。不论人数太多或是人数太少都会影响教学效果，不是顾此失彼就是不利于学生体验集体的促进力量。2. 教师的自主性与学生的个性都能够得到体现。在教学过程中，教师可以充分发挥自己在教学和科研方面的特长，激发学生的兴趣，按照学生的需要，给予学生均等的锻炼机会。小班化使教师有充裕的时间了解学生的特点和学习方式,进而使因材施教成为可能。学生也会因为参与教学活动的次数增多,能够接触到教师研究的前沿问题,使他们的个性和创造性得到展示,学习的主动性被激活。3. 小班化可以拥有多样化的教学环境。教师可以根据教学内容和教学活动的形式改变传统的座位形式、教学地点,比如校园、咖啡厅等。这样的氛围有助于拉近师生之间的距离,增进学生之间的合作与交流,让学生在轻松的气氛中参与教学和研究。

小班化在日本高等新闻教育中的运用源于社会现实对日本现代大学发展的挑战。在日本社会"脱亚入欧美"的进程中,直接为社会服务的现代大学理念要求日本的大学经济独立,回应社会需求,走出传统的象牙塔。可以说,小班化的教育方式既适应了现实社会的需要,又满足了日本高等新闻教育对重学轻术理念的尊重。首先,日本社会进入老龄化、少子化阶段,生育人口呈负增长,适龄入学人数减少。办学是日本人的一种产业投资,面对生源减少,经济紧张的挑战,只有千方百计开发利用学校现有的教育资源来维持学校的运营,其中精细化的教学模式,特别是小班化不失为理想的好办法;其次,进入信息社会,人的综合素质显得越发重要。学校要满足学生求知的欲望,更要考虑学生全面发展的需要,精细化的指导可以使教师与学生广泛接触,教师不仅"传道"、"授业"还要解人生之惑,做学生的良师益友,以"身教"胜"言教",因材施教地培养学生高尚的品性;再次,传统的重学轻术理念支撑着日本高等新闻教育,学院派的学者们一贯反对高等教育的大批量生产,认为科学研究需要孤寂,人格修养的形成需要磨砺,粗犷的教学方式只能培养工匠,而不是学者。小班化擅长于因材施教、教学相长的研讨式教学方式,更有助于培养学生创新的思维能力和科学研究能力。

下面具体介绍同志社大学媒体学系小型研讨班的情况。

研讨班的组建一般从大学二年级开始,也有个别的从一年级开始。学生以自己感兴趣的领域或者研究课题为依据选择指导教师，共同组成一个十人左右的学习集体，最终通过指导教师的指导，完成毕业论文写作。研讨班不需要统一的教材，一般根据教师的研究取向、学生的兴趣爱好选择教材，或者干脆不使用教材，以教师的一些研究课题为教学主线。研讨班的讲授方法、教学进度各异。大体上，第二学年以阅读新闻学相关的基础文献为重点，或是划分小组布置不同的研究内容，进行自主独立的研究。三年级以毕业论文相关资料的收集为主要任务，每个学生都开始着手准备各自的研究选题，灵活的研讨班为学生提供大段的时间去搜集资料、整理文献。第四学年大部分研讨班都会相应地增加写作毕业论文的时间，敦促学生准时提交高质量的毕业论文。通常，研讨班还会频繁地要求提交研究报告或者学习笔记、读书报告、课程报告等作业，每个学期末还必须提交阶段论文。在研讨班中学生可以自主地发现研究目标，自主学习，自主研究，提高了学生的学术研究能力。同时这种研讨班不仅仅是学习研究的集体，还是师生间沟通交流的场所，近距离的师生关系有助于学生的身心健康发展。

目前，同志社大学媒体学系的研讨班共有 20 个，每位教师都同时指导 2—3 个研讨班。渡边武达教授的研讨班在完成教学任务之余，鼓励学生参与新闻实践，并打破年级界限，将一些学生的优秀作品装订成册或是刊登在该研讨班的网页上，促进同学间的学术交流。浅野健一教授的研讨班里则聚集了许多来自中国、韩国等国家的留学生，共同的学术追求将大家凝聚在一起，各种文化也都在这个国际化大家庭里互相碰撞、交融。同样的研讨班，由于教师不同，具体的指导方法也是大相径庭，各具特色。

渡边武达教授积极支持新闻学专业的这次升格更名，同时他也是新闻学坚持媒体批判精神的支持者。他曾经发表多部针砭时弊、诟病媒体、建构民主社会的著作和文章，如著作《遭背叛的公众：日本媒体暴行的探讨及其对西方的警示》等。为了配合媒体学系的改革,他在研讨班中大胆尝试新的教学方法,兼顾学生的就业需求和新闻理论学习的需求。他的具体做法如下:

首先,对于一、二年级的学生,教师通过能够代表自己学术观点的著作、文章的讲读,传授基本的新闻理论。不仅要求学生阅读,还要写好读书笔记,相互交流讨论,提高认识,逐渐培养批判媒体的理论修养。他认为现在的学生对于新闻学批判媒体的本质既不理解也不关心,所以应该首先让学生学习新闻理论,只有学好基础理论才能够敏锐、深刻地监督、批判媒体。渡边老师身兼数职,既是大学教授又兼做媒体编辑,通过对媒体存在问题的观察分析,他指出,即使具有浓厚商业气息的现代媒体,为了寻找平衡也需要一些非娱乐化的偏硬的内容,这些才是媒体应该提供给社会的财富,才有助于社会的进步。对于媒体的全面理解和认识,使他得以创作出许多优秀的评论文章和电视节目。他在总结有关于聋哑儿童教育的纪录片《和妈妈在一起》的制作时说:"教师的实践工作可以为学生今后的媒体工作提供非常具体生动的理想追求"。① 身教胜于言教,这也是一种传授新闻理论、执著于媒体批判精神的好方法。

其次,对于学生就业难的问题,渡边老师独辟蹊径,实现了从知识生产、知识传播向知识的广泛应用为主要教学目的的转换,寻找到媒体聘任制度的突破口。渡边老师认为若要进入自己渴望的媒体就职,在读书期间就要做好准备,这个准备既包括新闻理论的积累又包括对你所要就职公司的充分了解。从学生进入三年级开始,渡边老师就要求学生根据个人的就业取向确定毕业论文的选题,将毕业论文写作准备阶段有针对性地提前。他会根据自己的经验帮助学生选取有新意、

---

① 同志社大学媒体学系渡边武达教授访谈,2005年1月29日,同志社大学溪水馆303室,渡边武达教授办公室。

有针对性、能够引起媒体兴趣的问题，作为论文选题。例如2005年的毕业生八百板一平同学就在老师的指导下选择了白描式媒体报道方式作为毕业论文的研究内容，对这种以新闻记者第一人称进行写实性报道方式的研究在日本还是首次。再如，小槻宪吾同学的理想是成为体育新闻记者，他选择"体育放送和放送权工作的现状及课题研究"作为论文方向。[①]渡边老师在介绍如何帮助他选题时说："即使将来他不能从事体育新闻工作，也可以到体育用品公司的广告部、策划部去工作，就业面很宽"。[②]在选准了研究方向之后就是实地调查、收集资料、整理资料、提交论文提纲、写作、修改、再写作、再修改，论文的完成大概需要2年的时间。长时间的论文写作过程磨炼了学生的学术能力，能够得出比较细致又有深度的结论也就不难理解了。媒体招聘时，面试一关是就职的关键，学生可以利用准备充分的、有针对性的、研究报告式的毕业论文博得用人单位的好感。通过这种指导方法，2005年渡边老师研讨班的22名毕业生中有2人进入研究生院继续学习，9人到大众传播相关企业就职，如上述的八百板一平同学就进了《朝日新闻》，小槻宪吾同学进了《长崎新闻》，其他学生的就业机构分别是《京都新闻》、《京都产业新闻》、《中日新闻》、《新潟日报》、富山电视台、新东通广告公司等。这是有史以来该校新闻学专业毕业生在大众传播相关企业就业比率最高的一届。

"新闻学专业"改称"媒体学系"曾经遭到学院派学者的极力反对，渡边老师的这种教学指导方法也被学院派的学者认为有投机之嫌。他们认为这样会导致在教学方式方法上出现投机取巧的现象，为了提高就业率就直接为媒体提供服务，难免避其锋芒，讨巧卖乖，同志

---

① 参见关于渡边武达教授研讨班2005年毕业生的毕业论文题目，参见附录1。

② 同志社大学媒体学系渡边武达教授访谈，2005年1月29日，同志社大学溪水馆303室，渡边武达教授办公室。

社大学新闻学专业的学术研究将很难再坚持对价值自由而不是价值判断的追求。以渡边武达教授为首的一些学者则认为这种教学方法是一种调和式的追求，并不违背学术理念。他依然坚持重学轻术理念，注重新闻理论教学，并且鼓励学生用所学理论分析媒体、监督媒体，使理论与实践很好地结合在一起，也并没有在大学内部实施新闻职业技能教育。渡边老师提出，若想学生能够实现自己的职业理想、人生理想，或者从事学术研究的理想，不接近这个领域是难以实现的。面对日本媒体独特的聘任制度和新闻教育制度，让学生在一定的理论修养基础上步入自己热爱的岗位，既可以帮助他们实现人生理想，又可以将理论知识用于指导新闻实践，提升媒体的伦理修养，这是很有意义的事情。① 渡边老师的这种指导思想可谓是高等新闻教育服务社会的一种新思维，是对重学轻术理念新的阐释和发扬。进入现代社会，特别是日本大学法人化改革后，大学的发展必须与社会需求保持联系，这也是新闻学专业改称"媒体学系"的原因之一。

随着科学技术在社会各个领域的全面渗透，高层次的应用性人才和应用性研究成果越发受到社会生产和流通部门的青睐。渡边武达等学者作出的选择符合当下高等教育人才培养目标的变化趋势。没有就业指导就没有市场，没有市场大学就面临困境，皮之不存毛将焉附？他们在教学中选取一种调和的方式，目的是协调重学轻术理念与满足学生就业、服务社会的关系。尽管这种方式看起来会削弱理论学习的力度，但是除了正常的新闻理论的教学之外，有针对性的个案研究完全可以取得开放性学习的效果，学生可以自己发现问题、分析问题、甚至帮助媒体解决问题。以这种方式接近媒体并不会产生"委身于媒体"的弊病，实践中理论知识的运用和验证将进一步完善、充实新

---

① 参见同志社大学媒体学系渡边武达教授访谈，2005 年 1 月 29 日，同志社大学溪水馆 303 室，渡边武达教授办公室。

闻理论教学和科研。日本新闻学者的这一选择是在重学轻术理念的基础上，试图绕过现代大学直接为社会服务这一理念造成的困惑，这与弗莱克斯纳"大学虽然不应该是完全封闭的象牙塔，但也应该严肃地批判地坚持一些长久的价值观"的折中的高等教育理念不谋而合。

三、师资结构与特点

我国著名教育家梅贻琦曾经指出："大学者，乃有大师之谓也，非谓有大楼之谓也。"无独有偶，1876 年美国霍布金斯大学第一任校长吉尔曼也说过："大学的荣誉应该取决于教师和学者总的品质，而不应该取决于人数，更不取决于供他们使用的建筑物"。① 一所大学乃至一个学科的发展都离不开优秀的专业学术队伍。特别是在具有"重学轻术"理念的日本高等新闻教育领域，教师的专业、学缘、学历、职称、年龄等直接影响着它的发展。同志社大学新闻学专业的和田洋一、城户又一、鹤见俊辅等几位学者以其执著的学术追求、深刻的社会责任感，继承发扬了新岛襄的治学精神和办学理念，在日本最具传统的新闻教育机构形成了"安能摧眉折腰事权贵"的学术风范。新闻学的学术群体力量创造了同志社大学媒体学系的辉煌历史。

创办初期，由于新闻学刚刚起步，缺少认同，学科发展不完善，新闻学者奇缺，大学里的任课教师多来自业界。当时担任新闻学专业课程和新闻学共通必修课程的专职老师只有和田洋一教授（新闻学特讲）和住谷申一讲师（新闻经营论、新闻发展史、新闻制作论），其余教师均从业界聘请，他们分别是永末英一（新闻学特讲：舆论）、乌浦（广

---

① 贺国庆：《德国和美国大学发达史》，人民教育出版社 1998 年版，第 144 页。

播电视事业)、矢部茂利(共通必修课程中的新闻学)。选修课的老师也都来自业界,如京都报社社长白石古京(新闻经营论)、藤原惠(新闻发展史)、掘敏一(新闻制作论)等。这一时期的外聘教师比率高达80%,这也是当时日本高等新闻教育师资结构的普遍特点。下面详细介绍几位在当时乃至今天对同志社大学新闻学专业产生深远影响的教师。

和田洋一先生1903年9月22日出生于京都,1916年进京都同志社中学读书,1927年第三高等学校毕业。1930年3月京都帝国大学文学院文学系德国文学专业毕业后到同志社大学做预科讲师。1935年与他人联合创办杂志《世界文化》,以"水野七郎"的笔名发表文章,以本名兼写书评。在青年时代他接受了近代的进步思想,与社会主义思想产生了共鸣。因此,在1938年日本进入备战状态之后,和田洋一先生成为反战人士,并因违反当时的治安维持法而被关进拘留所一年有余,1939年被判有期徒刑两年,缓期三年执行,后被保释。渡边教授在回忆和田先生的文章中说:"和田先生的思想基础是基督教的教义和马克思主义的思想体系,先生的言行与思想是一致的"。① 1943年和田先生辞去《大阪时事新报》三年的报馆工作,转到德国大使馆任翻译。1946年他创办《晚报京都》,自任理事、文化部长,《晚报京都》产生的社会影响一直被后人津津乐道。1948年新闻学专业成立,1949年9月应日本新闻协会的邀请,和田先生转到新闻学专业开始了从事新闻教育的生涯。1951年他倾心于新闻学会的创立,1969—1973年担任新闻学会理事。1956年他任文学院院长至1974年退休,并被聘任为同志社大学名誉教授。和田先生1993年12月20日去世,享年90岁。

---

① [日]笠原芳光:《近代の終焉——和田洋一先生をおもう》,《同志社時報》1994年第97期,第104页。

1950 年日美签订《旧金山条约》，在日本社会引起两派之间的争论：日本是否应该单独与美国缔结条约？是应该维持日本与世界和平，还是与美国的和平？和田洋一教授作为反战人士，反对单独与美国缔结条约，主张世界和平。在他的带领下，同志社大学新闻学专业成为促进社会发展、主张社会改良的进步组织，网罗了一批优秀的新闻学者，以共同推进民主社会的建设为使命，同时也形成了以媒体批判为核心的新闻教育理念，迎来了新闻学专业最为辉煌的历史时期。

在回忆自己为什么放弃德国文学而选择新闻学时，和田洋一教授指出：中日战争、太平洋战争的结局是惨痛的，而战争中像《朝日新闻》、《每日新闻》这样的大报却作出了支持战争的举动，它们应该为这个惨痛的结局承担一定的责任。此前日本并没有像样的新闻学研究，所以为此从事新闻学研究非常有意义。① 战后的新闻学研究刚刚起步，一切都处于萌芽阶段，新闻学研究非常艰难。和田洋一教授从言论自由、学术自由的角度指出作为一个新闻学者的艰难所在，他说："作为新闻学教授必须有公正的立场。如果从学术立场出发，我们或者称赞《朝日新闻》的导向，或者批判《读卖新闻》的导向，这样的行为必然会给《读卖新闻》的销售带来负面影响。所以，新闻学的研究者很难表达出正直而真实的言论，这是我们应该面对的主要问题。难道新闻学教授只能从事特定报社销售的问题研究吗？现在就连新闻记者也不再持有批判的锐气了"。② 可见，他关心的问题是作为新闻学者和新闻记者应当承担的社会责任。他的这一观点深深地影响着同志社大学新闻学专业的发展方向。

另外，由于他德国文学功底扎实，热衷于德国文献及其理论的研

---

① 参见［日］河野仁昭：《父と子と同志社》，《同志社時報》1989 年第 87 期，第 82—91 页。

② 同上。

究。他关注历史、文化与新闻学的关系研究,始终坚持德国的新闻教育理念,把理论修养、媒体的社会责任放在新闻学研究的首位。这一点在他的研究课题中有所表现。20 世纪 60 年代他曾发表数篇论文介绍德国新闻教育、探讨新闻学原理,如《东德卡尔·马克思大学的新闻学院》(《新闻研究》,1960 年)、《日本的新闻学和即日性》(《人文学》1960 年)、《关于东德脱离者报纸的报道》(《新闻研究》,1962 年)、《新闻学的对象和方法》(《新闻学》,1967 年)、《关于德国新闻学的接受》(《新闻研究》,1968 年)等。他一生的主要著作有:

《国际反法西斯主义文化活动——德国篇》,三一书房 1949 年版;

《灰色的幽默》,理论社 1958 年版;

《考察朝鲜感言》,日朝协会京都府连出版委员会 1964 年版;

《同志社的思想家们》(上)、(下),同志社大学生协出版社 1965 年版、1973 年版;

《战争时代的抵抗力量研究》(1、2),みすず书房 1968 年版、1969 年版;

《新岛襄》,日本基督教团出版局 1973 年版;

《我的昭和史——〈世界文化〉的故事》,小学馆 1976 年版;

《写给学习新闻学的人们》,世界思想社 1980 年版;

《被操纵的北朝鲜》(合著),三一书房 1982 年版。

不久,鹤见俊辅先生、城户又一先生的加盟加速了同志社大学新闻学专业的发展进程,使得同志社大学新闻学专业沿着和田洋一教授铺设的理论研究、媒体批判的发展路径逐渐壮大起来。鹤见俊辅先生、城户又一先生与和田洋一先生有着共同的政治观点和治学理念。

鹤见俊辅先生 1922 年出生于东京,日本著名的哲学家、社会评论家。外祖父是著名的政治家后藤新平,父亲鹤见祐辅既是作家又是政治家。鹤见俊辅先生 1939 年进美国哈佛大学学习哲学,毕业后回国。战后,在日本创立先驱社,发行刊物《思想的科学》,成为战后舆论界的领军人物。他也是一位反战的和平运动分子,1960年因抗议安保条约而被迫辞去东京工业大学教授一职。1961年受聘于同志社大学文学院新闻学专业教授,直至1970年辞职。在同志社大学任职期间,他积极运用哲学理论研究新闻学、传播学问题,加强了新闻学专业的理论研究力度。其作品集有5卷,主要的著作有《现在的人类社会》、《战后日本的大众文化史》、《限界艺术论》、《不定形的思想》、《儿童文学的周边》等。

城户又一先生1902年出生于福冈,1927年东京帝国大学法语专业毕业后,开始了长达24年的大阪每日新闻社的新闻工作,1933年开始担任每日新闻社的巴黎特派员,1938年回国后分别担任东京日日新闻社(每日新闻东京社)外国通讯部副部长、政经部副部长、评论员等职。后因反对1950年日本单独与美国缔结条约,被每日新闻社辞退,1951年转到东京大学新闻研究所工作,1953年任日本新闻学会常务理事,1959—1963年任东京大学新闻研究所所长。之后由和田洋一教授引进到同志社大学新闻学专业,1967—1969年担任日本新闻学会理事,1972年从同志社大学退职。1975年任创价大学教授,1975—1977年任日本新闻学会会长,1976年任创价大学和平问题研究所所长,1985年被聘为日本新闻学会名誉会员,1989年从创价大学任满退职。城户先生作为20世纪70年代现代传播学研究领域的一面大纛,其主要著作有:《误报》(日本评论社,1951年);《大众传播讲座　第三卷》(河出书房,1954年);《讲座:现代大众传播　第三卷》(河出书房新社,1960年);《讲座:现代新闻事业　第一卷、第二卷》(时事通信社,1974年)。① 城户又一先生将媒介评判理论、社会进步思想融进了学术研究,他以同志社大学新闻学专业为依托教书育人,其执著严谨的治学精神影响了几代人。和田洋一与鹤见俊辅、城户又一三位学者共

---

① 参见[日]城户又一:《思い出すがままに》,《社会科学(Sociological)》1988年第12期,第1—10页。

同揭示了新闻学专业通过学术价值追求参与政治、监督媒介、推动社会进步的传统。

新闻学专业沿着这三位教授开创的新文教育传统，始终保持着理性的媒体批判态度，以一种若即若离的关系维系着学术自由与现实社会需求之间的平衡。2005年更名为"媒体学系"就是要在提高学生的媒介素养，继续发扬理性的批判精神的基础上，加强学系与社会各个领域的联系以满足社会需求。为此，媒体学系重新调整了教育内容，既引进了广告学、动漫画学、文化学等方向的相关人才，也邀请了年轻有为的新闻史学研究者加盟。这一时期的师资队伍无论从任何角度来看，都可谓历史上最合理最完备的。下面对他们进行简单的介绍：

山口功二教授：1941年出生，1960年带着对文学创作的热爱考进同志社大学新闻学专业，1967年成为同志社大学首届新闻学专业硕士毕业生，1972年回校任教，至今。山口教授深受其导师鹤见俊辅先生影响，热衷于新闻理论研究。任教期间兼任杂志的编辑、顾问等职，媒体工作经验丰富。现在担当媒体学系的新闻事业史和媒体史课程的教学，主要从事新闻史研究。主要的著作有：《媒体学的现在》、《写给学习媒体用语的人们》等。

渡边武达教授：1944年出生，1967年同志社大学文学院英文学系毕业，1969年结束同志社大学文学院新闻学专业的学习，到京都产业大学任教，1990年出任同志社大学文学院社会学系新闻学专业的教授，2001年任哈佛大学客座教授，曾任关西电视台京都频道审议会委员长、京都新闻报道审议会委员长。现任媒体学系主任，担任现代媒体·新闻事业论、媒介素养概论等课程的教学工作，主要研究新闻事业伦理、大众媒体与和谐社会的创设、国际传播学等问题。主要著作有：《市民社会的范式》、《当代媒体学》、《媒体的公正与社会责任》、《媒体与资讯》、《媒体的法理与社会责任》等。

浅野健一教授：1948年出生，1972年庆应义塾大学经济学院毕业,进入该大学新闻学系学习研究生课程。毕业后在共同通信社工作近20年,先后在编辑局社会部、千叶分局、广播电视台的企划部任职,1977—1978年任共同通信劳动组织关东分部委员长,1994年离开共同通信社,加入同志社大学新闻学专业的教师队伍。作为"人权和报道联合会"的"协作人",他热衷于新闻言论自由的社会学研究。研究课题多集中于犯罪报道及人权方面。目前的主要研究集中于受日本影响的一些亚洲国家的大众媒体、名誉、隐私等基本人权以及表达自由、媒体责任制度等方面。主要讲授新闻学原理、新闻学研讨、大众媒体现状等课程。出版了大量的学术论著:如《犯罪报道的犯罪》、《改革犯罪报道》、《犯罪报道和媒体的良心》、《破防法和大众传媒》、《日本成为世界的敌人——受政府援助的犯罪》、《匿名报道——媒体责任制度的确立》、《新闻人的良心宣言》等。

竹内长武教授:1951年出生,1977年取得大阪教育大学教育学硕士学位,之后在大阪国际女子大学传播学系任教,从事儿童文学研究。主要研究方向是漫画、动画、儿童文学和儿童媒体,以及大众文化。2001年到同志社大学新闻学专业执教现代文化论、影像信息学。主要的研究著作有:《漫画与儿童文学的关系》、《手塚治虫论》、《战后漫画50年史》、《漫画表现学入门》、《儿童漫画的巨人们》、《儿童文化与儿童学》等。

青木贞茂教授:1956年出生,1979年立教大学经济学专业毕业,现在是日本广告学会常务理事。2004年他加盟到同志社大学新闻学专业,增加了这里的广告学研究的力度。主要研究品牌广告,如关于制定有效的商品品牌广告的方案的方法论、消费文化和广告、现代生活的广告结构和功能等。担任的课程主要有广告论、信息行动论。主要的著作有《文脉创造的销售》等。

佐伯顺子教授:媒体学系目前唯一的女教师。1961年出生于东京,1987年在东京大学进修比较文学比较文化的研究生课程,1992年取得该方向的博士学位。之后任帝塚山学院大学讲师、副教授、教授。研究课题主要集中于日本活字媒体、影像中的女性观、家族观、男女关系等领域。2002年到同志社大学新闻学专业执教，担任比较媒体论、现代史课程的教学工作。她的到来增添了媒体学系文化学研究的氛围。出版著作主要有：《游女的文化史》、《"色"与"爱"的比较文化史》、《恋爱的起源》等。

柴内康文副教授：1970年出生，1996年东京大学社会心理学硕士毕业，1998年到同志社大学任教，执教传播论和宣传学课程。主要的研究课题有：从社会心理学的视角研究大众媒体、电子媒体对人类的心理、行为以及社会产生的影响。主要的著作有《网络社会与社区团体》等。

河崎吉纪讲师：1974年出生，1999年同志社大学新闻学硕士毕业，2002年取得新闻学博士学位后留校任教。目前同志社大学新闻学博士学位唯一获得者，现任媒体学系讲师，担任信息行为论、媒体社会论课程的教学工作。主要研究课题：新闻记者的历史研究——现代媒体的组织结构研究。主要研究成果有：《新闻记者资格制度的言论分析》、《新闻记者的制度化：战前的录用和学历》、《近代日本新闻学的成立》、《1920年代新闻记者的学历》等。

学术队伍的不断壮大标志着所属学科的发达。目前媒体学系的师资力量虽然与和田洋一、鹤见俊辅、城户又一等教授形成的影响力不可同日而语，但是媒体学系教师们的学科背景丰富，研究领域宽泛，专业知识结构更加合理，而且仍然致力于媒介批判理论的研究。从年龄结构上看，现在这8位教师老中青的梯队构成合理，后备力量充沛；从职历来看，有半数以上的学者曾经或者正在担任新闻媒体的具体工作，实践经验丰富；从学缘上看，4位来自新闻学专业，其余分别来自经济学、教育学、社会心理学、比较文化学，这种学科分布既适应了新闻学学科综合性特点，也满足了新建媒体学系的需要。同时，这支队伍具有较高的学历和职称结构，博士学位 2 人，硕士学位 4 人，硕士课程 1 人，学士学位 1 人，其中教授 6 人、副教授 1 人、讲师 1 人。具体情况如下图所示：

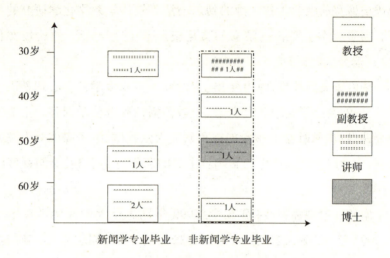

图 5　同志社大学媒体学系 2005 年师资结构图

和田洋一、城户又一、鹤见俊辅三位先生时期形成的学术传统也是现在媒体学系教师遵循的工作准则。媒体学系主任渡边武达教授经常结合工作实际，坚持以如刀如椽的笔展开媒体批判。例如，他曾在《东方日报》上发表批判日本周刊杂志的文章："很难想象一个自诩为民主开放的国家，却纵容国内媒体如周刊，侵害个人的自由与隐私、煽动盲目的民族主义、继续伪造与史实不符的文字。但这确确实实在日本发生了，并且正在发生着。"①渡边武达教授还认为，升格为媒体学系之后必须加大媒体研究力度，因此除了具有理论功底的教师，还欢迎有业界工作经验的学者加盟。再比如，浅野健一教授曾以和田洋

————————

① 渡边武达：《机制缺陷公信力失守——日本媒体雅俗对峙》，《东方日报》2005 年 1 月 5 日。

一、城户又一、鹤见俊辅三位先生为例指出,具有媒体工作经验的大学教师可以将媒体的真实情况反映给大学,可以运用新闻学理论更加透彻地反省、批判媒体。① 浅野教授曾经就职于媒体,目前是国际传播学会会员,积极参与人权和新闻法制研究、新闻事业和言论自由的社会学研究、各国媒体社会责任制度比较研究等。的确,新闻学者们丰富的媒体工作经验为他们展开理性的媒介批判增加了可信度和力度。

其实,在日本大学的新闻学专业教师队伍中,具有业界工作经验的不在少数。2000 年 6 月以"大众传播学研究和大学教育——21 世纪新闻学教育的课题"为主题的"日本大众传播学会春季研究发布会"上提供的一项调查显示,在有效的 209 份答卷中,有媒体工作经验的教师占 71.3%,从学历来看,学习过研究生课程的较少,大学本科毕业的有 60.8%,其中有 45.6% 在报业工作过,45% 在广播电视业工作过,在出版社、广告业工作过的分别为 5.4%,在通讯社工作过的有 2.7%,在综合媒体工作过的有 0.7%,其他行业的有 2.0%。他们一般是在大众媒体工作了一段时间之后,带着对大学学术追求的敬畏,转职到大学当老师。也就是说,不论业界还是学界都非常认可大学的重学轻术传统,日本的高等新闻教育并没有因为具有业界工作经验的教师比例较高而削弱了高等新闻教育对学术研究的重视。

总之,从课程、教学方法、师资等三个方面来看,同志社大学媒体学系在传统的重学轻术理念影响下,继承了新闻学专业重视新闻理论研究和媒体批判的本质。日本的新闻学者普遍对明治时期的政论报纸敢言品质情有独钟,抚今追昔,他们认为只有当时的报纸才堪称"新闻事业",痛感今天的新闻媒体已迷失了本质,力争通过加强监督、评判力度的方式,使新闻媒介恢复言论自由时期的辉煌。他们认为,媒

---

① 同志社大学媒体学系浅野健一教授访谈,2005 年 1 月 9 日,同志社大学溪水馆 407 室,浅野健一教授办公室。

体一旦臣服于经济利益或是政治权力，所谓言论自由、社会责任感必然受到削弱。对言论自由、社会责任的追求至今仍然是新闻学者不变的理想，同志社大学媒体学系的遗传基因中就蕴涵着以理性研究、公正监督、客观批判新闻媒体等治学传统。

同志社大学新闻学专业在转型为注重通识教育、以培养具有较高媒介素养的国民为目的的媒体学系之后，这种专业精神和治学传统是否能够依然存在，成为学者们的一大顾虑。通识教育是相对专业教育而提出来的，是对高等教育过度专业化的一种反证。1945年的《哈佛报告》明确指出，通识教育是指对全体大学生所普遍进行的有关"共同内容"的教育，包括哲学和基础性的语言、文化、历史、科学知识的传授，公民意识的陶冶，个性的熏陶以及不直接服务于专业教育的人人皆需的一些实际能力的培养，其目的在于提高全体大学生的教育水平。通识教育是现代理论研究的基础教育。通识教育的内涵是关于人的教育，是学生作为人类的一个成员和一个公民所应该接受的那部分教育，是把学生当做"人"来培养而不是当做"工具"来培养的教育。通识教育的目的在于通"识"，大量的选修课、院系共通必修课、基础修养课程、主副专业制度等都是出于通识的目的。日本高等新闻教育从诞生到发展都以德国古典大学理念为基础，在同志社大学媒体学系的发展历程中，不论是课程设置还是教学研究的内容、方法，也都凸显了通识性的教育特色。

洪堡认为，修养是个性全面发展的结果，是人作为人应该具有的素质，它与专门的能力和技艺无关。媒介素养教育与德国古典大学的基本价值取向和培养目标相一致，都是关于人的发展的一种理想。在上面提到的这项调查中还显示，在有媒体工作经验的教师中，仅有4%的人认为大学应该以养成记者的实际工作技能为教育目标，有15.4%的人认为大学应该以产业实际工作技能为教育目标，有77.9%的人认为大学应该以加强学生对媒体营造的社会环境的理解为目标，有

24.2%的人认为大学应该以提高学生个人修养为目标,其他的观点占6%;在没有媒体工作经验的教师中,认为大学应该以养成记者的实际工作技能为教育目标的有3.6%,认为大学应该以产业实际工作技能为教育目标的有7.3%,认为大学应该以加强学生对媒体营造的社会环境的理解为目标的有80%,有18.2%认为大学应该以提高个人修养为目标,其他观点占1.8%。① 这组数字说明,不论是否具有媒体工作背景,教师们普遍认为高等新闻教育应该以提高学生理解媒介营造的社会环境能力为第一目的,提高个人修养排在第二位,产业和职业的实际工作技能养成还在其次。因为媒介营造的拟态环境存在虚假性,受众深陷其中,不易分辨现实环境与拟态环境的真伪,提高识别能力的第一要务就是形成一定的媒介素养,这既是做一个信息社会合格公民的必备品质,也是在信息社会进行学术研究必备的个人基本修养。

在洪堡的理解中,科学与修养具有相互依存的关系,失去修养便没有真正的科学,同时将科学研究看做达臻最高修养境界的阶梯,舍去科学修养便无从进行。新闻理论研究与通识教育之间也存在这样一组关系。通识教育是高等新闻教育中理论研究的基础,没有一定的通识修养就无法洞悉媒体的行为,更无法把握媒体的本质,新闻理论研究将是闭门造车,空洞无物;如果相应的新闻理论研究跟不上,通识教育的内容就会停滞不前,提高修养也就成为了一句空话,同志社大学新闻学专业所坚持的媒介批判也将无从入手。批判是建立在反思基础上的论证,理性而科学的反思也离不开新闻学理论研究与时俱进的新成果。

新组建的媒体学系虽然更直接地面对媒体,但是不论是主、副专业制度还是小班化的研讨班、新开设的实习课,都彰显出对新闻学理

---

① 参见[日]大井真二:《ジャーナリズム・マス・コミュニケーション教育の現在》,《マス・コミュニケーション研究》2001年第59期,第81—101页。

论及学生基本素养教育的关注。媒体学系渡边武达教授针对媒介无处不在的社会现实指出，虚实的新闻混杂在一起，反而更危险，因为一般读者很难以分辨出捏造的成分，很容易被哗众取宠的杂志行销及编辑手段所误导、蒙骗。① 因此，他积极主张开设媒介素养概论课程，认为通过学习可以使学生认识媒体本质，了解媒体传播信息的过程，进而更接近事实真相，有力地监督、批判媒体。在谈到媒介素养教育的重要性时他指出，现代媒体依据大广告主优先理论、商业利益主义理论、国家支配理论的支撑得以运作，所以，在媒介制造的社会，如果媒介说谎，那么民主主义的根基必将瓦解；如果批判意识消失了，娱乐信息优先的媒体问题则必将持续。媒介素养教育，是在全球化的背景下展开的，关于现代社会各种媒体的特征及其在社会系统中地位的认识，同时还要以广播、电视、报纸为中心，探讨如何解读媒体提供的信息、如何自如地运用媒体。建设民主社会与民众的媒介素养提升关系密切，民众的媒介素养教育刻不容缓。②

民众较高的媒介素养不仅仅满足了个人生活的必需，更为媒体追求其应然品质提供了人力资源，因为具有较高媒介素养的普通民众也可以客观公正地监督、评判媒体履行社会责任的情况。新闻学者们认为，作为社会公器的媒体如果积极提升品质，追求应然，民主社会的建构就会指日可待。所以，从这个角度来讲，提高国民媒介素养、个人修养都有利于加大监督批判媒体的力度，提升媒介水准，促使媒体发展更加成熟，推动社会进步。所以，在全球化、信息化的大背景下，日本重学轻术的高等新闻教育通过通识教育、媒介素养教育的途径找到了新的发展方向。

---

① 参见［日］渡边武达：《机制缺陷公信力失守——日报媒体雅俗对峙》，《东方日报》2005 年 1 月 5 日。

② 参见［日］渡边武达：《媒介素养概论讲义》，http://www1.doshisha.ac.jp/twatanab/，2005 年 12 月 20 日。

第 四 章
日本高等新闻教育展望

一、信息时代的抉择

从上述几章的分析来看,日本高等新闻教育已经从传统模式的新闻理论教育开始转向以新闻理论、传播理论、社会信息学理论为基础的媒介素养教育,高等新闻教育所坚持的重学轻术理念根据它自身的发展性、整体性特点,在信息社会到来的时候作出了调整。从广义上讲,媒介是无处不在的,随着科学技术的进一步发展,人类将进入第五、第六甚至第七媒体时代,人类的生活将时刻接受着媒体的挑战,在亦远亦近的信息时代如何自由地享用媒体工具,已经成为人类社会普遍关注的话题。信息时代这个大的现实背景对高等新闻教育的发展产生影响是必然的,但是,在未来一段的发展过程中,由于日本文化的稳定性、独立性的作用,调整后的日本高等新闻教育理念依然会遵循追求学术价值本位的路线。

1. 深化通识教育和媒介素养教育

现代高等教育已经走向社会的中心,保持与社会现实的密切联系成为发展的必然趋势,在德国古典大学重学轻术理念影响下发展起来的日本高等新闻教育,在全球化的今天又面临着各种外域文化潮流的侵扰。日本高等新闻教育传统的重学轻术理念以调和的方式对此作出回应。日本高等新闻教育继续排斥新闻职业技能教育,力图通过实施通识教育和国民媒介素养教育与现实世界保持接触,适应信息社会的需要。通识教育和媒介素养教育是美国高等教育在信息时代选择的一条向学术价值理念回归的道路,而日本高等教育,特别是高等新闻教育,则是在原有重学轻术理念基础上转向了弗莱克斯纳主张的兼容、调和的现代大学理念,实现了重学轻术理念的扩展。

为什么要注重媒介素养教育和通识教育?

媒介素养被称做信息时代的新素质。事实上,世界上各国的媒体都不可能如实、客观地反映现实世界,也就是说,媒体呈现给受众的信息并不是现实世界本身,而是通过少数资源拥有者制作而成的拟态世界,它或多或少地都会含有制作者的观点;媒介信息也包含着传播者的意识形态和价值观,它深深地影响受众的意识形态和价值取向;媒介信息是通过各媒体特定的语言表达出来的,所以,受众只有懂得媒体特有的语词、语法、句法和修辞体系才能提高对媒体传播内容的鉴赏能力和取舍能力。另外,不同的群体受众和个体受众对同样的媒介信息内容感受不一;媒体其实是被利益驱使的商业机构,它的各种信息里有其商业性;媒体不仅是传播各种文化的工具,其本身也成为现代文化的一部分。① 由英国、美国、加拿大、澳大利亚等国率先掀起的媒介素养教育已经成为世界新闻教育领域新的研究课题。这为日本高等新闻教育实施的媒介素养教育和通识教育长期发展下去提供了可以比较、借鉴的外部因素。

---

① 参见张开:《媒体素养教育在信息时代的意义》,http://www.cddc.net/shownews,2004 年 12 月 27 日。

　　日本的新闻学研究逐渐向传播学、社会信息学扩展，与其他大众传播相关学科共同面对信息时代的挑战。传播学兴起于20世纪40年代，60年代成为风靡北美和西欧的一门显学。传播学以人类社会的传播现象为研究的逻辑起点，它关注的重点是媒介与社会的互动，特别是以受众和传播效果为研究重点。因此传播学具有多学科性，是政治学、经济学、心理学、教育学等社会学科，甚至是自然学科的交叉产物。它系统的理论体系和科学的研究方法，比较好地揭示了人类新闻传播运作和新闻传播事业发展的普遍规律，理所当然成为了新闻传播教学的主要内容。① 在通讯技术突飞猛进的信息时代，社会信息学因人类传播活动的需要而备受关注，甚至成为日本一些家政学院的基础课程。传播学、社会信息学的相关课程理应作为提高国民修养的基本内容而受到高等教育的重视。上述的同志社大学媒体学系就是积极开设媒介素养课程的典范。日本其他的大学也将与大众传播相关内容作为通识教育的一部分，融入到了其他专业课程体系之中，也就是说不仅新闻学专业开设媒介素养课程，培养学生基本的媒介批判能力，即使其他专业也认识到了媒介素养教育在信息时代的重要意义，以通识教育的方式将其普遍贯穿于高等教育之中，培养具有一定专业知识又能够适应信息社会生活的公民。

　　日本的媒介素养教育如此深入人心的内部原因在于新闻学者对于重学轻术理念的执著。现代社会的高等教育要超越象牙塔，与社会现实保持一定的联系才可能生存，而日本高等新闻教育根深蒂固的重学轻术理念不可能接受实施新闻职业技能培训的任务，社会也不会认可大学实施技能教育，同时企业也不会放弃自己内部培训的权利和制度。但是面对信息时代的挑战，高等新闻教育又确实需要担当起服务社会的责任，全面开展媒介素养教育应该是其最为理想的选择。媒介

---

① 参见孙旭培：《中国传媒的活动空间》，人民出版社2004年版，第262页。

素养是信息时代的国民必须具备的新的素质，它构成了人的基本修养的重要组成部分。按照洪堡的理解，没有一定的修养是无法进行科学研究的，本科阶段的修养教育为从事更高层次的理论研究奠定了基础，因为媒体素养包含人们面对媒体各种信息时的选择能力、理解能力、质疑能力、评估能力、创造和生产能力以及思辨的反应能力，缺乏这些能力在信息社会就不能游刃有余地进行科学研究。当受众在心智上能够穿透媒体所建构的迷障，才能不被媒体所左右，才能拥有个人自主能力去分析选择媒介传播信息内容，进而通过理性思维与对话去影响、督促媒体改善其传播内容，从而提高整个社会的文化品位。①也就是说，高等新闻教育重学轻术的理念踏上了一条类似于弗莱克斯纳教授所描绘的大学理念之路——"大学不是风向标，不能流行什么就迎合什么。大学应该不时满足社会的需求，而不是它的欲望"，②形成了既重视学术研究又能够与现实社会保持联系的现代大学理念。

基于以上认识，笔者认为重学轻术的日本高等新闻教育会将媒介素养教育和通识教育持续深入地发展下去。

2. 产学协同的新闻教育模式将大有可为

在信息时代，大学是社会发展、科技进步的重要依托，业界与大学的协作可以优势互补，也是高等教育实现社会服务职能的方式之一。产学协同发展的道路虽然由来已久，但是由于日本高等教育受传统教育观念和德国古典大学重学轻术理念的支配一直发展缓慢。大学间接满足社会现实需求的举措也是近几年才得到广泛认可。

从企业来看，竞争的优势来自于不断创新和持续学习的能力，其

---

① 参见张开：《媒体素养教育在信息时代的意义》，http://www.cddc.net/shownews，2004年12月27日。

② ［美］弗莱克斯纳著，徐辉、陈晓菲译：《现代大学论：英美德大学研究》，浙江教育出版社2001年版，第3页。

生存发展对智力资源的依赖程度越来越深，以致出现了企业通过自己创办大学的方式来满足对知识和人才的需要的现象。其实，早在1922年新闻学还未在日本大学登堂入室的时候，《每日新闻》社长本山彦一先生就已经从业界的视角提出设立新闻学校，培养新闻人才，服务新闻事业的构想。在本山彦一先生看来，报纸的权威性与记者的人格成正比关系，所以他积极主张全国的各个报社联合起来开办新闻学校，培养新闻记者。他明确指出，新闻学校开设新闻学科，应该分为普通科和专业科两种，普通科是在乙种商业学校里讲授新闻实用课程；专业科是在大学课程之外设置的新闻专科。由全国各个报社的部长们担任讲师，进行实际技能的训练。为了培养国际记者，各个报社要选派记者到国外学习。这个计划需要各个报社携手互助共同来完成。①

在高等新闻教育发展的初期，报社等新闻媒体在师资、资金、物资等方面给予了大力支持。高等新闻教育的发展与业界的支持密不可分。由于日本传统文化的特点，大学一直固守学术自由理念，始终与业界保持一定距离，除了部分科研项目之外，新闻学界为业界提供的服务是非常少的。新闻媒体企业商业化性质发展成熟之后，企业内部培训制度也逐渐完善，并在经济、人才等方面显现出了足够的优势。为了防止媒体企业独立的经营目的受到干扰，他们实施的企业文化教育和新闻职业技能训练也与大学的新闻教育保持着一定距离。业界的拒绝一方面给高等新闻教育坚持学术理念、洁身自好提供了可能，一方面也限制了高等新闻教育发展的现代化进程。

教育的变革和发展必须适应经济发展和社会进步的需要，这是历史证明了的客观规律。信息时代，本国社会现实和异质文化形成的压力，会迫使日本高等新闻教育走出不食人间烟火的象牙塔，踏上产学

---

①　参见［日］小野秀雄著：《日本新闻发展史》，每日新闻出版社1922年版，"序言"。

协同发展的道路。

首先，从日本高等教育的变革来看，日本大学教育经费来源的主要渠道原来有三个：文部省、私营公司和政府代理机构。文部省在经费分配上对国立大学采取倾斜政策。在国立大学中，科研投资又相对集中地将大部分经费拨给名牌大学。这种政策一方面有利于集中优势力量取得科研的突破，巩固和提高名牌大学的地位，但另一方面却加剧了非名牌、非国立大学的困境。20世纪初的日本高等教育法人化改革促进了大学与社会的联系，特别是对于国立和公立大学，政府改直接分配高等教育经费为通过大学评价来调控高等教育经费，迫使大学拓宽生存空间，增强其市场竞争能力，向业界靠拢；随着科学技术在社会各个领域的全面渗透，高层次的应用性人才和应用性研究成果越发受到社会生产和流通部门的青睐。传统上尤为重视纯粹理论研究的研究型大学，为了拓宽生存和发展的空间，巩固和提高自身在不断加剧的院校竞争中的地位，为了满足社会和国家发展的要求，逐步加大了应用性和开发性研究的力度，并不断推动基础研究的成果转化。[①]

其次，从外来文化的影响来看，美国的实用主义文化以及以美国为代表的现代大学理念影响深广。在巨大的经济压力面前，高等教育不断利用自身的知识财富、人才财富做高新技术的孵化器，依靠企业雄厚的经济资源，摆脱经济窘迫，走产学协同之路，推动科研成果创新和转化。实现企业与大学利益的互惠双赢，已经成为高等新闻教育发展的必由之路；实用主义文化对日本当代青年求职就业、个人发展等方面产生的影响，使一部分学生的读书动机由单纯提高修养转向了对应聘求职的需求，实施大众化教育的大学不再是曲高和寡的象牙塔；由于实用主义文化的影响，近几年来，在青年职员中对企业的效忠意

---

① 参见阎光才：《识读大学——组织文化的视角》，教育科学出版社2002年版，第83页。

识也越来越淡漠,有相当多自诩为"新人类"的年轻人,热衷于追求"个人价值",不愿再像他们的先辈那样拼命干活而宁愿享受生活,寻找适于自己的职业,于是在媒体企业出现了跳槽、转职等一些违背传统企业文化的行为。1991年利库路特调查所曾以6000名刚进公司的新职员和2000名工作已满一年的职员为对象进行了一次职业意识调查。结果表明,打算在所供职的公司干到退休的只占40%。换句话说,60%左右的新职员虽然刚踏进公司的门槛就已经想"跳槽"了,而在进公司已满一年的职员中,有此打算的也有26%。

再次,从媒体企业的需要来看,媒体传统的内部培训制度受到挑战。传统上,不论什么专业的学生只要能够通过聘任考试就可以得到媒体工作的机会,之后,经过入社教育、培训,打造成为我所用的"自己人",铸就所谓的媒体企业精神。但是现在各种信息铺天盖地,信息处理任务繁重,相应的人力资源紧缺,媒体的各个部门都希望派来一些具有实际工作能力,能够马上投入工作的人。所以近年来各报社都在争取从其他相关单位招募一些有经验的工作人员,而不是聘用应届毕业生。从聘用情况来看,每年要求到朝日新闻社供职的毕业生在1万人左右,而实际被录取的只有100人,比例为1%。像朝日、读卖、THK等大公司都在向社会广泛招聘。这样,传统的媒体内部培训制度的现实意义就被削弱了。另外,由于人员流动性增强,新人的新闻伦理、法规等知识无法及时转化为能力,会经常在工作中出错,时常会遇到被投诉等麻烦。这也正是日本传统师徒制在现代社会遭遇的尴尬。为此,日本新闻媒体决心重新选择发展方向,从招募的新人入手,将记者培训从呆板的企业内部教育制度中解放出来,不受企业条款的约束,创建一套适合时代发展的新闻教育方法,加强新闻伦理以及法律法规等理论方面的培训。

原东京大学社会信息研究所花田达朗教授于2002年对在媒体就职的东京大学社会信息(新闻)研究所教育部毕业生进行的一项调查

显示,有 66.7% 的人认为在社会信息(新闻)研究所的学习对步入社会工作有影响,有 41.1% 的人认为社会信息研究所应该增加外聘讲师,40.3% 的人认为社会信息研究所应该给现任记者开设研修班,认为高等新闻教育课程应该增加实践内容的占 34.9%。同时,认为媒体企业内部教育对于现任工作根本没有帮助的占 39.5%,帮助不太大的占 14.7%,也就是说共计有 54.2% 的人持否定观点,认为非常有用的只有 2.3%,模棱两可的占 41.9%。关于媒体内部教育作用不大的原因,有 41.4% 的人认为是研修的目的不够明确,37.1% 的人认为教育中上司谈经验的内容过多,30% 的人认为通过媒体内部教育并不能掌握相关的专业知识和技能,认为内部教育的通用性太差的有 24.3%。所以,工作后有 78.2% 的人表达了非常渴望参加媒体之外的研修和培训,有 71.3% 的人认为应该聘请媒体之外的专家担任媒体内部培训教师。企业内部培训制度需要面向高等新闻教育打开封闭的大门,改革培训内容与方法,弥补职业培训制度的不足。产学协同作为高等新闻教育的一种模式得到了大多数新闻学者及业界人士的认同。

上智大学新闻学系的藤田博司教授在谈到业界与学界的关系时说:"我在通信社工作了 30 年之后转到大学从事新闻学的教育和研究工作,至今已经有 7 年了。刚到大学的时候,发觉自己存在于与新闻事业相关的两个世界之间,这两个世界之间存在着超出想象的深深的沟壑。业界对于大学的新闻教育和研究基本上不关心,大学对业界也并不抱有什么特别的期待和关注。从业界转到大学的研究者中,对两者之间的沟壑表示担心的人也不少。二者之间互相不关心、彼此轻视的关系是日本新闻事业绝对不希望看到的"。① 所以,他进一步提出大学与媒体合作的构想,认为研究生层次的新闻教育既要面向本科毕

---

① [日]藤田博司:《ジャナズムの向上目指し講座を育てたい》,《新闻经营》2002 年第 159 期,第 31—33 页。

业生也要面向社会人员,提供由新闻业务和新闻学以外的职业课程组成的教学内容;为现任的中坚新闻工作者提供短期学习研究生课程的机会;媒体企业则应该积极配合大学新闻教育特别是业务方面的教育,不仅在师资方面,在资金等方面也要给予帮助;媒体企业还要配合大学建立本科生的新闻实习基地,并逐渐使之制度化。①

　　由于战后日本一直以赶超欧美先进国家为基本发展目标,出现偏重学历以及经济至上主义等社会问题。今天,日本社会各界对学校教育培养的人才并不满意,希望学校教育不要再培养标准化人才,而是必须加强基础研究,培养富有个性和创造性的人才,要求大学研究生院培养高级职业人。高等教育机关——大学,现在作为培养职业人的机构而引起社会各界的普遍关注。"高等专业技能人的养成"、"专业职大学院"等新标志性内容被日本文部科学省提出来,②研究生院在继续教育方面为社会人员敞开了大门。在大学审议会《关于 21 世纪的日本大学及其改革策略》咨询报告中指出:必须完善能够灵活适应成人学生工作情况和便于成人学生走读等多种多样的体制,同时在修业年限上谋求弹性化。1989 年修改的《研究生院设置基准》规定,研究生院课程实行昼夜开课制。1993 年和 1998 年又分别推行了夜间研究生院和函授研究生院制度。截止到 1997 年,有 219 所大学按照创建开放性研究生院的方针实施了成人特别入学选拔制度,入学人数达6112 人。③ 这不同于传统的研究生教育,是面向社会在职人员,有利

———————

　　① 参见[日]藤田博司:《ジャナズムの向上のために》,载于花田达朗、広井修编:《論争・いまジャーナリスト教育》,東京大学出版会 2003 年版,第 27—28 页。

　　② 参见[日]花田达朗:《序——ジャーナリズム教育を社会的論点にする》,载于花田达朗、広井修编:《論争・いまジャーナリスト教育》,東京大学出版会 2003 年版,第 3 页。

　　③ 参见王晓峰、吕晓伟:《当前日本高等教育办学理念改革评析》,《哈尔滨工业大学学报》(社会科学版)2001 年第 12 期,第 123—125 页。

于他们攻读硕士课程和博士课程，并能够取得专业学位的教育。①

花田达朗教授认为，在日本作为产业的新闻事业是成立的，但是却没有专业的职业培训制度。专业的职业教育制度非常必要，特别是在全球化背景下，现代日本的大众媒体·新闻事业要重建专业主义。实施 MBA 课程式的新闻专业教育是现代大学的责任，也是社会的需要。② 所以，2004 年前夕，花田达朗教授等人试图开发社会信息研究所培养新闻记者的职能，联合业界共同实施高级新闻职业技术人才教育。他从学者的角度大胆提出了开办新闻记者专业学校教育的构想，指出专业的新闻记者培训应该有如下目标和使命：1. 从个体来看，以新闻事业为生计的人们常被看做是具有一定职业技能的人；2. 具有职业技能的人必须面对人才雇佣市场的竞争，所以必须形成职业的基本能力和从事职业的资格；3. 以提升新闻事业的水准为目的培养个人素养；4. 学校要给予公众必要的信息，使公众得以作出正确的信息判断，从增进社会的透明度、促进民主制度的完善的角度来看，新闻职业技能的培训也是必要的；5. 在培养职业技能的同时还要提供相应的伦理规范教育。也就是说，培养具有明确新闻专业意识、伦理道德、竞争技能的新闻职业高级人才，是为了提升新闻事业的整体水准。③

虽然花田达朗教授与前面提及的本山彦一社长所处的身份不同，年代不同，但是寻求学界与业界合作的方式与提高新闻记者修养、媒体品质的目标是完全一致的。在日本，目前已经部分形成了以提升媒介质量为目标的产学协同模式。

首先，开办彼此协作的讲座。2000 年春早稻田大学与 23 家报社联合举办了"传媒最前线"讲座。讲座学习班的时间为半年，分上、下

---

① 参见陈永明：《日本教育》，高等教育出版社 2003 年版，第 105 页。
② 参见［日］花田达朗：《ジャーナリスト教育の実験報告》，《総合ジャーナリズム研究》2002 年秋季号，第 54—57 页。
③ 同上。

学两期,共举办13次讲座,每期都考试合格者记2个学分。准备举办8期学习班,时间从2000年4月到2004年3月。课程包括"新闻理论"、"传媒理论"、"情报理论"、"公报理论"等四大领域,涉及"新闻记者理论"、"传媒经济理论"、"国际传媒理论"、"情报政策"等29门课程。任课老师大都是新闻业界的资深人士,也有大学教授、报社与电视台的记者、评论员等。随后,《读卖新闻》和庆应大学、北海道大学共同举办的"特别讲座",《朝日新闻》与立命馆大学举办的"协力讲座"也相继开讲。现将2002年大学与媒体联合开设讲座的情况汇总如下:

表8　大学与媒体联合开设讲座情况(2002年)

地点	报社	大学、学系	讲座名称	讲座内容	教师	时间
东京	朝日	上智大学新闻学系	新闻事业的现状(26次)	政治与媒体关系等	企划室长、政治部长、编辑、专栏作家等6—7人	2002年4月—2003年3月
		早稻田大学亚太研究中心(研究生院)	现代日本的政治、经济、外交、安保(12次)	一线记者分析日本现状	评论员、编辑等4—5人	2002年9月—2003年2月
		庆应大学媒体传播学研究所	新闻事业概况(13次)	新闻事业的现状和问题	评论员、编辑、有经验的记者等多人	2002年9月—2003年3月
		法政大学法学院	现代媒体论(26次)	媒体状况与新闻事业的问题	有经验的记者2—3人	2002年4月—2003年3月
		大阪大学研究生院国际公共政策研究科	大众传播与国际公共政策	国际公共政策与媒体	评论员、编辑等多人	2002年9月—2003年3月
		神户女子大学文学院	信息语言学		广告局各主任等数人	

地点	报社	大学、学系	讲座名称	讲座内容	教师	时间
东京	读卖	美国加利福尼亚大学分校新闻事业研究生院	日本学讲座	以日本报道论为中心教授有关日本的政治、经济、文化、外交等	主任研究员、研究员,5 人	1995 年开始,每年 1—5 月
		庆应大学综合政策学院	读卖讲座:通过报纸了解的日本和世界	通过具体事件分析,提高学习对政治、经济、国际问题的兴趣	政治、经济、国际、社会等部门主任、副主任	2000 年开始具体时间不固定
		青山学院大学国际政治经济学院	读卖讲座:世界最前沿(26 次)			2000 年开始,2002 年 4—7 月,2002 年 10 月—2003 年 2 月
		北海道大学研究生院国际宣传媒体科	公共传播论中的国际新闻事业论研讨(前后期各 15 个班次)	前期是国际报道的现状,后期是组织与运营研究	评论局、编辑局、媒体战略局、制作局、事业局的干部	2001 年开始,2002 年 4—7 月,10—12 月
		国际医疗福祉大学研究生院	读卖特别讲座:大众传播论研讨(共 12 次)	大众传播的实际问题、报纸与少子老龄化社会	编辑局主任、副主任等 12 人	2002 年开始, 4—7 月,10—12 月
	日经	北京大学新闻传播学院	经济报道媒体概论	日本媒体概况、新闻事业的责任、媒体竞争与采访实际、电子媒体战略等	社长、各个部门的工作者、编辑局干部、评论员法律事务室长等 14 人	2001 年 9 月开始,9—1 月
大阪	读卖大阪	立命馆大学产业社会学院	读卖讲座:21 世纪的世界和新闻事业(15 次)	国家和危机管理、国际志愿者、犯罪报道的现场和现实、新闻事业和社论、舆论和新闻事业	编辑局主任副主任等 15 人	2001 年开始,2002 年 4—7 月

地点	报社	大学、学系	讲座名称	讲座内容	教师	时间
大阪	读卖大阪	关西大学社会学院	大众传播研讨班(12次)	经济、社会、科学、运动等部门的现场报道、关西经济和提言报道、尖端医疗和报道等	编辑局、主任等5人	2002年4—7月
		神户大学医学院	医学概论、自然科学概论、全人医学讲座(7次)	脑死亡移植的新闻如何报道、新闻记者眼里的记者、医疗信息公开、患者的期望	编辑局等的主任、编辑等5人	
		大阪大学人类科学院	现代社会和媒体(5次)	从媒体的现场得到的(1—5)	评论委员会主任、编辑局主任等6人	2002年10月—2003年3月
		大阪大学研究生院国际公共政策研究科(硕士)	日本的综合安全保障系统(8次)	提言报道、人类的安全保障与国家合作、东亚和日本等	评论员、研究员等8人	2002年10月—2003年1月
北海道	北海道	北海道大学研究生院国际宣传媒体研究科	道新地域新闻事业讲座(15次)	政治、经济、社会、地方、编辑等5个主题	政治、经济、报道总部、编辑等部门的主任5人	2002年9月—2003年3月
北陆	新泻	新泻大学法学院	通过报纸看社会(每周4小时)	国际关系论、国际关系与媒体、现代亚洲的国际关系等	编辑等2人	2002年4月—2003年3月
		新泻国际信息大学信息文化学系	新泻的政治和经济(15次)	战后的县政和经济发展、公共事业、地方分权与新泻的问题、国际化与自治体外交等	评论主任、副主任2人	2002年9月—2003年3月
	福井	敦贺短期大学经营学系	日本文化和大众传播(半年15次)	通过媒体活动考察日本文化、地域社会	评论员、读者中心主任2人	2002年4—9月

地点	报社	大学、学系	讲座名称	讲座内容	教师	时间
中国①	山阳	仓敷作阳大学营养学系	人类关系论(每年15次)	复杂的现代社会和人类关系	评论副主任1人	1999年开始
		圣母院清心女子大全学对象	身边的环境问题(每年7次)	从最近的工作思考环境		2000年开始
	中国	广岛修道大学人文学院人类关系学系	前期:媒体论每周一次,后期:新闻事业论每周一次		评论员、主任等	2002年4月—2003年3月
		比治山大学现代文化学院传播学系	大众媒体论,每周一次	事件、政治、经济类新闻采访和编辑的实际情况	编辑局主任、副主任等	2002年4—9月
		广岛国际大学人类环境学院	未定名,9月开始(15次)	以自杀、滥用药物等社会问题为对象,社会学方法和理论为中心	医药方面的编辑等	2002年9月—2003年3月
四国	高知	高知大学人文学院	地域新闻事业论(16次)	报纸制作、从采访现场到通讯社的现在、媒体论	评论员、政治、经济、社会各部门主任、共同通讯社高知分社社长等5人	2002年4—7月
九州	佐贺	佐贺大学	未定名,每周一次(15次)	报纸媒体	报道局、制作局的广告、销售、事业部门的管理者	2002年9—12月
	熊本日日	熊本学园大学	关于就业的论文讲座	作文指导	新闻博物馆馆长1人	2002年5—12月
		熊本大学	大学生健康教育、生活与健康		编辑1人	2002年4月—2003年3月
			电影文化论、电影文化史			2002年4月—2003年3月

① 日本地名,位于日本本州的西部。

地点	报社	大学、学系	讲座名称	讲座内容	教师	时间
九州	南日本	鹿儿岛大学理学院物理学系	科学新闻事业讲座（每周1次）	介绍科学报道等	政经部门主任1人	2002年4—9月，1999年开始
		鹿屋体育大学	时事	时事问题的介绍等	评论部副主任1人	
		鹿儿岛纯心女子大学	信息媒体论	媒体的历史与现状	综合企划室主任1人	2002年9月—2003年2月
	琉球	九州大学研究生院法学研究院	国际政治学	冲绳基地与日美安全保障	编辑	2001年4月—2002年3月
			日美关系中的冲绳	日美安全保障体制的检验	文化部门主任	2002年4月—2003年3月
			通过政府文书看美对冲绳的统治	解读公文、讲解时代背景		

资料来源:本雑誌アンケート結果——"新聞への理解"求めて広がる各社の取り組み,《新聞経営》2002年第159期,第34—38页。

其次,大学引进了实习制度。1997年日本内阁会议通过"经济结构改革和创造行动计划",确定了"实习课堂"制度,要求学生在学校学习期间体验与将来就业有关的活动。东京经济大学在"教育与实习课堂"上明确指出,教育要与理论相结合,要培养学生创业精神和敢于实践的意识。学生的实习并不是勤工俭学,而是业界与学校联合提供给学生一次学习机会。媒体不付报酬,交通费、餐费全部由个人负担。实习时间为半年,记2学分。从2000年起这已成为制度被确定下来,朝日新闻、电视台、体育新闻等新闻单位已经开始接受实习学生。现将2002年各报社实习制度实施情况汇总如下。

表9 报社实习制度实施情况（2002 年）

地点	报社	大学	学生情况	实施时间	选用方法	对应部门	研修内容
东京	读卖	北海道大学研究生院、青山学院大学等	学院、专业、年级不限，2000年5人、2001年9人	每年8月10日左右	大学选拔学生	以编辑部门为中心	参观各个部门业务、实习新闻写作、参观销售部门和各分社
		美国加利福尼亚大学分校的新闻事业研究生院	日本特派的学生2人	每年6月中旬—8月中旬	大学选拔学生	英文新闻部门、美国媒体东京分社	采访、写作
		立命馆大学国际会馆	政策科学学院和产业社会学院2年级学生2人	2002年1月15—18日在东京国际部2月—3月在亚洲总部	大学选拔学生	东京国际部、联合国亚洲总部	分局内做助手、了解社会
	产经东京	帝京大学	产业社会学院只要女生文学院3年级学生3人	2001年9月17—29日	大学介绍学生	编辑部	参观各个记者俱乐部，采访
		日本大学	法学院3年级学生2人				
			法学院3年级学生1人				
		国士馆大学	政经学院3年级学生1人	2001年9月3－12日		销售部	社内接电话、销售部扩展业务、宣传策划、参观

地点	报社	大学	学生情况	实施时间	选用方法	对应部门	研修内容
大阪	读卖大阪	立命馆大学国际关系学院、关西大学等4大学	2、3年级学生,学院不限,每校2人	每年春夏各14天,1994年开始	学校推荐,本社决定	编辑、销售、广告、事业、媒体、制作等	
	日经大阪	关西大学	2人。年级、专业不限	每年8月末10天左右,1999年开始	大学选拔学生	编辑部、销售部、广告部	记者、营销、编辑、广告等
		财团法人大学京都财团	6人。年级、专业不限		大学京都财团的选拔		
	产经大阪	冲绳县的外部团体雇佣开发推荐机构	冲绳县的5个大学,2个短大的学生2人	2001年9月的2周	推荐机构的选拔	编辑部	采访、编辑、校对等业务
		立命馆大学	3年级2人	2001年10月的2周	大学选拔学生		
	大阪日日	大阪大学、大阪工业大学					
		尼亚加拉专科大学	日本留学生1人,三周				
	大阪日刊	甲南大学	3年级1人	1999年8月26日—9月2日一次	学校的意愿	广告整理部	了解广告整理编辑等相关工作
北海道	北海道	公募	3年级专业不限	1997年开始,每年11月和3月2次	自由报名,依据作文水平、档案材料选取	人事部	报社概况、与中坚记者恳谈,在编辑部实习采访、写作等
		北海道大学研究生院国际宣传媒体研究科	硕士1年级学生,2人	2001年开始,每年3月的2周时间	研究科推荐学生	学生希望去的部门,如编辑部	编辑部里学习采访、写作,参观整理部门、运营部门等

地点	报社	大学	学生情况	实施时间	选用方法	对应部门	研修内容
	十胜每日	"北海道地区实习导入促进联络会议"中的代表大学	北海道大学、带广畜产大学3人	1999年2月—3月间的10天左右	联络会事务局选拔学生	以编辑部为主	与记者等一同工作，辅助采访、编辑等
			北海道教育大学1人	1999年8月9—20日			
	室兰	札幌国际大学	3年级学生	2001年8—9月	依据学校意见	编辑部、分社编辑	采访
东北地区	岩手日报	公募	3年级5人	每年8月的5天左右，2001年开始	报社根据档案文件选拔	以编辑部为中心	简单的采访写作、摄影等技能为主，参观本社
	秋田魁	秋田大学	教育文化学院、工学资源学院，3年级10人左右	每年不同，一般5天左右，1999年开始	学校选拔	编辑、媒体系统、运营，以编辑为主	采访、写作、整理等
	山形	以山形县经营者协会为窗口	理科，2、3年级	不固定	根据文件材料选拔	媒体室、制作部电算室	用网络传递新闻信息，写作、摄影制作，电脑制作版面等
	福岛民友	福岛大学	经济学院3年级、行政社会学院3年级学生各3人	每年8月，10天左右	大学推荐	以编辑部为主	实习整理、校验等
关东中部	茨城	茨城大学	文学院各学系2、3年级学生4人	每年9月一个月	大学选拔	编辑部	体验各个部门的采访、制作
	上毛	高崎经济大学	不限年级，每个大学1人	每年10月，5天左右	大学选拔	广告部、事业部	
		高崎商科短期大学					

地点	报社	大学	学生情况	实施时间	选用方法	对应部门	研修内容
关东中部	千叶	东京信息大学	信息文化学系3年级4,5人	每年9月初5天左右	根据学生愿望,大学选拔	总务部、编辑部	报纸制作全部、记者俱乐部实习
		神田外语大学	语言学系3年级2人				
	岐阜	不确定	随意	经常	大学推荐	全局	学生的愿望
北陆	新泻	新泻大学	法学院法学系的媒体学、大众传播学研究生3年级2人	每年8月中旬的2周,1998年开始	大学选拔	制作部、编辑部、整理部、摄影部、编辑媒体中心、销售部、广告部	多元媒体信息处理、采访和摄影体验、销售店研修,写出总结感言
			人文学院地域文化研究专业2、3年级学生2人	每年8月中旬的2周,2000年开始		制作部、编辑部、媒体中心、销售部、广告部	
			法学院留学生(英国、德国、中国研究生)	不固定			每年不同
		新泻国际信息学院	信息系统学系3年级2人	每年8月中旬的2周,1996年开始	大学选拔	编辑部、事业部	多元媒体信息处理、采访和摄影体验、销售店研修,写出总结感言
	福井	福井大学	教育地域科学院行政社会专业3年级1人	每年8月的4天左右	大学选拔		采访体验
		不确定的大学	3年级1人		经营者协会选拔		

地点	报社	大学	学生情况	实施时间	选用方法	对应部门	研修内容
近畿	京都	以加盟大学京都财团的50所大学为主	不限专业，有志从事大众传播工作的3年级学生6—8人	8月初10天左右	大学京都财团选拔	编辑部、制作部、印刷部、销售部、广告部、媒体部	各部门业务介绍、参观、采访、写作、整理等
	伊势	爱知淑德大学	现代社会学院现代社会学系，1人	仅2000年8月1—25日1次	大学推荐	出版部	校正、数据处理、版面设计操作
		名城大学	农学院农艺化学系，1人				
中国	山阳	冈山大学	不限专业。3年级5人	8月下旬—9月上旬	大学推荐	编辑部的各个部门和编成部的整理部门	与记者、编辑同行，体会采访、排版等
		冈山理科大学					
	中国	广岛修道大学	法学院、商学院3年级学生5人	2001年9月3—8日，2000年开始	与4所大学有合同，学校募集、面试，然后向报社推荐	编辑部的社会、经济团体	编辑部:报社机构，采访警察、司法和县政，机动记者
		广岛县立大学	经营学院、生物资源学院3年级3人	2001年9月3—8日，2001年开始		读者宣传中心	NIE的现状
		县立广岛女子大学	国际文化学院、生活科学学院3年级3人			相关公司编辑部整理团体	电子信息的展开
		广岛市立大学	国际学院3年级2人	2001年9月3—8日，2000年开始		编辑部制作技术部销售	整理部:整理的意义、WS实习;制作印刷部:制作的组成、参观印刷;销售部:发行

地点	报社	大学	学生情况	实施时间	选用方法	对应部门	研修内容
中国		广岛经济大学	未定	2002年开始	未定		
	岛根日日	岛根大学	法学院3年级1人	2001年8月1周	大学选拔	编辑部、销售部	体验采访、写作、整理等业务,参观销售店
		岛根县立岛根女子短期大学	文学系2年级1人				
		岛根县立大学	预定2002年开始				
四国	四国	香川大学	不限定专业3年级10人	每年9月的5天左右	大学选拔	编辑部	体验策划、采访、写作等
	德国	四国大学	经营信息学院2、3年级5人左右	每年7—9月5天左右	大学的申请	以编辑部为主	采访、写作等
		德岛大学	综合科学院3年级约5人	7月的5天左右			
九州	西日本	公开招募	3年级,10人左右	每年8月的一周左右	根据作文和档案材料选拔	编辑部	采访、写作等
	熊本日日	熊本大学	法学院4人,文学院4人,3年级	每年8月的5天左右,1999年开始	大学推荐	编辑部	与记者们一同工作,学习采访、写作等
		熊本县立大学	综合管理学院3年级,4人			编辑部、广告部	编辑部活动同上,广告部:经营体验、出席活动
	冲夕イ	琉球大学	大众传播专业3年4人,人类科学系3年2人,大众传播专业3年3人	1999年7月,2000年8月里的3周左右,2001年8月的3周	由大学决定	编辑部	参与社会、经济、文艺、运动、摄影等各部门工作,学习采访

地点	报社	大学	学生情况	实施时间	选用方法	对应部门	研修内容
九州	冲绳	冲绳大学	大众传播专业4年1人	2001年8月的3周	由大学决定	编辑部	参与社会、经济、文艺、运动、摄影等各部门工作，学习采访
		名樱大学	大众传播专业4年2人				
		立命馆大学	大众传播专业4年1人				
	琉球	琉球大学	大众传播专业、经营专业、英语系11人左右	2001年8—9月，2002年5月	根据大学的意见调整	编辑部、广告部、事业部	主要体验采访部署，体验组织活动、运营等，采访广告主等
		冲绳国际大学					
		名樱大学					
		冲绳大学					
		冲绳基督教短期大学					

资料来源:本雑誌アンケート結果——"新聞への理解"求めて広がる各社の取り組み,《新聞経営》2002年第159期,第34—38页。

再次,通过科研立项加强合作。2001年日本新闻研究学会创办50周年,在纪念会上提出了调查日本新闻教育环境的计划。调查目的就是探讨新闻教育和新闻产业之间的合作关系,了解各大学开办新闻讲座的情况、研究成果以及十年来毕业生就业情况,把实际情况反馈到学校,促进学校课程改革,以利于教学改革。① 2004年1月21日,《朝日新闻》发布,该社与东京大学大学院法学政治学研究科签订协议,《朝日新闻》给付东京大学大学院法学政治学研究科5亿日元,从4月开始共同开发"专业人才的养成"和"大众媒体研究教育体制整

---

① 参见高永丽:《改革势在必行 日本新闻教育改革现状》,http://www.mediainchina.org.cn,2005年5月10日。

备"的项目研究。另外,从 1999 年开始,由《朝日新闻》出资,立命馆出人,共同编写产业与教学相结合的新闻教材,研究开发了一种面向中小学生的软件新闻教材。这套教材任何老师都可以使用,它既可以通过娱乐的方式让学生轻松愉快地学习新闻知识,又可以提高学生们的阅读能力。东京大学尖端技术研究所也于 2004 年初推出一部面向记者专业教育的计划,同年 6 月将全面展开正式的记者教育。研究所利用学术资源与业界联合创办现职新闻记者培训教育,这项开发既能够突出自身的特点、获得业界的经济支持,又能够满足现职新闻记者对进修的需求,同时也可以增加由业界提供大学科研经费的研究项目。所以,有学者认为,媒体与大学之间只有保持适当的联系才能培养出优秀的新闻记者,产学协同模式是现代高等新闻教育发展路径之一。

从学科发展来看,产学协同是高等教育发展不可以回避的规律,高等新闻教育作为高等教育的分支亦不可违背这一规律。但从现实来看,注重大学以认识论哲学为基础的学院派教授们作为学术理想的守望者依然故我,我行我素,坚持新闻理论研究完全自由、独立的观点。他们认为大学是社会的一个组成部分,如果大学的特殊知识可以对社会有所贡献,又不会影响其独立的性格,那么提供"服务"也是应当的。如果只是为政治的,或宗教的一宗一派的需要,而放弃其独立自主,那么大学则会成为政治或其他团体的附庸品。这当然与大学的精神是相违背的,也是学者们难以接受的。对此,即使一些年轻的新闻学者也表示了担忧。新闻学者要为自己所属的学术领域奋斗,在很长时间内他们仍会坚持"小野秀雄的新闻学"这一研究方向,恪守学术独立原则。

日本民族有着自己悠久的文化和历史,传统的重学轻术理念根深蒂固,一直是主流的新闻教育理念。广大学者,尤其是新闻学者有着强烈的使命感和责任感,轻易不会随波逐流或是改弦更张。如果从本山彦一社长 1922 年的构想算来,产学协同观点的提出比新闻学在日本确立其独立的学术地位还要早。即使从 20 世纪 80 年代东京大学新闻研究所接受外界经济援助扩大研究领域，为媒体提供服务算起也已经有二十余年了，但是产学协同的大学发展理念在日本高等新闻教育中的推进却非常艰难。

对于上述学界与业界的合作迹象，学院派的新闻学者们十分警醒。他们认为，学界无须放弃独立自主的学术原则，因为正如新闻学者卓南生教授期望的那样：传统的新闻学在媒介的变化过程中，是完全可以找到适当的定位的。他们对新闻教育的学术价值有着执著的追求，这种执著也很有成效。从目前情况看，日本高等新闻教育选择的产学协同模式以新闻理论、新闻伦理为主要教育内容，在教育理念中渗透着独立自由的学术理想，始终拒绝职业技能培训的内容进课堂。对此，媒体企业也未曾有过异议。

从上述几章的分析和目前媒体与学界的相互需要来看，寻找到一条大学的通识教育和业界的职业教育联合发展的道路是完全可能的。只是在二者联合的具体指导思想上，日本高等新闻教育会选择在产学协同的同时，保持两种教育哲学观点的相对平衡，既要融合媒体内部记者培训方式又要尊重学术文化传统的独立；在大学方面，为媒体在职人员开设的不是实务性质的技术类课程，而主要是新闻理论、职业伦理等专业主义的教育内容；通识课程与专业课程共同构成跨学科、宽口径的课程体系，为新闻学的学术发展奠定了基础；充分利用新闻学逐渐呈现的基础性特征，开展媒介素养教育，实现专业知识教育与修养教育的完美结合；媒体企业为大学的科研课题提供资助，但不能干涉学术自由，大学可以接受援助为社会需求提供服务但不需要承担责任，不能违背学术良知，力争洁身自好。

日本高等新闻教育界与媒体企业间联合形成的产学协同模式有其独特之处。这一模式是在传统文化与外来文化之间、在学与术之间寻找平衡点的日本高等新闻教育发展的趋势。它实现了布鲁贝克的憧憬:我们不必仅仅因为今天正在设法促使普通教育和职业教育携手并进而放弃"为学术本身而学习"的崇高理想。如果这两者能做到相互结合,我们可能会发现两者都对实现这一崇高理想有所裨益。① 如何成功地在普通学科和职业学科之间建立一种跨学科的联系、在理论与实践之间形成互动、在科学与人文、功用与理念、业界与学校之间取得某种平衡以及专业知识的传授与完美人格的养成等等,正是许多国家的高等教育努力探讨的。作为中国的新闻学研究者,我认为日本高等新闻教育保持自由追求学术价值的本色,可以为中国新闻教育中盲目跟风的现象以及批判意识的日渐黯淡提供警示和借鉴。

二、二元并行制度将持续发展

日本的传统文化渗透在企业经营理念中,形成了独特的企业文化,而企业内部培训既是这一文化特点的外在表现更是延续企业文化传统的主要方式之一。日本独特的文化背景以及重学轻术理念,使高等新闻教育与企业的内部培训制度共同支撑着日本这个信息大国的信息传播系统的运转。虽然在信息化时代二者在一定区域打破了疆界,出现了相互融合的迹象,但是这种二元的新闻教育制度仍将以并行的模式持续发展下去。

由于日本列岛处于与世隔绝、资源贫乏等独特的地理环境之中,使日本人有一种忧患意识,并由此产生了精诚团结、同舟共济的生命一体感意识。这种生命一体感意识后来为日本统治者所倡导,如公元7世纪初圣德太子制定的《十七条宪法》第一条即强调"以和为贵,上

---

① 参见[美]伯顿·R.克拉克:《高等教育系统——学术组织的跨国研究》,杭州大学出版社1994年版,第89页。

和下睦"，从而将一种民众的"习惯行为"升华为一种社会普遍的价值理念，而今则表现为一种日本式的"集团主义"。在出色融合各种外来文化要素，并使之日本化的文化行为深处，日本企业中潜藏着与传统"和"文化相通的要素。以尊重"和"为中心的文化机制在日本的企业文化中表现为终身雇佣、年功序列等象征性的经营模式和整齐划一、规格统一的工业社会特点。所谓企业文化是指，由企业这一社会经济组织的所有成员所默契地共同拥有的该企业的价值体系，是其企业意识、精神及企业行为规范的体系。①

日本企业力争通过形成企业内部共同的价值体系来增强对外部环境的适应能力，各自为营的内部培训正是以企业各自的文化特点和精神风貌为重点内容，以此形成企业的凝聚力。这也正是内部培训制度经久不衰的重要原因之一。日本传媒集团是独立法人企业，新闻记者只是媒体公司终身雇佣的职员。经过培训的职员视媒体企业为家，甚至媒体企业还在家之上，他们忠心耿耿地为企业夜以继日地工作，"过劳死"现象日益增多。反过来，媒体企业对职员大多采取终身雇佣制，给予多方面的体贴和关怀。它以集团主义和重视人情味为经营管理方式的核心，不仅重视资本、技术等物质方面的因素，更重视人的因素，在公司中形成家族式的一体感。企业重视员工的个性，关心员工的生活；员工对企业忠诚、奉献，从而形成一种员工与企业之间稳固的新型雇佣关系。这种管理模式，吸收了西方的个人中心主义，融合了东方的集体主义，并增加了日本的特有色彩，形成了一种日本式的个人与集体相互依存的稳定的连带关系。

为了维护这种稳定的连带关系，媒体企业更喜欢一张白纸式的新人，没有接受过高等新闻教育的人更受欢迎。新人进入公司以后，首

---

① 参见纪廷许、王丹丹：《实践先于理论——日本企业文化》，新华出版社1991年版，第4页。

先要接受本公司的在职培训和独特的企业文化熏陶。由于这种教育的个性和针对性极强,新人只能忠诚于本公司,成为只能为本公司效力的员工。目前,在媒体企业就职的人员当中93%的人都曾经参加过媒体企业内部的新人研修培训,有过媒体企业内部的不同年次研修经历的占58.1%,参加过媒体企业内部职务研修的有42.6%。另外,参加其他形式的研修的还有:企业内部派遣的海外留学或研修的占19.4%、企业内部的正式职员晋级研修的占16.3%、企业内部派遣的国内留学或研修的占9.3%、自主的国内留学和研修的占2.3%、自主的海外留学和研修的占2.3%、参加其余研修的还有4.7%。① 可以说,不论毕业于什么专业,只要具有一定的基本素养,能够通过聘任考试就可能成为媒体企业的工作者,因为每个员工都必将接受媒体企业的内部培训。媒体内部培训制度既是新人成为新闻工作者的保障,也是促进日本的高等新闻教育形成并延续重学轻术理念强有力的支撑力量。

2002年,花田达朗教授对社会信息研究所教育部毕业的学生进行了一项调查,调查显示,关于媒体内部培训有36.4%的毕业生认为这种方式更容易培养出媒体企业所需的人才,有27.9%的毕业生认为媒体企业不把记者作为独立个体而是作为公司的一分子来培养,有24.8%的毕业生认为内部培训制度是由于日本国内的新闻记者教育机构和规划不够充足促成的。可见,日本高等新闻教育的有效性在现代社会受到了质疑。

在2000年6月举办的以"大众传播学研究和大学教育——21世纪新闻学教育的课题"为主题的"日本大众传播学会春季研究发表

---

① 参见[日]花田达朗:《ジャーナリスト教育の現状と課題》,《東京大学社会情報研究所調査研究紀要》2002年第18期,第287—317页。

会"上的一项调查显示了毕业生到媒体就职的基本情况①：在接受调查的教师中，共有 140 位教师指导的 272 名学生到媒体就业，其中 27 位老师都仅仅指导过一名到媒体就业的学生，指导的学生中到媒体就职的人数超过 10 人的只有 2 位老师。② 在关于"大学里的新闻记者教育在多大程度上具有有效性"的问题调查中，假定在大学里接受新闻教育的学生，能够进入新闻业界的话，就认为大学教育是有效的，结果显示，不论是否有过媒体工作经验的教师基本上都得出了"没有效"这个结论。可见，对新闻记者教育是否有效的看法与教师的媒体工作经历几乎没有什么关系。在回答"有效"的人当中，有媒体工作经验的人是没有媒体工作经验的人的 2 倍还多，占 37.6%。即有过媒体工作经验的人当中认为非常有效的是 8.1%，一般有效的是 29.5%；没有媒体工作经验的人当中认为非常有效的是 3.6%，一般有效的是 14.5%。另外，有过媒体工作经验的人当中认为模棱两可的有 16.8%，认为不太有效的有 32.9%；没有媒体工作经验的人当中认为模棱两可的是 27.3%，认为不太有效的是 32.7%。有媒体工作经验和没有经验的人中，认为完全没有效的分别是 5.4%、5.5%，不清楚的分别是 3.4%、7.3%，回答其他的分别是 1.3%、5.5%，没有回答的分别是 2.7%、3.6%。具体情况如图 6 所示。

这项调查的结果既引起了全社会关于高等新闻教育效率问题的反思，也成为媒体内部培训力量之所以强大的反证。笔者认为，高等新闻教育势必作出调整，企业内部培训制度还必将长期存在。

由于现代社会传统职业内部发生的深刻变化，出现了大量以高新科技、多学科知识为基础的新职业，使得知识的应用价值受到空前的

---

① 此项调查以各位教师 2000 年间直接指导的学生数为基准。
② 参见［日］大井真二：《ジャーナリズム・マス・コミュニケーション教育の现在》，《マス・コミュニケーション研究》2001 年第 59 期，第 81—101 页。

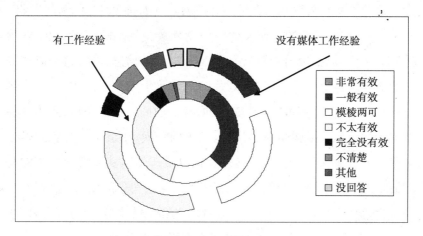

图6 大学新闻教育有效性问题调查结果

重视,因此,围绕知识内部逻辑结构的调整和变革,以及对知识外在应用价值的推崇,都要求大学研究生院面对现实,培养高级职业技术人才。正如花田达朗教授指出的那样,培养教育的组织应该是多样而丰富的,不仅业界是重要的记者培训机构,大学也应该是实施记者教育的机构。日本的大学除了医学,基本上都没有实施专业教育。可是近年来,日本的大学中也出现了 MBA 课程,还准备进一步推进法律专业学习的组织机构建设。据此,我们可以看出大学的使命正在发生变化。如果新闻记者作为专业化的职业被社会认可的话,大学也应该履行培养教育新闻记者的责任。[①] 在高等新闻教育中技能培训与理论学习应该有机结合,为社会服务与保持大学的学术价值追求应该相互调和。

实际上,日本社会在固守重学轻术理念的大学之外,建立了一整套直接服务于媒体企业的职业技能培训制度,以达到学与术之间的平

[①] 参见[日]花田达朗:《ジャーナリスト教育の実験報告》,《総合ジャーナリズム研究》2002 年秋季号,第54—57 页。

衡。这种平衡长久以来一直维系并推动着日本高度发达的新闻事业。

有人认为，传统的企业文化在信息社会受到挑战，它不能很好地适应要求多样化、充分个性化的后工业时代的信息社会，这一时期的企业应该放弃缺少个性、整齐划一的内部培训模式。其实，企业内部培训作为日本的一种文化传统，正如我们前面分析的那样，是不容易改变的。日本人强调知识的认知、感悟的一面，使组织行为观念发生了很大的变化，一个组织不仅仅是"信息处理器"，更主要的在于它是"活的有机体"。从这个意义上讲，了解一个公司象征什么、向何处去、希望进入什么领域等，比会处理客观信息要关键得多。知识的高度主观、个性化和情感化的一面是机器根本无法具有的，但在一个活的有机体的成长过程中却有着很大的可能。一旦"隐性知识"的重要性被认识，一个人就会开始以全新的方式来考虑创新，而不再是把数据信息的不同部分堆积在一起。① 这正是日本企业能够打破整齐划一模式，开拓创新，满足社会进步需要的文化原因。据美国国家科学基金会的调查，1987 年获得美国专利权最多的是日本的三家企业，同年，日本企业共获得 17288 项美国专利权，占美国当年全部专利权的19%。② 根据日本科学文化教育司的调查统计，日本科研机构中，有14761 家操纵在私营企业和公司手中，1396 家是独立于私营公司和大学以外的国立和公立科研机构，而高校的大学部、学部、研究所、科研中心和文部省设立的共同研究机构只有 2146 家。高校研究机构不仅在数量上难以与私营科研机构相抗衡，而且在成果上也处于劣势。这是媒体企业能够独自培养工作者的有力保障，它也弥补了高等新闻教育的不足。

---

① 参见杨文选、张玲：《日本与西方知识观管理观之比较》，《西安电子科技大学学报》(社会科学版)2001 年第 6 期，第 29—32 页。

② 参见胡力佳：《日本高等教育衰弱及其原因》，《外国教育资料》1995 年第1 期，第 64—68、27 页。

从职员个体发展来看,企业内部各个阶段的培训都是大学后教育的延续,是实现终身教育目标的一种手段。1965年联合国教科文组织成人教育局成人教育科长P.郎格郎在"第三次世界成人教育推进委员会"上,针对高速发展的现代社会提出"终身教育"的发展目标。首先在日本传播这一思想的是参加会议的御茶水女子大学校长波多野完治教授。1971年4月,社会教育审议会"考虑到社会工业化和信息化的进展、中高年龄层的增大、国民学历水平的提升等社会条件的变化,才从推进终身教育角度来研究社会教育的基本政策",并发表了题为《关于适应社会结构急剧变化的社会教育的应有状态》的咨询报告,强调在社会变动的情况下,终身教育是十分必要的。此举率先将终身教育作为指导教育改革的理念被采纳并逐渐使之政策化。到20世纪80年代,日本临时教育审议会继承日本关于终身教育研究的成果,明确提出建设"又工作又学习的社会",即"终身学习社会"的思想,把"改变以学校为中心的观点,谋求综合地重组以向终身学习体系过渡为主轴的新教育体系","完善终身学习体制"作为深化第三次教育改革的一个基本方针。① 日本的企业内部培训制度为落实这一政策,建设学习化社会作出了巨大贡献。《读卖新闻》集团在传统的业务如报纸出版发行、出版印刷、电视传播业等之外,它还设有文化教育业务,包括读卖日本交响乐团、读卖—日本电视文化中心、读卖理工学院3家机构。其中读卖理工学院是该报在20世纪60年代末为了确保学生送报员的数量而设立的培养应用性技术工人的中等专业学校,学校的大部分学生早晚送报,白天在学校学习,开设的专业有计算机网络、电脑影像制作、建筑、电子技术、汽车维修等等。②《读卖新闻》集团的

---

① 参见张德伟:《日本教育特制的文化学研究》,东北师范大学出版社1999年版,第113—115页。

② 参见尹良富:《日本报业集团研究》,南方日报出版社2005年版,第101页。

这种做法在提高媒体员工的综合素养的同时，承担起了建构"又工作又学习的社会"的责任。另外，与朝日新闻等媒体一样，读卖新闻社开发有新闻教育的研究项目，设有专门的新闻教育局与教育界合作，展开全国性的新闻教育活动。比如，在版面上介绍教师们的创意和成果，提供免费利用报纸的辅助教材与指南，吸引小读者参观报社，在中小学生中展开读报、评报及参观报纸制作现场等活动。

日本文化不会轻易变迁，企业文化传统之一的内部培训制度就是在日本文化的浸润下成长起来的，如今已是枝叶繁茂，根深蒂固。大学的新闻教育遭遇质疑，而依据重学轻术理念选择的新的发展路径仍是万变不离其宗。也就是说，日本新闻媒体的内部培训在方式方法上的改革势在必行，而保持这一文化传统也是大势所趋。仅高等新闻教育的产学协同、联合发展的问题在学界引起的纷争就足以说明日本高等新闻教育是难以形成稳固的现代化制度形式的，学与术的矛盾将在日本高等新闻教育中继续存在下去。而高等新闻教育作为大众化教育，与独特的企业内部培训制度持续二元并行的现状不仅有充分的可能性而且完全必要。

高等新闻教育与企业内部培训两种教育方式并行的制度可以理解为新闻教育的一种独特的制度形式。

制度常常被理解为一种社会博弈规则，是社会上通行的或者被社会成员普遍采纳的一系列行为规则。一个国家的教育制度必然受到政治、经济、文化等因素的影响和制约，具有被社会普遍承认的特点。教育制度被广泛理解为"一个国家中各种教育机构的体系"，是"受一定社会的政治、经济、文化影响和学生身心发展特点的制约"，旨在实现教育目的的社会公认的组织系统。① 日本高等新闻教育与企业内

---

① 参见李国均、王炳照总主编：《中国教育制度通史》，山东教育出版社2000年版，"总序"。

部培训两种教育方式并行的制度就是日本传统文化的产物。按照日本社会的需要,它已经约定俗成为一种举世无双的新闻教育体系,是一种逐渐成熟、稳定的内在制度,既体现了日本文化调和性的特点,又协调了保持高等新闻教育的学术传统与推动信息传播事业发展的关系。而由花田达朗教授等学者在大学内部推行的新闻记者教育实验之所以无疾而终,重要的原因之一就是他们要人为制造一种外在制度取代已经被社会共同体认同的内在制度,外在制度的有效性取决于它与内在制度是否互补。当强制的外在制度以满足制度制定者以及其他非学术团体的利益目的时,使用规则和执行规则,就难免会引起学院派学者对所属学术团体利益会受到侵害的恐慌。不论新的制度是否有利于新闻教育的发展,制度创新总是要付出一定的代价,打破日本高等新闻教育与企业内部培训两种教育方式并行的制度还需要假以时日。

另外,一种制度的优劣仅仅取决于使用者的适用性。能够根据各自民族不同的文化背景,选择适宜本民族的教育制度,那么最适合的就是最先进的、最有效的。换句话说,教育制度只有最适合,没有可以照搬套用的最好模式。我们对新闻教育制度的界定以及评价的标准不应该是单一的,也根本不存在那样一种具有普适性的、可供照搬套用的制度形式。一般认为,在世界范围内主要有四种新闻教育模式:美国式新闻教育、日本式新闻教育、英德式新闻教育以及苏联式的新闻教育。其中英德式与日本式的大学新闻记者教育力量薄弱、重视职后技能培训等方面的特点是一致的。我国的新闻教育沿袭了美国密苏里大学和哥伦比亚大学新闻研究院以语言文字等人文学科为基础,强调采、写、编、评方面的基本技能培训,重视人文学科基础和专业技能训练的传统。全球化时代也是多样化时代,每个国家都有权根据本国的实际情况选择最适于本国特色的新闻教育体系,而不必攀龙附凤于所谓高等教育发达国家或者西方语境下的制度标准。所以,在我们认为日本新闻教育制度不够完善、落后的时候，往往是忽视了它的双轨互补、双轨并行制度的独特性，我们的制度评价标准就是偏颇的，单一的。对于前面提到的花田达朗教授"目前日本不存在已经被制度化的新闻教育"的观点，就有攀附西方特别是美国语境下制度标准之嫌。既然日本高等新闻教育与企业内部培训并行的新闻教育制度是最适于日本的，那么我们就应该尊重这种制度选择，就有必要重新评价这种制度的优劣，重新审视这种制度为我国新闻教育发展可能提供的参考价值；我们也有理由断定在日本的传统文化结构被彻底颠覆之前，这种二元并行的制度形式不会发生本质上的改变。

结　　语

一、重学轻术，制度独特

　　从专业组织机构来看，日本高等新闻教育的确不够发达，到目前为止，以新闻学冠名的只有上智大学新闻学系和日本大学新闻学系，没有新闻学院建制。2004年东京大学社会信息研究所融入研究生院信息学环·学际信息学府，不复存在；2005年日本关西地区的高等新闻教育主力——同志社大学文学院社会学系新闻学专业改组为媒体学系。至此，有人评价说，日本独立的新闻学研究和教学力量可谓递减到极致，日本新闻教育走向衰败。但是如果我们从多元的评价标准出发，得到的结论就会大相径庭。笔者认为，形成日本高等新闻教育今天这种局面的根本原因还在于重学轻术的教育理念，而且日本新闻教育并没有衰败。

　　日本高等新闻教育并不发达，但是它找到了与媒体企业内部培训结合的新闻教育制度形式，这种二元并行的形式符合日本民族文化特色，经久不衰，一直支撑着日本这个信息大国新闻事业的运转。其中，新闻记者业务技能培训的职能交由媒体企业履行，高等新闻教育不需要回应社会的现实需求，只从事新闻学相关理论的教学与研究。因为在日本社会的传统文化理念中，大学要以学术价值为追求，应该充分享受学术自由、学术自治的特权，职业技能层面的教育是不可以登上大学的大雅之堂。现在的二元并行、学与术分而治之的制度，既是重学轻术理念的反映，也是维系这一理念的必需机制。这也标志着日本新闻教育制度已经发育成熟。

随着信息社会的来临，媒介素养教育跃然纸上。基于高等新闻教育的自身优势和学院派学者们对于媒介素养教育的理解，日本高等新闻教育选择积极推进媒介素养教育、提高国民修养的路径，进一步认清、批判媒体，实现既与社会现实保持联系又有所坚持的教育理想，使得重学轻术理念在这一过程中得以延伸。新闻学研究领域的扩展为全面实施以媒介素养教育为核心的通识教育奠定了基础。新闻学融入传播学、大众传播学、社会信息学，以其基本理论解决信息时代出现的非技术层面的核心问题，例如为了避免信息社会人类沦为时代的奴隶、新科技的奴隶，新闻学提出要坚持"为什么"和"为谁"的基本方向，避免盲目跟风。这也正是传播学、大众传播学、社会信息学等学科不易解决的问题。伴随学科间壁垒被打破，大众传播学、社会信息学等相关课程的日渐普及，新闻学也沉淀为大学通识教育的内容之一，信息时代人类新的素质——媒介素养在学科融合中的地位被凸显出来。

目前，日本高等新闻教育的重学轻术理念发生的演变只是形式上而非本质上的改变。它始终排斥新闻技能培训进大学，即使出现了产学协同的迹象，但是从大学为媒体记者培训开设的具体课程来看，仍然是以新闻原理、新闻伦理等为主要内容。至于媒体企业为大学提供的各种形式的经济援助、为学生提供的实习制度，符合优势互补的原则，未尝不可。有人质疑大学得到媒体的经济援助之后，就会为媒体唱赞歌，至少有服膺于某些利益集团之嫌，会失掉大学本质。试想，有哪一所大学可以离开集团的经济援助或是国家的经济扶持？学术自由思想的发源地，洪堡创办的德国柏林大学就是根据国家需要而投资创办的。东京大学是国立大学，曾经享有最高的国家教育经费。对于大学来说，大学法人化改革，只是提供经济援助的渠道发生了变化。何况，日本的高等教育体系以众多的私立大学为主，如同志社大学、上智大学原本就是由各种财团做经济支撑的私立大学。大学是学术群体，由独特的学术文化支配，业界的资助与大学也不可能构成直接的经济关系，大学享有充分的自主权。更重要的是，文化变迁是一个复杂而缓慢的过程，日本传统文化中学术自由的思想深深植根于日本高等新闻教育之中，学者们一直坚守着学术研究的无功利性，追求媒体应然本质、坚持客观评价媒体、监督批判媒体的独立精神不会轻易改变。所以，接受业界的经济援助对于日本高等新闻教育原有理念的负面影响并不大，学术价值追求仍然是日本高等新闻教育理念的主流。

二、他山之石，可以攻玉

从总体上来看，我国的新闻教育缺少符合本国文化特色的教育理念。本书极力突出日本高等新闻教育"重学轻术"这一核心理念，目的在于提醒我国的新闻教育界，学术与职业同样重要，甚至有过之无不及。在经历了一段混乱无序的摸索之后，我国的新闻教育可以从日本高等新闻教育理念中有所借鉴，既要走出象牙塔，又要回归象牙塔。

中日两国的传统文化有着很大的相似性，且不说共同的儒教文化底蕴，单从原北京大学校长、中国新闻教育创始人蔡元培先生秉承的学术自由、大学自治等大学理念来看，可以说，中日两国的高等新闻教育具有几乎相同的学术理念背景。

我国的新闻教育以1918年10月14日北京大学新闻学研究会的

241

成立为标志。蔡元培校长在成立大会上明确了新闻学研究的必要性："凡事皆是先有术后有学。在我国自有新闻以来,不过数十年……惟其发展之道,全恃经验,如旧官僚办事然。苟不济之以学理,则进步殆亦有限。此吾人所以提出新闻学之意也。"但是新闻学的学术特性在这一时期并未形成,从研究会的研究内容来看,主要是关于新闻的范围、新闻采集、新闻编辑、新闻选题、新闻通讯法、报社和通讯社的组织等问题,研究会的目的也只是"灌输新闻知识,培养新闻人才"。可见,当时对新闻学的理论性、学术性的认识还不够充分。另外,从师资队伍到课程设置都较多地受到了美国的影响,有严重的重"术"轻"学"的倾向。我国新闻教育发轫时的重要启蒙导师留美归来的徐宝璜和留日归来的邵飘萍(当时的日本新闻教育尚未确立,更多地受到美国新闻教育思想的影响),虽然有着不同的学术背景,但是他们都重视新闻实务教育。为了培养实务人才,这一时期的北京大学新闻学研究会为学员提供的多为专业技能的训练。而北京大学受到的是中国传统教育理念的熏陶,蔡元培先生推崇的也是德国古典大学理性主义的教育哲学,显然实务人才的培养与北京大学的学术传统是相背离的。

近年来,美国实用主义的教育思想在我国日盛,高效、快速、大众化等成为这一时期新闻教育的关键词,形成了传统文化与当代新闻教育思想之间的冲突。这也是我国新闻教育发展艰难,新闻教育理念莫衷一是的主要根源。

1998年以前我国大学开设的新闻学专业,都是基于学术的价值取向而构建课程体系和教学内容的。高等教育在精英教育时期,本科专业以学术为中心。1998年以后新增设的专业,由于没有前期的基础,不约而同地采取了模仿学术性大学专业建设模式的发展路径,更由于国家在高等学校办学水平评估时采取统一的指标,新增专业搭"老专业"便车的问题就更加突出了。这导致了中国高等学校不仅专业结构趋同化现象严重,而且课程体系和教学内容也"千校一面"。随着矛盾的加剧,新增设的许多新闻专业,为了适应市场需求,只能以培养满足业界需要的新闻工作者为目标,转向职业化发展路径。发展过程中出现了课程设置随意性大、教师专业性差,培养的人才所学理论不专、技能不精,或是没有发展后劲或是动手能力差等问题,出现了毕业生理论水平不够技术水平也不高的情况。

目前我国共有 661 个新闻学类专业点,大多数本科院校都开设了新闻学专业,以专业规模 60 人计,年招生 39660 人,在校生总数 158640 人。而全国领有记者证的新闻工作者约为 15 万人,供大于求显而易见。① 在教育需求旺盛的同时,人才市场的结构性矛盾也十分突出,新闻媒体拒绝或者不情愿使用新闻专业毕业生。可见,新闻全日制教育培养出来的人才与现代传媒需要之间存在着一定差距。这给新闻学专业建设带来了一个无法回避的问题,就是如何构建课程体系和教学内容,以满足大学不同利益相关者的诉求。

我国现阶段的新闻教育多与中文专业教育嫁接,在一些人的头脑中新闻教育就是教会学生如何写新闻报道,忽视新闻理论教育,甚至把新闻业务课程作为主干课程,缺乏对媒介伦理、媒介批判意识等精髓教育的重视。大学教育趋向于高等职业技术教育。在我国"新闻传播学"早已攫升为一级学科,很多"新闻传播学院"只有新闻学系而没有传播学系,新闻学系的建制也是新闻学与传播学的杂烩,教师的专业归属不够明确,不论从学术取向还是职业取向出发都难以给新闻教育定位。我们没有日本新闻教育完备的双轨并行制度,新闻教育必须包含有技能训练内容;同时,新闻学是综合性很强的学科,新闻教育内容还要含有与新闻学相关的其他学科的知识内容,如社会学、经济学、政治学、文化学等等。于是,我们的新闻教育在课程设置上五花八门,

---

① 参见何梓华:《中国新闻教育要适应新闻媒体的需要》,《新闻与写作》2006 年第 7 期。

内容丰富，课程规模庞大，难以落实。由于缺乏理性的指导，浮躁的社会现实又放大了媒体的权力，弱化了媒体的责任，导致学生盲目报考，个别高校盲目制定新闻人才培养目标，盲目创建或扩建新闻传播学相关院系。事实上，选择学术还是职业也已经成为我国新闻教育面临的首要问题。

正如弗莱克斯纳教授认为的那样，大学基于一定的价值体系，对社会风尚保持合适的批判性的抵制，有助于避免愚蠢的近乎灾难的莽撞。大学不是一个温度计，对社会每一流行风尚都作出反应。大学必须经常给予社会一些东西，这些东西并不是社会所想要的，而是社会所需要的。在这样一种关系下，大学教育不妨像朱光烈教授说的那样试着"开倒车"，就是让教育回归其本来面目，将现代文化打碎的知识系统重新整合起来，克服专业主义教育的弊端，进行"大文化教育"。其实，现代社会的新闻记者应该是全才，除了要公正地报道事实，还应是社会分析家、引导社会变革的评论员。为了培养合格的新闻记者就必须进行系统的专门训练，除了学习情报收集、写作方法、计算机操作外，还要学会分析国际政治、经济、社会等领域的现实问题。鉴于以上种种，我们的新闻教育应该从教育理念入手，解构专业结构，淡化专业强化课程，根据不同的人才培养目标，划分出不同层次的专业教育，设置分层教育模式，满足不同社会层次的需求，以此来建构一种学术与职业的新的动态平衡关系。

所谓分层次的教育模式包括不同层次的新闻学院系要确立不同层次的发展特色，以及针对有不同发展需求的学生设置不同的培养方案等两方面内容。目前已经取得博士点的院系，应该坚持研究生教育质量的高标准，恪守大学的学术理念，积极从事学术研究，培养优秀的新闻研究人才和教育工作者；严格专业评估，放慢开办新闻学相关院系的脚步。对于一般本科层次的新闻专业教育，首先要明确较早地细分学科专业并不利于学生个人发展的观点。分层教育模式就是要从宽厚的学科基础入手,将4年制划分为两个2年,头两年以通识教育为主,着重实施与大众传播相关的媒介素养教育。同时要帮助学生较早确立个人发展目标,在大学3年级时有针对性地给予准备就业的学生和打算继续深造的学生不同的引导,通过学分制将课程分而治之,管理亦分而治之。

对于准备就业的学生,在学习新闻学原理、新闻史学、新闻伦理等基本理论的基础上,侧重新闻实务和见习、实习课程。对于打算继续深造的学生,在课程安排上可增加传播学、社会学乃至经济学、法学等选修课比例,依据个人兴趣在教师指导下选择,突出个性化的课程特征。学位论文的选题、准备等工作在时间上宜提前至3年级。在选准了研究方向之后就是实地调查、收集资料、整理资料、提交论文提纲、写作、修改、再写作、再修改,论文的完成大概需要2年的时间。长时间的论文写作过程磨炼了学生的学术能力,能够得出比较细致又有深度的结论。另外,媒体的人才需求不仅由新闻学专业来满足,其他专业如经济学、社会学、文学等专业学生可以在3年级以后选修新闻专业开设的实务类课程,通过资格考试亦可有机会从事媒体工作。

新闻教育实施分层模式的基本要点是通识教育,淡化专业,强化课程。从整体上看,产业结构的不断调整,社会对人才需求的多样性、现实性,以及高校人才培养的滞后性等特点,都要求提高对学生综合素质的塑造,淡化专业控制,强调通过课程的不同组合培养各个专业方向的人才,这样更有利于以学科建设为龙头推动新闻学的专业发展。目前,复旦大学已经将更宽泛的知识结构和具备良好的沟通能力作为新闻传播教育的主要方向,力求传播学系毕业的学生除了能够从事与新闻传播业务有关的工作以外,还要具备良好的传播素质、丰富的社会协调和人际沟通能力、宽泛的知识结构和国际(跨文化)视野,以及高超的信息分析和媒介管理能力。在本科阶段开设的媒体经营管理、人际沟通协调等课程,也的确很受学生欢迎。另外,近几年北京大学新闻与传播学院主要实施了淡化专业的改革，扩大本科生的知识领域。本科生头两年不光是不鼓励你多选新闻传播的专业课，而且要限制专业课的选课数量。在教学中充分强调通识教育，"术"应当建立在稳固宽广的"学"的基础上。① 分层的新闻教育模式既可以通过淡化专业、强化课程实现学术与职业的平衡，也可以通过课程改革构建学生的综合素质，提高学术修养。提升个人修养是当代社会对大学生提出的要求。

首先，修养与科学研究息息相关。修养观念主要来源于新人文主义，是关于人的发展的一种理想。新人文主义构成古典大学观的基础和根本目标，它规定了大学教育的基本价值取向和人才培养目标。科学作为新人文主义和理想主义哲学的概念，它构成了大学的中心活动内容。科学活动一方面具有独立的价值，旨在探索未知；另一方面，它作为一种能动的、思辨的活动，也是通向修养的途径。在洪堡的大学理想中，大学的目标不只是知识的输出和科学的探索，而是通过这些促进创造性的思维和修养的完善。因而，大学应实施通识教育，而不是单纯地解决职业问题。修养或者说通识性的修养是个性全面发展的结果，是人作为人应该具有的素质，它与专门的能力和技艺无关。如果在真正意义上从事科学，科学便是用于"精神和道德修养"、"非有意的、但却天然适合"的材料。所以，修养与科学是不可分割的，失去修养便没有真正的科学，舍去科学，修养便无从进行。② 信息社会，媒介素养是从事学术研究的必备条件，是新闻理论研究者的基本素养，新闻理论又是提高媒介修养的最佳材料。对于打算继续深造的学生，分层教育模式给他们提供了从事学术研究的学术准备。

---

① 参见龚文库：《关于新闻与传播教育的四个问题》，《国际新闻界》2006 年第 4 期。

② 参见陈洪捷：《德国古典大学观及其对中国大学的影响》，北京大学出版社 2002 年版，第 83 页。

其次,培养有后劲的新闻工作者。现代社会需要专才更需要通才。职业的不稳定性、多变性,需要较高的知识修养来应对。根据北京、深圳新闻从业者学科背景的调查来看,新闻学之外的其他人文社科类毕业生在媒体就职率略高于新闻学,也就是说,新闻学专业在就业市场上并不占绝对优势,不少发展迅速的市场媒体不愿引进新闻系、中文系的毕业生,它们紧缺的是复合型人才、管理人才、有专业背景的节目主持等。广东三大报业集团在招聘新闻采编人员时曾表示,优先录用兼具新闻和其他专业背景的研究生,而本科和硕士都读新闻的研究生并不优先考虑,只有具备真才实学的人才能被录用。业界更需要有较强分析问题的能力和语言表达水平,广博的知识基础,以及新闻之外某领域的专门知识的人才。分层的教育模式可以为打算就业的学生提供充沛的知识和能力储备,使得他们具有较强的发展势头。

最后,新闻工作者职业道德的需求。新闻市场竞争加剧,消费主义文化蔓延,媚俗现象泛滥,加剧了新闻职业道德的滑坡。新闻职业道德失范带来了社会认知的偏差,有偿新闻、恶意炒作、新闻侵权等现象频频出现,传媒忠诚度走低。新闻伦理和法制教育成为新闻教育的核心内容。1977 年,美国 200 多个新闻及传播专业中只有 68 个开设有新闻道德科目,但是到 20 世纪 90 年代初,美国高校新闻院系中 50% 以上均开设新闻伦理学课程。在我国,戈公振先生早在 1929 年就提出要将新闻学开设成"无条件的一种国民必修课",这样每一个国民都有机会走近传媒、认识传媒、批判传媒。大学课程可以提升新闻学专业学生的素质,也同样可以提高公民的基本素养。特别是将新闻学课程面向全体学生,设置为通识课程之后,公民的媒介素养已经成为对新闻工作者的一种挑战。当普通民众具备了一定的媒介素养,可以对媒介指指点点,不再盲目轻信的时候,传媒及其工作者自然会提高自身职业道德水准,加强新闻专业主义,增强舆论监督力度,社会也会自然回归真实客观的本来面目。

参 考 文 献

（一）日文参考文献

1. 图书类文献

［1］《採用試験問題集・大明堂編集部》，東京：大明堂 1932 年版。

［2］《早稲田大學七十年誌・大学編》，東京：早稲田大學 1952 年版。

［3］日本新聞協会編：《新聞協会十年史》，東京：日本新聞協会 1956 年版。

［4］小野秀雄［ほか］共著：《新聞と教育》，東京：日新出版 1958 年版。

［5］小野秀雄著：《新聞原論》，東京：東京堂 1959 年版。

［6］岡本光三編集：《日本新聞百年史》，東京：日本新聞連盟 1961 年版。

［7］上智大学編：《上智大学五十年史》，東京：上智大学出版部 1963 年版。

［8］同志社大学編：《同志社 90 年小史》，京都：同志社大学出版社 1965 年版。

［9］鶴見俊輔編集：《ジャーナリズムの思想》，東京：筑摩書房 1965 年版。

［10］和田洋一編：《同志社の思想家たち》，京都：同志社大学生協出版部 1965—1973 年版。

［11］中島太郎著：《近代日本教育制度史》，東京：岩崎書店 1966

年版。

　　[12]日本新聞協会編:《新聞協会二十年史》,東京:日本新聞協会 1966 年版。

　　[13]《米山桂三博士還暦記念論文集》,東京:慶光通信社 1967 年版。

　　[14]内川芳美著:《新聞史話:生態と興亡》,東京:社会思想社 1967 年版。

　　[15]杉村楚人冠著:《最近新聞紙学》,東京:中央大学出版部 1970 年版。

　　[16]中島太郎著:《戦後日本教育制度成立史》,東京:岩崎学術出版社 1970 年版。

　　[17]小野秀雄著:《新聞研究五十年》,東京:毎日新聞社 1971 年版。

　　[18]小野秀雄編著:《新聞錦絵》,東京:毎日新聞社 1972 年版。

　　[19]内川芳美[ほか]編:《講座現代の社会とコミュニケーション》,東京:東京大学出版会 1973—1974 年版。

　　[20]北川隆吉[ほか]編:《マス・メディアの構造とマス・コミ労働者》,東京:青木書店 1973 年版。

　　[21]春原昭彦著:《日本新聞通史》,東京:現代ジャーナリズム出版会 1974 年版。

　　[22]片山清一編:《資料・教育基本法:成立時および関連諸資料》,東京:高陵社書店 1974 年版。

　　[23]稲葉三千男、新井直之編:《新聞学》,東京:日本評論社 1977 年版。

　　[24]稲葉三千男著:《現代ジャーナリズム批判》,東京:青木書店 1977 年版。

　　[25]日本新聞連盟出版局編:《新聞大観》,東京:日本新聞連盟

1978 年版。

[26]早稲田大学大学史編集所編:《早稲田大学百年史》,東京:
早稲田大学出版部 1978—1997 年版。

[27]新井直之著:《ジャーナリズム:いま何が問われているか》,
東京:東洋経済新報社 1979 年版。

[28]新井直之著:《現代新聞・放送批判:報道の内実と問題点
をつく、マスコミ日誌'78》,東京:日本ジャーナリスト専門学院出版
部 1979 年版。

[29]高木教典、桂敬一著:《新聞業界》,東村山:教育社 1979
年版。

[30]和田洋一編:《新聞学を学ぶ人のために》,京都:世界思想
社 1980 年版。

[31]鈴木熏編著:《逐条・学校教育法》,東京:学陽書房出版社
1980 年版。

[32]稲葉三千男編:《メディア・権力・市民》,東京:青木書店
1981 年版。

[33]日本新聞学会編:《資料・日本新聞学会の三十年》,東京:
日本新聞学会 1981 年版。

[34]上智大学編:《上智大学新聞学科五十年の記録》,東京:上
智大学文学部新聞学科 1981 年版。

[35]田中浩編著:《近代日本におけるジャーナリズムの政治的
機能》,東京:御茶の水書房 1982 年版。

[36]早稲田大学編:《早稲田大学百年史》,東京:早稲田大学出
版社 1982 年版。

[37]小野秀雄著:《日本新聞発達史》,東京:五月書房 1982
年版。

[38]内川芳美、新井直之編:《日本のジャーナリズム:大衆の心

をつかんだか》,東京:有斐閣 1983 年版。

　　［39］東京大学百年史編集委員会編:《東京大学百年史》,東京:東京大学 1984—1987 年版。

　　［40］鶴見俊輔著:《戦後日本の大衆文化史:1945—1980 年》,東京:岩波書店 1984 年版。

　　［41］稲葉三千男著:《メディアの死と再生:青い地平をみつめて》,東京:平凡社 1987 年版。

　　［42］荒瀬豊、高木教典、春原昭彦編:《自由・歴史・メディア:マス・コミュニケーション研究の課題:内川芳美教授還暦記念論集》,東京:日本評論社 1988 年版。

　　［43］小野秀雄著:《かわら版物語:江戸時代マスコミの歴史》,東京:雄山閣出版 1988 年版。

　　［44］山本武利著:《新聞記者の誕生:日本のメディアをつくった人びと》,東京:新曜社 1990 年版。

　　［45］稲葉三千男著:《コミュニケーションの総合理論》,東京:創風社 1992 年版。

　　［46］石坂悦男、桂敬一、杉山光信編:《メディアと情報化の現在》,東京:日本評論社 1993 年版。

　　［47］門奈直樹著:《ジャーナリズムの現在》,東京:日本評論社 1993 年版。

　　［48］天野郁夫著:《旧制専門学校論》,玉川大学出版部 1993 年版。

　　［49］鈴木範久著:《ジャーナリスト時代》,東京:教文館 1994 年版。

　　［50］有山輝雄、津金澤聰廣編:《現代メディアを学ぶ人のために》,京都:世界思想社 1995 年版。

　　［51］有山輝雄著:《近代日本ジャーナリズムの構造:大阪朝日新

聞白虹事件前後》,東京：東京出版社 1995 年版。

　　[52]桂敬一著：《日本の情報化とジャーナリズム》,東京：日本評論社 1995 年版。

　　[53]本多勝一著：《ジャーナリスト》,東京：朝日新聞社 1995 年版。

　　[54]新聞報道研究会編著：《いま新聞を考える》,東京：日本新聞協会研究所 1995 年版。

　　[55]白井厚編：《大学とアジア太平洋戦争：戦争史研究と体験の歴史化——白井厚教授退職記念論文集》,東京：日本経済評論社 1996 年版。

　　[56]有山輝雄著：《占領期メディア史研究：自由と統制・1945 年》,東京：柏書房 1996 年版。

　　[57]川崎泰資、柴田鉄治著：《ジャーナリズムの原点：体験的新聞・放送論》,東京：岩波書店 1996 年版。

　　[58]天野勝文、桂敬一等著：《岐路に立つ日本のジャーナリズム》,東京：日本評論社 1996 年版。

　　[59]桂敬一編：《新聞：転機に立つ新聞ジャーナリズムのゆくえ》,東京：大月書店 1997 年版。

　　[60]黒羽亮一著：《ジャーナリストからみた戦後高校教育史》,東京：学事出版 1997 年版。

　　[61]鈴木英一、平原春好編：《資料・教育基本法 50 年史》,東京：勁草書房 1998 年版。

　　[62]岡本浩一著：《大学改革私論：研究と人事の停滞をいかに打破するか》,東京：新曜社 1998 年版。

　　[63]久野収著,佐高信編：《ジャーナリストとして》,東京：岩波書店 1998 年版。

　　[64]津金澤聰廣、有山輝雄編著：《戦時期日本のメディア・イベ

ント》,京都:世界思想社 1998 年版。

　[65]花田達朗著:《メディアと公共圏のポリティクス》,東京:東京大学出版会 1999 年版。

　[66]鈴木勲編著:《逐条学校教育法》,東京:学陽書房 1999 年版。

　[67]北野栄三著:《メディアの人々》,東京:毎日新聞社 2000 年版。

　[68]中井浩一著:《高校が生まれ変わる:教育現場からの報告》,東京:中央公論新社 2000 年版。

　[69]門奈直樹著:《ジャーナリズムの科学》,東京:有斐閣 2001 年版。

　[70]山口功二、渡辺武達、岡満男編:《メディア学の現在》,京都:世界思想社 2001 年版。

　[71]黒羽亮一著:《大学政策改革への軌跡》,町田:玉川大学出版部 2002 年版。

　[72]花田達朗、廣井脩編:《論争:いま、ジャーナリスト教育》,東京:東京大学出版会 2003 年版。

　[73]柴田鉄治著:《新聞記者という仕事》,東京:集英社 2003 年版。

　[74]有山輝雄、竹山昭子編:《メディア史を学ぶ人のために》,京都:世界思想社 2004 年版。

　[75]花田达朗、新聞實驗研究會編著:《实践新聞記者養成講座》,東京:平凡社 2004 年版。

　[76]山本武利著:《新聞と民衆:日本型新聞の形成過程》,東京:紀伊國屋書店 2005 年版。

　[77]山本武利編集:《メディアのなかの「帝国」》,東京:岩波書店 2006 年版。

2. 论文类文献

[1]小林澄兄:《新聞學校に就て》,载于《三田新聞》1918 年 8 月。

[2]結城禮一郎:《日本にも早晩設立さるべき新聞學校》,载于《新聞及新聞記者》1922 年 6 月。

[3]小野秀雄:《新聞研究に就いて一言》,载于《新聞総覧》1923 年。

[4]小野秀雄:《英米のスクール・オブ・ジャーナリズム》,载于《社會學雑誌》1924 年 6 月。

[5]小野秀雄:《欧美諸大学の新聞研究施設と本邦に於ける研究機関創設の私案》,载于《新聞総覧》1925 年。

[6]西島芳二:《ヂャーナリストの生活及勞働條件》,载于《総合ジャーナリズム講座》1931 年 12 月。

[7]小野秀雄:《新聞倫理の学門的基礎》,载于《新聞研究》1947 年第 1 期。

[8]竹中勝男:《同志社社会学の建設をめざして》,载于《人文学》1951 年 1 月。

[9]近盛晴嘉:《科学としての新聞学》,载于《新聞研究》1951 年第 13 期。

[10]千葉雄次郎:《新聞教育について》,载于《新聞研究》1951 年第 14 期。

[11]千葉雄次郎:《発刊に際して》,载于《東京大学新聞研究所紀要》1952 年第 1 期。

[12]千葉雄次郎:《現代の新聞自由》,载于《東京大学新聞研究所紀要》1952 年第 1 期。

[13]小野秀雄:《発刊の辭》,载于《新聞学評論》1952 年第 1 期。

[14]龜井一綱:《新聞記者の資質に関する研究》,载于《新聞学評論》1952 年第 1 期。

［15］岡本順一:《ジャーナリズムとアカデミズムの比較対照論》,載于《新聞研究》1953 年第 26 期。

［16］内川芳美:《近代新聞史研究方法論序説》,載于《東京大学新聞研究所紀要》1954 年第 3 期。

［17］川中康弘:《マスコミュニケーション研究の課題と方法》,載于《新聞研究》1954 年第 33 期。

［18］和田洋一:《創生期の悩み》,載于《新聞研究》1954 年第 32 期。

［19］岡本順一:《新聞という概念》,載于《新聞学評論》1954 年第 3 期。

［20］《新聞社の採用を巡つて》,載于《新聞研究》1954 年第 39 期。

［21］トール・ダジェスダル:《ジャーナリズム教育を促進するユネスコ》,載于《新聞学評論》1956 年第 5 期。

［22］千葉雄次郎:《新聞記者の職業教育》,載于《新聞研究》1956 年第 61 期。

［23］池内一、岡崎恵子:《占領期間における日本新聞の趨向 I:主として分析技術について》,載于《東京大学新聞研究所紀要》1956 年第 5 期。

［24］日高六郎:《大衆社会におけるマス・コミュニケーションの問題》,載于《東京大学新聞研究所紀要》1957 年第 6 期。

［25］小野秀雄:《カール・デスターの思い出──民族間の理解こそ新聞記者の使命》,載于《新聞研究》1957 年第 68 期。

［26］堀川直義:《可能性と素質》,載于《新聞研究》1957 年第 75 期。

［27］小野秀雄:《新聞研究の歴史を語る》,載于《新聞研究》1958 年第 78 期。

　　[28]小野秀雄:《アジアにおける記者教育》,载于《新聞研究》1958 年第 79 期。

　　[29]千葉雄次郎:《マス・メディアとしての新聞の地位》,载于《新聞研究》1958 年第 86 期。

　　[30]高橋徹、岡田直之、竹内郁郎:《マスコミュニケーション科学成立の条件》,载于《新聞研究》1959 年第 94 期。

　　[31]岡部慶三:《コミュニケーション研究における正統と異端》,载于《新聞研究》1959 年第 99 期。

　　[32]内川芳美:《1910・20 年の新聞争議——その一》,载于《東京大学新聞研究所紀要》1959 年第 8 期。

　　[33]稲葉三千男:《マルクス主義のマスコミュニケーション論》,载于《新聞研究》1960 年第 102 期。

　　[34]和田洋一:《あいさつの言葉》,载于《人文学》1960 年 2 月。

　　[35]和田洋一:《日本の新聞学と即日性》,载于《人文学》1960 年 10 月。

　　[36]川中康弘:《歧路に立つ新聞学》,载于《新聞学評論》1963 年第 13 期。

　　[37]湯浅八郎:《私学の経営難》,载于《同志社時報》1964 年第 9 期。

　　[38]北村澄:《新しい記者採用方式の探求》,载于《新聞研究》1965 年第 170 期。

　　[39]城戸又一:《創刊に寄せて》,载于《新聞学》1967 年 1 月。

　　[40]和田洋一:《新聞学の対象と方法》,载于《新聞学》1967 年 1 月。

　　[41]江尻進:《大学の新聞教育と記者の養成》,载于《新聞研究》1968 年第 201 期。

　　[42]田中義久:《ロックのコミュニケーション論》,载于《東京大

学新聞研究所紀要》1970 年第 19 期。

　　[43]阪本泉:《新聞学教育の課題》,載于《総合ジャーナリズム研究》1972 年冬季号。

　　[44]安藤夏:《放送学教育の視点》,載于《総合ジャーナリズム研究》1972 年春季号。

　　[45]何初彦:《人文学とジャーナリズム研究》,載于《東京大学新聞研究所紀要》1973 年第 21 期。

　　[46]田中紀雄:《マスコミ教育の考え方》,載于《総合ジャーナリズム研究》1974 年春季号。

　　[47]広井脩:《"批判的コミュニケーション研究"ノート:アメリカ初期ラジオ研究の一側面》,載于《東京大学新聞研究所紀要》1977 年第 25 期。

　　[48]稲葉三千男:《全国大学マスコミ関連講座一覧によせて》,載于《総合ジャーナリズム研究》1977 年夏季号。

　　[49]板東勝彦:《鶴見俊輔のコミュニケーション論》,載于《新聞学》1977 年 5 月。

　　[50]竹内郁郎:《マスコミュニケーション研究の課題と現状》,載于《新聞学評論》1977 年第 26 期。

　　[51]内川芳美:《先生の研究業績を回顧して》,載于《新聞学評論》1978 年第 27 期。

　　[52]広井脩:《"思想"としてのコミュニケーション論:チョムスキーとハバーマス》,載于《東京大学新聞研究所紀要》1979 年第 27 期。

　　[53]生田正輝:《〈新聞学評論〉創立三十周年記念号の刊行に際して》,載于《新聞学評論》1981 年第 30 期。

　　[54]小川吉造:《"全国高校新聞教育研究会"結成の意味》,載于《総合ジャーナリズム研究》1983 年秋季号。

［55］和田洋一:《ジャーナリズムとはなにか》,载于《新聞学評論》1986 年第 35 期。

［56］広瀬英彦:《日本的ジャーナリズムとクラブ制度》,载于《総合ジャーナリズム研究》1986 年春季号。

［57］岸田功:《大学における"マスコミ教育"カリキュラム》,载于《総合ジャーナリズム研究》1986 年夏季号。

［58］山口功二:《記録としてのジャーナリズム》,载于《資料・社会科学》1986 年第 12 期。

［59］山田実:《マスコミ研究の流れと「全国大学マスコミ関連講座」》,载于《総合ジャーナリズム研究》1987 年夏季号。

［60］新井直之:《ジャーナリズム論は重要である:東大新聞研の"発展的解消"について——》,载于《総合ジャーナリズム》1987 年秋季号。

［61］岸田功:《大学におけるジャーナリズム教育》,载于《新聞研究》1988 年第 448 期。

［62］城戸又一:《思い出すがままに》,载于《ソシオロジカ》(sociologica) 1988 年第 12 期。

［63］春原昭彦:《日本のジャーナリズム教育》,载于《コミュニケーション研究》1989 年第 19 期。

［64］河野仁昭:《父と子と同志社》,载于《同志社時報》1989 年第 87 期。

［65］畔上和也:《記者教育の歴史と課題》,载于《日本新聞協会研究所年報》1990 年第 9 期。

［66］田中義久:《マスコミュニケーション研究の系譜——1951—1990》,载于《新聞学評論》1990 年第 39 期。

［67］岡満男:《いま、ジャーナリズムは》,载于《社会科学》1991 年第 44 期。

[68]反田良雄:《新聞業が"理"を求めず"利"に走るとき》,載于《総合ジャーナリズム研究》1991 年夏季号。

[69]《東京大学新聞研究所が改称改組—社会情報研究所へ》,載于《総合ジャーナリズム研究》1992 年春季号。

[70]児島和人,高橋直之:《『情報化の進展とマス・コミュニケーション理論の変容』:1993 年 3 月東京大学新聞研究所シンポジウムより》,載于《東京大学新聞研究所紀要》1992 年第 45 期。

[71]桂敬一、小林宏一、花田達朗、鶴木真、浜田純一:《〈セミナー〉社会情報研究の課題と展望》,載于《東京大学社会情報研究所紀要》1993 年第 46 期。

[72]春原昭彦:《日本の大学におけるジャーナリスト養成の現状と課題》,載于《新聞研究》1994 年第 514 期。

[73]松永光生:《大学のジャーナリズム教育と記者活動》,載于《新聞研究》1994 年第 514 期。

[74]伏見博武:《全人格を問う教育を》,載于《新聞研究》1994 年第 514 期。

[75]笠原芳光:《近代の終焉——和田洋一先生をおもう》,載于《同志社時報》1994 年第 97 期。

[76]見城武秀:《ディジタル技術時代のコミュニケーションと「コンテクスト」:情報社会論とコミュニケーション論の接点を求めて》,載于《東京大学社会情報研究所紀要》1995 年第 49 期。

[77]田中伸尚:《敗戦五十年と新聞歴史認識》,載于《総合ジャーナリズム研究》1995 年秋季号。

[78]渡边武达:《未決囚廿一号——和田洋一、拘置所からの手紙》,載于《資料・社会学》1995 年第 12 期。

[79]田中紀雄:《大学におけるコミュニケーション教育》,載于《総合ジャーナリズム研究》1996 年春季号。

[80]桂敬一:《記者教育創造に活路求めて》,載于《新聞研究》1998年第558期。

[81]稲葉三千男:《ジャーナリズムは本気か》,載于《総合ジャーナリズム研究》1998年冬季号。

[82]花田达朗:《新聞を『学』することの困難と希望》,載于《新聞研究》1998年第558期。

[83]武市英雄:《『なぜ伝えるか』真剣に答えることから》,載于《新聞研究》1998年第558期。

[84]濱田純一:《ジャーナリズムをめぐる〈空気〉の変容と新聞学》,載于《新聞研究》1998年第558期。

[85]鈴木真保:《「全国大学マスコミ関連講座」この10年の変化》,載于《総合ジャーナリズム研究》1998年夏季号。

[86]《1998年度秋季研究発表会——ワータショップ報告》,載于《マス・コミュニケーション研究》1999年第55期。

[87]吉見俊哉:《東京帝大新聞研究室と初期新聞学的知の形成をめぐって》,載于《東京大学社会情報研究所紀要》1999年第58期。

[88]花田達朗:《諸外国におけるジャーナリスト教育の経験と日本の課題》,載于《東京大学社会情報研究所紀要》1999年第58期。

[89]鈴木真保:《分析「大学マスコミ関連講座」》,載于《総合ジャーナリズム研究》1999年夏季号。

[90]河崎吉紀:《新聞教育の構想》,載于《マス・コミュニケーション研究》2000年第56期。

[91]大井真二:《ジャーナリズム・マス・コミュニケーション教育の現在》,載于《マス・コミュニケーション研究》2001年第59期。

[92]田村紀雄:《コミュニケーション学部の設計と建設》,載于《マス・コミュニケーション研究》2001年第59期。

［93］河崎吉紀:《新聞記者の制度化——戦前期における採用と学歴》,載于《評論・社会科学》2001 年第 66 期。

［94］花田達朗:《ジャーナリスト教育の現状と課題》,載于《東京大学社会情報研究所調査研究紀要》2002 年第 18 期。

［95］花田達朗:《ジャーナリスト教育の実験報告》,載于《総合ジャーナリズム研究》2002 年秋季号。

［96］岩崎直子:《記者教育の摸索》,載于《新聞経営》2002 年第 161 期。

［97］岩元俊弘:《記者を育てるのは記者》,載于《新聞経営》2002 年第 161 期。

［98］《日本マス・コミュニケーション学会 50 年:回顧と展望》,載于《マス・コミュニケーション研究》2002 年第 61 期。

［99］長野健:《時代に対応する企業体へ変身》,載于《新聞経営》2002 年第 160 期。

［100］藤田博司:《ジャナリズムの向上目指し講座を育てたい》,載于《新聞経営》2002 年第 159 期。

［101］《本誌アンケート結果:「新聞への理解」求めて広がる各社の取り組み》,載于《新聞経営》2002 年第 159 期。

［102］河崎吉紀:《近代日本における新聞学の成立》,載于《メディア史研究》2003 年第 14 期。

［103］有山輝雄等:《内川芳美氏に聞く——回想 初期の新聞研究》,載于《メディア史研究》2003 年第 15 期。

［104］田中秀幸:《共同研究と産業システムの進化》,載于《東京大学社会情報研究所紀要》2003 年第 65 期。

［105］《ジャーナリスト教育の現状と課題——早大で公開討論会》,載于《新聞研究》2003 年第 629 期。

［106］藤田博司:《ジャーナリスト教育の構築に向けて》,載于

《東京大学社会情報研究所紀要》2004 年第 67 期。

[107]花田達朗：《『東京大学社会情報研究所紀要』からの改称にあたって》，载于《東京大学社会情報研究所紀要》2005 年第 68 期。

（二）中文参考文献

1. 图书类文献

[1]宁新：《日本报业简史》，北京：中国社会科学院新闻研究所1981 年版。

[2]李瞻：《世界新闻史》，台湾：三民书局 1983 年版。

[3][日]稻叶三千男、新井直之著，张国成等译：《日本的报业理论与实践》，北京：新华出版社 1985 年版。

[4][日]和田洋一编著，吴文莉译：《新闻学概论》，北京：中国新闻出版社 1985 年版。

[5][日]内川芳美、新井直之著，张国良译：《日本新闻事业史》，北京：新华出版社 1986 年版。

[6]王桂编著：《日本教育史》，长春：吉林教育出版社 1987 年版。

[7]中国社会科学院新闻研究所编：《七国新闻传播事业》，重庆：重庆出版社 1988 年版。

[8]纪廷许、王丹丹：《实践先于理论——日本企业文化》，北京：新华出版社 1991 年版。

[9]张国良：《现代日本大众传播史》，上海：学林出版社 1992年版。

[10][美]伯顿·R.克拉克：《高等教育系统——学术组织的跨国研究》，杭州：杭州大学出版社 1994 年版。

[11]郑彭年：《日本西方文化摄取史》，杭州：杭州大学出版社1996 年版。

[12]史朝：《现代日本高等教育发展机制研究》，武汉：华中理工

大学出版社 1997 年版。

[13] 李卓、高宁主编:《日本文化研究》,北京:社会科学出版社 1998 年版。

[14] 贺国庆:《德国和美国大学发达史》,北京:人民教育出版社 1998 年版。

[15] 张德伟:《日本教育特制的文化学研究》,长春:东北师范大学出版社 1999 年版。

[16] 胡建华:《战后日本大学史》,南京:南京大学出版社 2001 年版。

[17] 中国新闻教育学会主编:《中国新闻教育论文集》,北京:高等教育出版社 2001 年版。

[18] 郝明工:《无冕国度的对舞——中外新闻比较研究》,昆明:云南人民出版社 2002 年版。

[19] 雷跃捷、金梦玉:《传媒高等教育论》,开封:河南大学出版社 2002 年版。

[20] 范作申:《日本企业内教育培训》,北京:经济管理出版社 2002 年版。

[21] 陈永明编著:《日本教育》,北京:高等教育出版社 2003 年版。

[22] 李建新:《中国新闻教育史论》,北京:新华出版社 2003 年版。

[23] 于洪波:《日本教育的文化透视》,保定:河北大学出版社 2003 年版。

[24] 黄福涛主编:《外国高等教育史》,上海:上海教育出版社 2003 年版。

[25] 李秀云:《中国新闻学术史》,北京:新华出版社 2004 年版。

[26] [日] 依田憙家著,卞立强、严立贤等译:《日中两国近代比较

研究》，上海：上海远东出版社 2004 年版。

[27]李彬主编：《媒介二十五讲》，北京：清华大学出版社 2004 年版。

[28][美]鲁思·本尼迪克特著，吕万和、熊达云等译：《菊与刀》，北京：商务印书馆 2005 年版。

2. 论文类文献

[1]张国良：《谈谈日本的新闻教育》，载于《新闻大学》1985 年第 3 期。

[2]郑贞铭：《新闻教育的基本理念》，载于《新闻大学》1994 年秋季号。

[3]陈桂兰、赵民：《台湾新闻教育述评》，载于《新闻大学》1996 年冬季号。

[4]郑保卫：《香港的新闻传播教育》，载于《新闻爱好者》1996 年第 10 期。

[5]胡连利：《简论日本高等新闻教育特点》，载于《日本问题研究》1997 年第 1 期。

[6][新]卓南生：《从新闻学到社会情报学——日本新闻与传播教育演变过程》，载于《新闻学研究》1997 年第 1 期。

[7]郑保卫：《台湾新闻教育概况》，载于《新闻与传播研究》1997 年第 1 期。

[8]胡连利：《美日两国新闻教育共性比较》，载于《河北大学学报》1997 年第 2 期。

[9]黄晓南：《加拿大新闻教育的发展及特点》，载于《国际新闻界》1997 年第 3 期。

[10]张国良：《再谈日本的新闻教育》，载于《新闻大学》1997 年冬季号。

[11]刘海贵：《关于中国新闻教育改革的思考》，载于《新闻大学》

1997 年冬季号。

[12]闫学彬:《从新闻学到社会信息学》,载于《国际新闻界》1997 年第 4 期。

[13]刘宏:《英国传媒与新闻教育一瞥——旅英观感》,载于《国际新闻界》1997 年第 6 期。

[14]丁淦林:《新闻教育的培养目标与课程体系应该怎样确定?》,载于《新闻大学》1997 年冬季号。

[15][澳]约翰·泰伯特:《澳大利亚的大学新闻教育》,载于《新闻与传播研究》1998 年第 1 期。

[16]陆晔:《历史与现状:日本新闻学教育与新闻实务的发展轨迹——卓南生访谈录》,载于《新闻大学》1998 年秋季号。

[17][美]威廉·G.克莱斯特、泰瑞·汉尼斯著,张咏编译:《2000 年:新闻与大众传播教育的使命与目标———一份来自美国新闻教育机构的报告》,载于《国际新闻界》1998 年第 2 期。

[18]单波:《反思新闻教育》,载于《新闻与传播研究》1998 年第 4 期。

[19]乔伊·马礼逊著,吴晶摘译:《转变中的俄罗斯新闻教育模式》,载于《国际新闻界》1998 年第 4 期。

[20][日]花田达朗著,刘雪雁译:《日本新闻和大众传播教育的现状与课题》,载于《国际新闻界》1998 年第 5—6 期。

[21]裘正义:《大新闻教育:教育适应实践的难点与突破》,载于《新闻大学》1998 年春季号。

[22]吴廷俊:《香港的新闻教育》,载于《新闻记者》1998 年第 6 期。

[23]祁景莹:《探索新形势下新闻教育的新思路——中日学者新闻教育座谈会侧记》,载于《国际新闻界》1999 年第 1 期。

[24]赵玉明、郭镇之:《中国新闻学教育和研究 80 年》,载于《现

代传播》1999 年第 2—3 期。

[25]陈中原:《割席分座——美国新闻教育面临的挑战》,载于《国际新闻界》1999 年第 2 期。

[26]吴廷俊、孙发友:《第四媒体崛起与中国新闻教育改革》,载于《当代传播》2000 年第 1 期。

[27][日]花田达朗著,祁景滢编译:《新的世纪　新的课题——日本高等新闻教育的过去、现在与未来》,载于《国际新闻界》2000 年第 5 期。

[28]刘林利、沈莉:《日本大众传播研究现状考察》,载于《新闻大学》2000 年夏季号。

[29]石长顺、吴廷俊:《培养文理交叉的复合型新闻人才的研究与实践》,载于《中国广播电视学刊》2000 年第 12 期。

[30][美]Maurine Beasley 著,杨保军编译:《新世纪美国新闻学教育面临的挑战》,载于《国际新闻界》2001 年第 5 期。

[31]刘海贵:《论中国新闻教育的危机与转机》,载于《新闻大学》2001 年冬季号。

[32]吴廷俊:《传播学的导入与中国新闻教育模式改革》,载于《新闻大学》2002 年春季号。

[33]James W. Carey 著,李昕译:《新闻教育错在哪里》,载于《国际新闻界》2002 年第 3 期。

[34]邱沛篁:《我国新闻教育发展现状与展望》,载于《西南民族学院学报·哲学社会科学版》2002 年第 4 期。

[35]叶隽:《近代德国大学对中日两国的影响》,载于《高等教育研究》2002 年第 5 期。

[36]于洪波:《教育的民族化与国际化》,载于《山东师范大学学报》2003 年第 4 期。

[37][新]卓南生:《日本新闻学与新闻事业》,载于《国际新闻界》

2003 年第 6 期。

[38]胡连利、田红虹:《关于新闻教育创新的思考》,载于《社会科学论坛》2003 年第 7 期。

[39]韩炼:《面向全球化的中国新闻教育改革》,载于《现代传播》2004 年第 2 期。

[40]党芳莉:《英国的新闻教育及记者培训制度》,载于《新闻爱好者》2004 年第 3 期。

[41]黄鹂:《美国新闻教育研究现状》,载于《新闻大学》2004 年春季号。

[42]向娟娟:《法国新闻教育印象》,载于《新闻爱好者》2004 年第 9 期。

[43][新]卓南生:《日本新闻传播学教育没有那么发达》,www. people. com. cn,2004 年 10 月 25 日。

[44][日]渡边武达:《机制缺陷公信力失守——日报媒体雅俗对峙》,载于《东方日报》2005 年 1 月 5 日。

[45]李蓓:《术与学的选择——中西新闻教育培养目标的历史沿革及动因探析》,载于《新闻知识》2005 年第 5 期。

附　录

一、渡边武达教授研讨班 2005 年
毕业生的毕业论文题目

氏家绫子：《〈周刊文春〉和言论自由论》

山本丽贵：《媒体制作的"大和魂"》

泽竹大辅：《公益广告的考察》

曾根裕子：《围绕被害者报道被害》

后吕草太：《冲绳基地问题与向本土的信息发送》

平林瑠美：《地方报纸的版面分析——"读者来信"栏存在的意义》

池田知优：《杂志媒体的新闻事业性》

龟谷亮介：《从社论看宪法讨论》

松本意史：《体育媒体与市场贸易》

三原麻衣子：《现代广播论考》

凑伊寿实：《关于现代音乐在舞台与电影中的娱乐性》

成田祥子：《增进健康的广告存在的问题》

★宫川英子：《免费报纸与口头传播》

★门野内茜：《网络广告中塑造的大学形象——以关西的大学为例》

★村井ゆみ：《报纸上广播电视节目预报栏的研究》

★中盐路良平:《新闻图片的应然品质》

★冈本太:《电子报纸的可行性及其与纸质媒体的共存》

★八百板一平:《论叙述性新闻报道》

★小槻宪吾:《体育放送和放送权工作的现状及课题研究》

★山村豪尧:《消费者金融和广告的促进》

O 馆林千贺子:《京都残疾大学生在校内的信息环境——为了纠正信息不平等》

注:资料由渡边武达教授提供。★为到媒体就职人员,O 为考取研究生人员。

二、同志社大学媒体学系课程演变

表1 1959—1962 年

学年	1962 年入学生	1961 年入学生	1960 年入学生	1959 年入学生
第一学年	基础科目⋯⋯⋯ 24 宗教　　　 4 人文　　　 4 自然　　　 8 社会学　　 4 社会　　　 4 外语⋯⋯⋯ 8 第一外语　 4 第二外语　 4 体育⋯⋯⋯ 3 专业必修　 4 新闻发展史 4	基础科目⋯⋯⋯ 24 宗教　　　 4 人文　　　 4 自然　　　 8 社会学　　 4 社会　　　 4 外语⋯⋯⋯ 10 第一外语　 6 第二外语　 4 体育⋯⋯⋯ 2 专业必修　 8 新闻发展史 4 社会思想史 4	基础科目⋯⋯⋯ 24 宗教　　　 4 人文　　　 4 自然　　　 8 社会学　　 4 社会　　　 4 外语⋯⋯⋯ 10 第一外语　 6 第二外语⋯ 4 体育⋯⋯⋯ 2 专业必修　 8 新闻发展史 4 社会思想史 4	基础科目⋯⋯⋯ 24 宗教　　　 4 人文　　　 4 自然　　　 8 社会学　　 4 社会　　　 4 外语⋯⋯⋯ 10 第一外语　 6 第二外语　 4 体育⋯⋯⋯ 2 专业必修　 8 新闻发展史 4 社会思想史 4
第二学年	基础科目⋯⋯ 12 人文　　　 4 社会　　　 4 自然　　　 4 外语⋯⋯⋯ 8 第一外语　 4 第二外语　 4 体育⋯⋯⋯ 1 专业必修　 8 社会科学概论 4 新闻学原理 4 专业选修⋯⋯ 4	基础科目⋯⋯ 12 人文　　　 4 社会　　　 4 自然　　　 4 外语⋯⋯⋯ 10 第一外语　 6 第二外语　 4 体育⋯⋯⋯ 2 专业必修　 8 社会科学概论 4 新闻学原理 4 专业选修⋯⋯ 12	基础科目⋯⋯ 12 人文　　　 4 社会　　　 4 自然　　　 4 外语⋯⋯⋯ 10 第一外语　 6 第二外语　 4 体育⋯⋯⋯ 2 专业必修　 8 社会科学概论 4 新闻学原理 4 专业选修⋯⋯ 12	基础科目　　 8 人文　　　 4 社会　　　 4 外语⋯⋯⋯ 8 第一外语　 4 第二外语　 4 体育⋯⋯⋯ 2 专业必修　 12 社会科学概论 4 社会问题　 4 新闻学原理 4 专业选修⋯⋯ 8

学年	1962 年入学生	1961 年入学生	1960 年入学生	1959 年入学生
第三学年	专业必修 …………… 20 比较新闻论 4 采访论及实习 2 编辑论及实习 2 舆论宣传 4 新闻学原理 4 外国书讲读 4 研讨班开始 专业选修 …………… 16	专业必修 …………… 20 比较新闻论 4 采访论及实习 2 编辑论及实习 2 舆论宣传 4 新闻法制伦理 4 外国书讲读 4 研讨班开始 专业选修 …………… 12	专业必修 …………… 20 比较新闻论 4 采访论及实习 2 编辑论及实习 2 舆论宣传 4 新闻法制伦理 4 外国书讲读 4 研讨班开始 专业选修 …………… 12	专业必修 ………… 24 比较新闻论 4 社会调查 4 采访论及实习 2 编辑论及实习 2 舆论宣传 4 新闻法制伦理 4 外国书讲读 4 研讨班开始 专业选修 ………… 12
第四学年	专业必修 …………… 16 新闻经营论 4 社会心理学 4 外国书就读 4 研讨班 4 专业选修 …………… 8 毕业论文 …………… 8	专业必修 …………… 16 新闻经营论 4 社会心理学 4 外国书就读 4 研讨班 4 专业选修 …………… 12 毕业论文 …………… 8	专业必修 …………… 16 新闻经营论 4 社会心理学 4 外国书就读 4 研讨班 4 专业选修 …………… 12 毕业论文 …………… 8	专业必修 …………… 16 新闻经营论 4 放送概论 4 外国书就读 4 研讨班 4 专业选修 …………… 12 毕业论文 ………… 8
合计	基础课程 36 外语 16 体育 4 专业课程 76 毕业论文 8 计140	基础课程 36 外语 20 体育 4 专业课程 88 毕业论文 8 计156	基础课程 36 外语 20 体育 4 专业课程 88 毕业论文 8 计156	基础课程 36 外语 18 体育 4 专业课程 88 毕业论文 8 计154

专业选修课程		第二学年	第三学年	第四学年
第一学年	宪法 4 社会问题 4 心理学概论 4 经济原理 4 社会调查 4	宪法 …………… 4 财政学 4 日本经济史 4 社会问题 4 心理学概论 4 经济原理 4	电影概论 4 国际政治 4 日本现代文学 4 日本文化史概论 4 社会哲学 4 劳务管理 4 社会学概论 4 社会调查 4 政治史 4	民法基础 4 日本法制史 4 统计学 4 劳动问题 4 社会政策 4 放送概论 4 日本思想史 4 社会心理学 4
第二学年	新闻法制伦理 4 电影学概论 4 国际政治 4 日本现代文学 4 日本文化史概论 4 社会哲学 4 劳务管理 4 社会学概论 4 政治史 4 日本经济史 4			
第三学年	统计学 4 放送概论 4 社会政治 4 产业心理学 4			

表2 1969—1970年度

	1970 年入学生		1969 年入学生	
专业必修课			1 年级:文章论	4
			新闻事业史	4
			2 年级:社会科学概论	4
			社会思想史	4
			英语讲读	4
	1 年级:文章论	4	3 年级:新闻学原理	4
	2 年级:英语讲读	4	大众传播调查法	4
	3 年级:新闻学原理	4	传播论	4
	研讨	2	外文书讲读(英、	
	4 年级:研讨	2	法、德任选其一)	4
	毕业论文	8	研讨	2
			4 年级:外国新闻论	4
			社会心理学	4
			法、德文书讲读	4
			研讨	4
			毕业论文	8
基础课程	1 年级:		1 年级:	
	基础课程	24	基础课程	24
	人文科学系列	8	人文科学系列	8
	自然科学系列	8	自然科学系列	8
	社会科学系列	8	社会科学系列	8
	外语	8	外语	8
	体育	3	体育	3
	2 年级:		2 年级:	
	基础课程	12	基础课程	12
	人文科学系列	4	人文科学系列	4
	自然科学系列	4	自然科学系列	4
	社会科学系列	4	社会科学系列	4
	外语	8	外语	8
	体育	1	体育	1
限定选修课程	2 年级—4 年级:			
	新闻事业史	4		
	社会科学概论	4		
	社会思想史	4		
	传播论	4		
	大众传播调查法	4		
	英文书讲读	4		
	德文书讲读Ⅰ Ⅱ	8		
	法文书讲读	4		

1970 年入学生		1969 年入学生	
限定选修课程	外国新闻论　4 现代史　4 放送论　2 广告论　2 社会心理学　4 社会学概论　4		
选修课程	2 年级——4 年级 社会问题　　　　　　　　　4 社会调查　　　　　　　　　4 社会政策　　　　　　　　　4 产业社会学　　　　　　　　4 政治社会学　　　　　　　　4 文化人类学　　　　　　　　4 现代都市文化地域社会学　　4 生活构造论　　　　　　　　4 劳动问题　　　　　　　　　4 劳务管理　　　　　　　　　4 产业构造论　　　　　　　　4 产业心理学　　　　　　　　4 心理学概论　　　　　　　　4 电影学概论　　　　　　　　4 政治史　　　　　　　　　　4 日本文化史概论　　　　　　4 日本现代文学　　　　　　　4 宪法　　　　　　　　　　　4 国际政治　　　　　　　　　4 日本经济史　　　　　　　　4 经济原理　　　　　　　　　4 统计学　　　　　　　　　　4	2 年级——4 年级 宪法　　　　　　　　4 社会问题　　　　　　4 心理学概论　　　　　4 经济原理　　　　　　4 社会调查　　　　　　4 现代史　　　　　　　4 电影学概论　　　　　4 国际政治　　　　　　4 日本现代文学　　　　4 日本文化史概论　　　4 劳务管理论　　　　　4 社会学概论　　　　　4 政治史　　　　　　　4 劳动问题　　　　　　4 日本社会史　　　　　4 日本经济史　　　　　4 统计学　　　　　　　4 社会政策　　　　　　4 放送论　　　　　　　2 广告论　　　　　　　2 产业心理学　　　　　4	
合计	基础课程　　　36 学分 外语　　　　　16 学分 体育　　　　　 4 学分 专业必修课程　16 学分 限定选修　　　24 学分 专业选修课程　24 学分 毕业论文　　　 8 学分 　　　　计:128 学分		基础课程　　　36 学分 外语　　　　　16 学分 体育　　　　　 4 学分 专业必修课程　48 学分 专业选修课程　28 学分 毕业论文　　　 8 学分 　　　　计:140 学分	

表3　1988—1989 年度

	1988 年入学生		1989 年入学生	
必修课程	文章论　　　　　　　　（第一学年） 新闻学基础研讨　　　　（第二学年） 新闻学原理　　　　　　（第三学年） 英文书讲读　　　　　　（第三学年） 新闻学研讨Ⅰ　　　　　（第三学年） 新闻学研讨Ⅱ　　　　　（第四学年） 毕业论文　　　　　　　（第四学年） 　　　　　　　　　　计 28 学分		文章论　　　　　　　　（第一学年） 体育技能Ⅰ　　　　　　（第一学年） 新闻学基础研讨　　　　（第二学年） 体育技能Ⅱ　　　　　　（第二学年） 新闻学研讨Ⅰ　　　　　（第三学年） 新闻学研讨Ⅱ　　　　　（第四学年） 毕业论文　　　　　　　（第四学年） 　　　　　　　　　　计 28 学分	
选修课程Ⅰ	传播论Ⅰ 大众传播Ⅰ 外国媒体论 放送论 社会学概论 社会心理学 媒体史 法文书讲读 社会科学特讲Ⅱ （原限定选修课）1—4 年　计 24 学分 社会学系共通选修课 其他专业、学系、学院的课程 　　　　　　（原选修课）计 20 学分	传播论Ⅱ 大众传播Ⅱ 现代史 广告论 社会思想史 社会科学概论 德文书讲读 社会科学特讲Ⅰ	新闻学原理 传播论Ⅰ 大众传播Ⅰ 外国媒体论 放送论 社会学概论 社会心理学 英文书讲读 法文书讲读 社会科学特讲Ⅱ	新闻事业史 传播论Ⅱ 大众传播Ⅱ 现代史 广告论 社会思想史 社会科学概论 德文书讲读 社会科学特讲Ⅰ 1—4 年　计 28 学分
选修课程Ⅱ	A 群:文学院共通选修课程 A 群（人文领域） B 群:文学院共通选修课程 B 群（社会领域） C 群:文学院共通选修课程 C 群（自然领域） D 群:文学院共通选修课程 D 群（综合课程） E 群:文学院共通选修课程 E 群（保健体育） 　　　　　　1—4 年计 36 学分以上		A 群:文学院共通选修课程 A 群 　　　社会学系共通选修课程 A 群 　　　英文系、化学系各专业课程 　　　神学院课程 B 群:文学院共通选修课程 B 群 　　　社会学系共通选修课程 B 群 　　　社会学系其他专业课程 　　　法学、经济、商学院课程 C 群:文学院共通选修课 C 群 　　　工学院课程 D 群:文学院共通选修课程 E 群:文学院共通选修课程 　　　　　1—4 年　计 36 学分	
选修课程Ⅲ	英语　法语　汉语　西班牙语　俄语　德语 1—4 年,英语必修 8 学分,其余任选其一,8 学分		英语、德语、法语、汉语、西班牙语、俄语 1—4 年,英语必修 16 学分,其余任选其一,16 学分	

	1988 年入学生	1989 年入学生
合计	128 学分	124 学分

表4　1989—1995 年度

1989—1993 年度学生		1992—1995 年度学生	
必修课程	文章论　　　　　　　　　(4) 体育技能Ⅰ　　　　　　　(2) 新闻学基础研讨　　　　　(4) 体育技能Ⅱ　　　　　　　(2) 新闻学研讨Ⅰ　　　　　　(4) 新闻学研讨Ⅱ　　　　　　(4) 毕业论文　　　　　　　　(8) 　　　　　共 计 28 学分	文章论　　　　　　　　　(4) 体育技能Ⅰ　　　　　　　(2) 新闻学基础研讨　　　　　(4) 体育技能Ⅱ　　　　　　　(2) 新闻学研讨Ⅰ　　　　　　(4) 新闻学研讨Ⅱ　　　　　　(4) 毕业论文　　　　　　　　(8) 　　　　　共 计 28 学分	
选修课程Ⅰ	新闻学原理　　　　　　　(4) 新闻事业史　　　　　　　(4) 传播论Ⅰ　　　　　　　　(2) 传播论Ⅱ　　　　　　　　(2) 大众传播Ⅰ　　　　　　　(2) 大众传播Ⅱ　　　　　　　(2) 外国媒体论　　　　　　　(4) 现代史　　　　　　　　　(4) 放送论　　　　　　　　　(2) 广告论　　　　　　　　　(2) 社会学概论　　　　　　　(4) 社会思想史　　　　　　　(4) 社会心理学　　　　　　　(4) 社会科学概论　　　　　　(4) 德文书讲读　　　　　　　(4) 英文书讲读　　　　　　　(4) 法文书讲读　　　　　　　(4) 社会科学特讲Ⅰ　　　　　(4) 社会科学特讲Ⅱ　　　　　(4) (必选修满 28 学分以上)	新闻学原理　　　　　　　(4) 新闻事业史　　　　　　　(4) 传播论Ⅰ　　　　　　　　(2) 传播论Ⅱ　　　　　　　　(2) 大众传播Ⅰ　　　　　　　(2) 大众传播Ⅱ　　　　　　　(2) 外国媒体论　　　　　　　(4) 现代史　　　　　　　　　(4) 放送论　　　　　　　　　(2) 广告论　　　　　　　　　(2) 社会学概论　　　　　　　(4) 社会思想史　　　　　　　(4) 社会心理学　　　　　　　(4) 社会科学概论　　　　　　(4) 德文书讲读　　　　　　　(4) 英文书讲读　　　　　　　(4) 法文书讲读　　　　　　　(4) 社会科学特讲Ⅰ　　　　　(4) 社会科学特讲Ⅱ　　　　　(4) (必选修满 28 学分以上)	
选修课程Ⅱ	A 群：文学院共通选修课程 A 群 　　　社会学系共通选修课程 A 群 　　　英文系课程 　　　文化学系各专业课程 　　　神学院课程 B 群：文学院共通选修课程 B 群 　　　社会学系共通选修课程 B 群 　　　社会学系其他专业课程 　　　法学、经济、商学院课程 C 群：文学院共通选修课 C 群 　　　工学院课程 D 群：文学院共通选修课程	A 群：文学院共通选修课程 A 群 　　　社会学系共通选修课程 A 群 　　　英文系课程 　　　文化学系各专业课程 　　　神学院课程 B 群：文学院共通选修课程 B 群 　　　社会学系共通选修课程 B 群 　　　社会学系其他专业课程 　　　法学、经济、商学院课程 C 群：文学院共通选修课 C 群 　　　工学院课程 D 群：文学院共通选修课程	

	1989－1993 年度学生	1992－1995 年度学生
选修课程Ⅱ	E 群:文学院共通选修课程 F 群:文学院共通选修课程 （选修 36 学分以上）	E 群:文学院共通选修课程 F 群:文学院共通选修课程 （选修 36 学分以上）
选修课程Ⅲ	英语　A B C D(各 4 学分) 法语 汉语 西班牙语 俄语 德语(英语必修 16 学分,另选其余修 16 学分)	英语　A B C D E F(各 4 学分) 法语 汉语 西班牙语 俄语 德语(英语必修 16 学分,另选其余修 16 学分)
合计	124 学分	124 学分

表5　2002年度本科生及研究生课程

2002 年本科生课程			2002 年研究生课程	
必修课程	新闻学实习Ⅰ	2	硕士生讲授课程	大众传播论
	新闻学实Ⅱ	2		大众传播研究
	新闻学基础研讨Ⅰ	2		媒体史
	新闻学基础研讨Ⅱ	2		新闻事业史
	新闻学研讨Ⅰ	2		言论自由和报道伦理
	新闻学研讨Ⅱ	2		信息法制论
	新闻学研讨Ⅲ	2		新闻事业论
	新闻学研讨Ⅳ	2		新闻学
	毕业论文	8		信息媒体论
	体育	4		比较媒体论
				社会关系论
				媒体社会论
				传播论
				交往行为论
				现代社会论
				信息环境论
				国际报道论
				媒体责任制度论

（研究生讲授课程栏各行学分均为 2）

选修课程Ⅰ	新闻学原理	4	硕士生研讨课程	研讨ⅠA 大众传播研究	1
	新闻事业史	2		研讨ⅠB 国际传播研究	1
	媒体史	2		研讨ⅡA 新闻事业研究	1
	传播论	2		研讨ⅡB 新闻学研究	1
	信息行为论	2		研讨ⅢA 比较媒体研究	1
	大众传播论	2		研讨ⅢB 媒体史研究	1
	媒体素养论	2		研讨ⅣA 传播学研究	1
	比较媒体论	2		研讨ⅣB 交往行为论研究	1
	宣传学	2		研讨ⅤA 新闻学学说史研究	1
	现代史	2		研讨ⅤB 媒体学理论史研究	1
	现代文化论	2		研讨ⅥA 现代社会研究	1
	放送论	2		研讨ⅥB 信息环境研究	1
	广告论	2		研讨ⅦA 报道伦理研究	1
	社会学概论	4		研讨ⅦB 信息法制研究	1
	社会思想史	2		研讨ⅧA 社会关系研究	1
	媒体社会论	2		研讨ⅧB 媒体文化研究	1
	环境信息学	2		研讨ⅨA 国际报道研究	1
	影像信息学	2		研讨ⅨB 媒体责任制度研究	1
	社会科学概论	4		研讨ⅩA 媒体表达技术研究	1
	外国书讲读（英）	4		研讨ⅩB 表象媒体研究	1
	外国书讲读（法）	4		论文	
	外国书讲读（德）	4			
	社会科学特讲Ⅰ	4			

	2002 年本科生课程			2002 年研究生课程	
选修课程 I	社会科学特讲Ⅱ 4 现代媒体·新闻事业论 2		合计	讲授课程： 16 学分 研讨课程： 2 学分 讲授课程或研讨课程或其他专业研究生课程： 12 学分	
选修课程 II	A 群	文学院共通选修课程 A 群 2 社会学系共通选修课程 A 群 2 英文学系课程 2 文化学系课程 2 神学院课程 2	博士生研究指导课程		
	B 群	法思想史Ⅰ 2 法思想Ⅱ 2 日本法Ⅰ 2 日本法史Ⅱ 2 经济史 4 西洋经济Ⅰ 2 西洋经济史Ⅱ 2 日本经济Ⅰ 2 日本经济史Ⅱ 2 文学院共通选修课程 B 群 2 社会学系共通选修课程 B 群 2 社会学系其他专业课程 2 法学院课程 2 经济学院课程 2 商学院 2		新闻学特殊研究ⅠA 新闻学特殊研究ⅠB 新闻学特殊研究ⅡA 新闻学特殊研究ⅡB 新闻学特殊研究ⅢA 新闻学特殊研究ⅢB 论文	
	C 群	文学院共通选修课程 C 群 2 工学院课程 2			
	D 群	学际课程(文学院共通选修课程 D 群) 2			
	E 群	保健体育课程(文学院共通选修课程 E 群) 2			
选修课程 III	英语文化Ⅰ 4 英语文化Ⅱ 4 英语讲读Ⅰ 4 英语讲读Ⅱ 4				

	2002 年本科生课程			2002 年研究生课程
选修课程Ⅲ	英语研讨班Ⅰ	4		
	英语研讨班Ⅱ	4		
	英语研讨班Ⅲ	4		
	英语研修Ⅰ	4		
	英语研修Ⅱ	4		
	英语研修Ⅲ	4		
	英语文化(高级)	4		
	现代英语表达方法	4		
	德语	4		
	法语	4		
	汉语	4		
	西班牙语	4		
	俄语	4		
	韩语	4		
	(英语必修满 16 学分以上,其他语种课程必修满 16 学分)			
合计	必修:28 学分 选修Ⅰ:28 学分 选修Ⅱ:36 学分 外语:32 学分 合计:124 学分			

资料来源:同志社大学文学院课程履修表

后　记

　　这本小书是在我的博士毕业论文基础上修改完成的。它既是我多年研究的小结，也是我向导师吴廷俊先生交出的一份答卷，虽然它还有些稚嫩。

　　2003 年我拜师于吴廷俊先生门下。吴廷俊先生曾任华中科技大学新闻与信息传播学院院长，是中国新闻史学会副会长、中国新闻教育学会常务理事，在长期的新闻教育研究和实践中先生敏锐地发现新闻教育领域中有一些问题值得进一步探究，特别是中外的比较研究有着极大的拓展空间。比如，关于日本新闻教育的研究在基本概念的理解上就有很大分歧，更谈不上深入、系统。而我自忖才情不足，对于从事日本新闻教育研究缺乏信心，同时又觉得这是难得的一个机会，一次挑战，也是导师对我的一种激励，终难释怀，不忍割舍，只有焚膏继晷，全力以赴，但愿能够成为一块引玉之砖。

　　本书系关于日本高等新闻教育的首次专题研究，不仅在我国即使在日本也没有相关的系统研究。不同民族的教育活动反映出不同的文化背景，体现着不同的文化传统。基于文化的兼容性和双重性特点，日本传统文化与德国理性主义文化、美国实用主义文化构成了内外文化之间的一种张力关系。在这种动态平衡中，日本传统教育观与美国新闻教育理念、德国新闻教育理念产生多次的碰撞、冲突、融合，致使日本高等新闻教育选择了德国古典大学的新闻教育理念和教育模式作为样板。选择文化的视角剖析日本高等新闻教育理念的成因，是一次大胆尝试，希望能够在新闻教育研究领域有所突破。中日共同的儒家文化底蕴增加了彼此新闻教育经验的可借鉴性和可比性，这也是本研究的一个初衷，但是由于能力所限，在书中没能够将二者的比较分析充分展开，是为遗憾，也是下一步研究的主攻方向。

只有跋涉者才能懂得道路之艰辛。从选题至今已有 5 年时间，走过的每一步都渗透着汗水和泪水。记得刚刚确立选题的时候，为了明确研究主旨，收集一手资料，吴廷俊先生费尽周折为我铺路架桥，引见学者，即使在病榻之上仍念念不忘。为了能够写出较高水准的论文，吴先生不仅自筹经费送我去日本调研，而且仅开题报告就帮助我修改了 12 次。此次拙著得以出版，先生又多次敦促我认真修改，并以序言的形式再次给予我鼓励和鞭策。当时，为了把我引进学术的殿堂，开阔学术视野，吴先生特聘请著名的新闻史学专家卓南生教授做我的第二导师。由于仰慕卓先生已久，至今还记得与卓先生初次见面时的惶恐，以及卓先生平易近人的大师风范所带来的感动。在日本期间，更是得到有卓先生及其夫人的鼎力相助，使得资料收集、访谈、调研等工作得以顺利完成。艰苦的求学之路因为有了大家的帮助才有了收获的喜悦。

在它即将付梓之际，嘈嘈切切的心情难于言表。除去微微的释然，还有些许恐慌。文中提出的一些见解只能称之为"一孔之见"，套用马克斯·韦伯的一句话："到底取得了几分成功，只好听凭他人去大加怀疑了"，还望各位专家学者多提批评意见。

马 嘉

2009 年 7 月

责任编辑:李之美

图书在版编目(CIP)数据

学术与职业:日本高等新闻教育研究/马嘉 著.
-北京:人民出版社,2009.9
ISBN 978－7－01－008078－9

Ⅰ.学… Ⅱ.马… Ⅲ.新闻工作:教育工作-研究-日本
Ⅳ.G219.313

中国版本图书馆 CIP 数据核字(2009)第 123927 号

学术与职业:日本高等新闻教育研究

XUESHU YU ZHIYE RIBEN GAODENG XINWEN JIAOYU YANJIU

马 嘉 著

人 民 出 版 社 出版发行
(100706 北京朝阳门内大街 166 号)

北京集惠印刷有限责任公司印刷 新华书店经销

2009 年 9 月第 1 版 2009 年 9 月北京第 1 次印刷
开本:710 毫米×1000 毫米 1/16 印张:18.25
字数:220 千字 印数:0,001－3,000 册

ISBN 978－7－01－008078－9 定价:38.00 元

邮购地址 100706 北京朝阳门内大街 166 号
人民东方图书销售中心 电话 (010)65250042 65289539